Generische Syntagmen im Französischen und Deutschen

Europäische Hochschulschriften
Publications Universitaires Européennes
European University Studies

Reihe XXI
Linguistik

Série XXI Series XXI
Linguistique
Linguistics

Bd./Vol. 238

PETER LANG
Frankfurt am Main · Berlin · Bern · Bruxelles · New York · Oxford · Wien

Stefan von Frieling

Generische Syntagmen im Französischen und Deutschen

Ein Beitrag zur menschlichen und maschinellen Übersetzung

PETER LANG
Europäischer Verlag der Wissenschaften

Die Deutsche Bibliothek - CIP-Einheitsaufnahme

von Frieling, Stefan :

Generische Syntagmen im Französischen und Deutschen
Ein Beitrag zur menschlichen und maschinellen Übersetzung /
Stefan von Frieling. - Frankfurt am Main ; Berlin ; Bern ;
Bruxelles ; New York ; Oxford ; Wien : Lang, 2002
(Europäische Hochschulschriften : Reihe 21, Linguistik ;
Bd. 238)
Zugl.: Hannover, Univ., Diss., 2000
ISBN 3-631-38615-X

Gedruckt auf alterungsbeständigem,
säurefreiem Papier.

D 89
ISSN 0721-3352
ISBN 3-631-38615-X
© Peter Lang GmbH
Europäischer Verlag der Wissenschaften
Frankfurt am Main 2002
Alle Rechte vorbehalten.

Das Werk einschließlich aller seiner Teile ist urheberrechtlich
geschützt. Jede Verwertung außerhalb der engen Grenzen des
Urheberrechtsgesetzes ist ohne Zustimmung des Verlages
unzulässig und strafbar. Das gilt insbesondere für
Vervielfältigungen, Übersetzungen, Mikroverfilmungen und die
Einspeicherung und Verarbeitung in elektronischen Systemen.

Printed in Germany 1 2 3 4 5 7

www.peterlang.de

Inhalt

1 Einführung 9
  1.1 Zielsetzungen 10
  1.2 Praktische Erwägungen 12
    1.2.1 Übersetzungsrichtung 12
    1.2.2 Beschränkung auf Nominalsyntagmen in Subjektposition 13
    1.2.3 Beispielsätze 14

2 Generizität im Französischen und im Deutschen 17
  2.1 Der Begriff der Generizität 17
    2.1.1 Zur Referenz generischer Syntagmen 19
  2.2 Der Ausdruck der Generizität im Französischen 23
    2.2.1 Die drei Artikelformen *les, la/le, une/un* 26
      2.2.1.1 Der Artikel *les* 26
      2.2.1.2 Der Artikel *le/la* 29
      2.2.1.3 Der Artikel *un/une* 31
  2.3 Der Ausdruck der Generizität im Deutschen 35
    2.3.1 Die generischen Determinantien im Deutschen 36
      2.3.1.1 Generische Syntagmen im Plural: Die Artikelformen
              bare plural, die 37
      2.3.1.2 Generische Syntagmen im Singular 51
        2.3.1.2.1 Die Artikelformen *der/die/das, bare singular* 51
        2.3.1.2.2 Die Artikelform *ein* 57
  2.4 Deutsche und französische Syntagmen in generischer Lesart –
      eine Gegenüberstellung 60
    2.4.1 Die Übersetzung von *Les N* 60
    2.4.2 Die Übersetzung von *Le N* 62
    2.4.3 Die Übersetzung von *Un N* 64

3 Generische und spezifische Lesart französischer Syntagmen 65
  3.1 Einflüsse der semantischen Ebene auf die Generizität 66
  3.2 Die syntagmatische Ebene: Modifikatoren des Nomens 72
    3.2.1 Adjektive 73
    3.2.2 Präpositionalphrasen 78
      3.2.2.1 Allgemeine Beobachtungen 78
      3.2.2.2 Die Präposition *à* 80
      3.2.2.3 Die Präposition *de* 81
      3.2.2.4 Die Präpositionen *devant, derrière, dans, sur, sous* 89
      3.2.2.5 Die Präpositionen *contre* und *pour* 93

3.2.3 Relativsätze..94
   3.2.3.1 Explikative und determinative Relativsätze............................94
   3.2.3.2 Determinative Relativsätze..101
3.3 Aussagen über das Subjekt: Prädikate generischer Sätze....................105
   3.3.1 Definitorische Prädikate..106
   3.3.2 Sprachinterne Wahrheiten und analytische Aussagen..................108
   3.3.3 Von der Analyzität zur Typizität: Prototypische und
        typische Prädikate..114
   3.3.4 Existentielle Prädikate..123
   3.3.5 Projektive Prädikate..130
   3.3.6 Gattungsprädikate...134
   3.3.7 Zwischen Typizität und persönlichem Urteil:
        Bewertungsprädikate..138
   3.3.8 Normative Prädikate...144
   3.3.9 Ausdrucksformen der Möglichkeit und der Potentialität.............149
   3.3.10 Der Einfluß des Prädikats auf die Generizität: Übersicht..........152
3.4 Prädikatstyp und syntaktische Form: Eine Interferenz......................153
3.5 Passivkonstruktionen und Generizität..172
3.6 Ein Fenster zur Generizität: *En France, les chats sont noirs*............179
3.7 Tempus und Generizität...187
   3.7.1 Präsens vs. Vergangenheit..188
   3.7.2 Sprechhaltungen und Generizität..190
   3.7.3 *Imparfait* in generischen Sätzen...195
   3.7.4 *Passé simple* in generischen Sätzen...198
   3.7.5 *Passé composé* in generischen Sätzen.....................................201

4 Verfahren zur Bestimmung der Lesart..203
   4.1 Eindeutige Kriterien zur Bestimmung der Lesart..........................205
      4.1.1 Direkt erkennbare Kriterien...205
      4.1.2 Indirekt erkennbare Kriterien...208
         4.1.2.1 Strukturell bedingte Kriterien...208
         4.1.2.2 Strukturell unabhängige Kriterien..................................215
   4.2 Tendenzielle Kriterien zur Bestimmung der Lesart.......................224
   4.3 Gemeinsames Vorkommen verschiedener Kriterien in einem Satz........230
      4.3.1 Gemeinsames Vorkommen mehrerer eindeutiger Kriterien...........231
      4.3.2 Gemeinsames Vorkommen eindeutiger und tendenzieller
         Kriterien..232
      4.3.3 Gemeinsames Vorkommen mehrerer tendenzieller Kriterien.........233
      4.3.4 Fazit...235

5 Ergebnisanalyse und Ausblick 237
  5.1 Allgemeine Ergebnisanalyse 237
  5.2 Ausblick 238

Belegquellen 243

Literatur 245

1 Einführung

Sowohl für das Französische als auch für das Deutsche ist das Phänomen der Generizität in den letzten Jahrzehnten unter verschiedenen Aspekten immer wieder neu beschrieben und untersucht worden. "Le *générique* et la *généricité* font partie de ce genre de notions que l'on voit apparaître de manière sporadique dans les travaux linguistiques les plus divers et ce, avec les acceptions les plus variées" schreiben Galmiche und Kleiber 1985 im Vorwort zu einer der Generizität gewidmeten *Langages*-Ausgabe (Langages 79: 1). Vater stellt Ende der siebziger Jahre (1979: 60) zum Stand der Forschung zur generischen Verwendung von Determinanten im Deutschen lapidar fest: "Über [die] sogenannte "generalisierende" bzw. "idealisierende" Funktion des Artikels ist viel Widersprüchliches und Verworrenes geschrieben worden." Wenn auch die vielleicht etwas scharf formulierte Einschätzung "viel Verworrenes" eher durch 'viel Verwirrendes' ersetzt werden sollte, so läßt sich tatsächlich bis heute in der Fachliteratur weder über die sprachlichen Formen, die das Generische ausdrücken, noch über die Bedingungen, unter denen generische Ausdrücke in der Rede oder in Texten verwendet werden können, ein Konsens ausmachen.

Relative Einigkeit besteht in der neueren Forschung allein darüber, daß es sich bei der Artikelverwendung in Sätzen wie

(1) Les chats ont quatre pattes/*Katzen haben vier Pfoten.*

um eine Art Sonderfall, eine Abweichung vom 'normalen' Artikelgebrauch handelt und daß das von *les chats* Bezeichnete einer besonderen Beschreibung bedarf, während in Sätzen wie

(2) Les chats ne sont pas sortis cette nuit/*Die Katzen waren heute nacht nicht draußen.*

ein normaler Artikelgebrauch vorliegt: In (1) wird mit *les chats* über KATZEN allgemein gesprochen, es wird generisch verstanden; in (2) referiert *les chats* auf eine identifizierbare Gruppe bestimmter Katzen, das Syntagma liegt hier in spezifischer Verwendung vor.[1]

In den Beispielen (1) und (2) wird aus der Gegenüberstellung Französisch/Deutsch schon erkennbar, daß die Unterscheidung zwischen generischer

---

[1] Die generische Verwendung des Artikels wurde jedoch keineswegs immer als ein Sonderfall angesehen: Sacy (1803: 16ff.) bspw. verwendet in einem Kapitel über Subjekt, Attribut und Proposition fast ausschließlich Beispielsätze mit generischem Subjekt, ohne die Generizität seiner Sätze auch nur mit einem Wort zu erwähnen.

und spezifischer Verwendung von Nominalsyntagmen nicht nur ein einzelsprachliches Problem darstellt, welches die Art der Referenz, die Ausdrucksmöglichkeiten des Generischen und die Bedingungen für generische Lesarten bestimmter Syntagmen in verschiedenen Kontexten betrifft, sondern daß sie auch bei der Übersetzung eine maßgebliche Rolle spielt: Das französische *les chats* wird im Deutschen je nach Verwendungsart als *Katzen* oder als *die Katzen* wiedergegeben – ohne daß die Satzoberfläche für die jeweilige Übersetzung einen unmittelbaren Hinweis liefern würde.

1.1 Zielsetzungen

Die vorliegende Untersuchung behandelt das weitreichende Problemfeld der Generizität unter dem praktischen, anwendungsorientierten Aspekt der Übersetzung Französisch-Deutsch, wobei sowohl die 'menschliche' als auch die maschinelle Übersetzung berücksichtigt werden. Ihr Anliegen ist es, einen Beitrag zu einer Übersetzungsstrategie bzw. einem Übersetzungsalgorithmus zu leisten, der französische Subjektsyntagmen auf ihre spezifische oder generische Lesart untersuchen und eine geeignete sprachliche Form als deutsches Übersetzungsäquivalent auswählen kann. Ohne eine vorherige detaillierte Untersuchung der Zusammenhänge und Mechanismen bei generischer und spezifischer Lesart besteht jedoch – so wird sich im Laufe der Arbeit zeigen – für einen solchen Algorithmus kaum Aussicht, verläßliche Übersetzungsergebnisse zu liefern und damit auch in der Praxis nutzbar zu sein.

Entstanden ist diese Arbeit aus der Einsicht heraus, daß es bei einer Übersetzung von Nominalsyntagmen vom Französischen ins Deutsche nicht immer ausreichend ist, die Merkmale der ausgangssprachlichen Artikel wie z.B. [+definit] und [-singular] für *les chats* in (1) in die Zielsprache zu übertragen und dort einen entsprechenden Artikel zu generieren, sondern daß im Falle einer generischen Lesart des Syntagmas die Auswahl des zielsprachlichen Artikels von weiteren, recht komplexen Parametern abhängt. So ist *les chats* bei spezifischer Interpretation, d.h. wenn es sich beim Referenten des Syntagmas um eine Gruppe von konkreten Katzen handelt, mit *die Katzen* zu übersetzen; bei generischer Interpretation, wenn also auf KATZEN an sich verwiesen wird, ist die artikellose Übersetzung *Katzen* wahrscheinlicher – aber auch hier muß in manchen Fällen mit *die Katzen* übersetzt werden.

Das Nahziel unserer Untersuchungen besteht nun zunächst darin, die Regeln für die Auswahl eines geeigneten Übersetzungsäquivalents in Abhängigkeit von der spezifischen oder generischen Interpretation eines Nominalsyntagmas zu erarbeiten. Dazu gilt es zunächst, die Paradigmen der Artikel, die sich überhaupt für die Verwendung in generischen Syntagmen eignen, für das Französische und das

Deutsche zu bestimmen. Sind die beiden Artikelparadigmen erst einmal beschrieben, so ergibt sich auch zwangsläufig die Frage nach der Auflösung eventueller Ambiguitäten: Französische sprachliche Formen in generischer Lesart finden im Deutschen teilweise mehrere potentielle Entsprechungen, unter denen in Abhängigkeit bestimmter Parameter eine ausgewählt werden muß. Da sich nun eine eventuelle Übersetzungsambiguität erst bei generischer Lesart ergibt, muß ein menschlicher Übersetzer oder eine maschinelles Übersetzungsprogramm in jedem Fall über die Lesart des Syntagmas entscheiden können: Welche Anhaltspunkte gibt es für die Entscheidung, ob *l'eau* in

(3) L'eau est transparente.

spezifisch ("Das Wasser hier in der Schüssel ist durchsichtig") oder generisch gelesen werden soll ("Wasser allgemein ist durchsichtig")? Ist im Falle generischer Lesart mit *Wasser ist durchsichtig* oder mit *Das Wasser ist durchsichtig* zu übersetzen? Dies sind die zentralen Fragen, die in dieser Arbeit gestellt und so umfassend wie möglich beantwortet werden sollen.

Im Vordergrund unserer Bemühungen steht dabei die Entwicklung von Kriterien für die Entscheidung über generische oder spezifische Interpretation eines Syntagmas, da diese Entscheidung auch der erste, grundlegende Schritt in einem Übersetzungsprozeß sein muß. Läßt man den praktischen Aspekt der Verwendung in einer Übersetzungsstrategie einmal außer acht, so ist unser direktes Ziel eine möglichst exakte und umfassende Beschreibung der Bedingungen, unter denen generische Referenz im Französischen überhaupt zustande kommen kann, sowie ein Vergleich der französischen und deutschen Ausdrucksmöglichkeiten des Generischen. Aus dieser Gegenüberstellung sollen zugleich auch einzelsprachliche Rückschlüsse auf die spezifischen sprachlichen Funktionen, die die verschiedenen Formen zum Ausdruck des Generischen im Französischen und im Deutschen erfüllen, gezogen werden.

Neben diesen nah gesteckten Zielsetzungen versteht sich die Arbeit zudem als ein Beitrag zur sprachwissenschaftlichen Grundlagenforschung, der sowohl dem menschlichen Übersetzer neue Anhaltspunkte für die Bewältigung der behandelten Übersetzungsproblematik liefern als auch einen weiteren Schritt auf dem langen Weg zu einer qualitativ hochwertigen, vollautomatischen Übersetzung zurücklegen soll. Zwar halten auch wir das unter dem etwas kryptischen Kürzel FHQMT (Full High Quality Machine Translation) bekannt gewordene Leitbild einer der menschlichen Übersetzung ebenbürtigen maschinellen Übersetzung für kaum erreichbar, verstehen es aber dennoch für uns als idealisierende Zielsetzung.

Im Rahmen dieser Arbeit verzichten wir bewußt auf die Entwicklung und Implementierung eines Übersetzungsalgorithmus und widmen unsere ganze Aufmerksamkeit der Abgrenzung und Beschreibung der Parameter, die über generische oder spezifische Interpretation und die Auswahl geeigneter Übersetzungsäquivalente bestimmen. Wir möchten damit zwar für uns beanspruchen, die wesentlichen und grundlegenden Elemente eines solchen zukünftigen Algorithmus' zu erarbeiten, können aber nicht die Komplexität des behandelten Problemfeldes sprachwissenschaftlich vollständig erschließen und gleichzeitig computerlinguistisch in ein formales System umsetzen. Zu vielfältig sind die sprachwissenschaftlichen Fragestellungen sowie die sich für eine computerlinguistische Anwendung ergebenden Schwierigkeiten, als daß sie in einem zwangsläufig begrenzten Rahmen ohne Einbußen der wissenschaftlichen Genauigkeit vollständig behandelt werden könnten. Wir haben uns daher dafür entschieden, den gründlicheren, aber auch langsameren Weg zu gehen und eine praktische Anwendung der Untersuchungsergebnisse hintenan zu stellen, die Untersuchungen aber dennoch immer auf diese praktische Anwendung auszurichten.

Der Grund für diese prinzipielle Ausrichtung auf eine Verwendung in einem maschinellen System liegt neben der – im Falle einer späteren erfolgreichen Implementierung – direkten praktischen Nutzbarkeit auch gerade in den für die automatische Sprachverarbeitung notwendigen Formalisierungen, die oft eine rigorose Untersuchung bis ins kleinste Detail verlangen und so bisweilen sonst u.U. verborgen gebliebene Zusammenhänge aufdecken. Auch können die theoretischen Grundannahmen und Ergebnisse einer Untersuchung, die letztendlich zu einem in ein automatisches Verarbeitungssystem implementierbaren Algorithmus führen, in diesem Verarbeitungssystem auf ihre Relevanz überprüft werden. Sind mit den theoretischen Forschungsergebnissen in der praktischen Anwendung sinnvolle, grammatische Ergebnisse erreichbar, so bestätigt dies die zugrunde gelegten theoretischen Annahmen.

1.2 Praktische Erwägungen

1.2.1 Übersetzungsrichtung

Die Übersetzungsrichtung Französisch-Deutsch ist in dieser Untersuchung aus zweierlei, von einander ganz unabhängigen Gründen gewählt worden. Zum einen ist es in der Übersetzungspraxis üblich, von der Fremdsprache in die Muttersprache zu übersetzen, da die passive Sprachbeherrschung der aktiven Sprachbeherrschung im allgemeinen weit überlegen ist. Die Sprachkenntnisse einer Fremdsprache können für die zuverlässige Rezeption, für ein sicheres, genaues Verständnis durchaus ausreichen, eine ebenso genaue Sprachproduktion unter Wahrung aller rhetorischen und argumentativen Aspekte ist jedoch oft nur in der eigenen Muttersprache möglich. Mit der Auswahl der Übersetzungsrichtung passen wir uns damit dem für uns geltenden Gefälle Fremdsprache-Muttersprache an. Ein weiterer Grund für die Wahl des Französischen als Ausgangssprache ist die sich bei der Übersetzung ins Deutsche ergebenden Ambiguität. Den potentiell generischen französischen Formen *Les N* (*Les chats ont quatre pattes*) und *Le N* (*L'eau est transparente*) stehen jeweils zwei deutsche Formen gegenüber, so daß sich überhaupt erst in dieser Richtung eine Übersetzungsproblematik ergibt, deren Untersuchung zur Abgrenzung der einzelnen rhetorischen Funktionen der verschiedenen sprachlichen Formen und zur Beschreibung der Bedingungen für generische Interpretation im Französischen führt. Die Übersetzungsrichtung Deutsch-Französisch dagegen wäre in Hinblick auf die zu erwartenden sprachwissenschaftlichen Erkenntnisse weitaus weniger fruchtbar, da entsprechende deutsche Syntagmen weitgehend unabhängig von ihrer spezifischen oder generischen Lesart und ihrer speziellen rhetorischen Funktion ins Französische übersetzt werden können.

1.2.2 Beschränkung auf Nominalsyntagmen in Subjektposition

Bis auf wenige Ausnahmen bei einzelnen Beispielsätzen beschränken sich fast alle Untersuchungen zur Generizität, ungeachtet des jeweils gesetzten Schwerpunkts oder des eingenommenen Blickwinkels und ohne weitere Begründung auf Sätze mit einem generischen Nominalsyntagma in Subjektposition.[2] Diese Beschränkung zieht sich von Mumm (1995) und Eggs (1994) über Chur (1993) bis zu Carlson (1980) und Oomen (1977) und vielen anderen und scheint damit einem Gefühl von einem 'prototypischen generischen Syntagma' in seiner 'natürlichen' Position Ausdruck zu geben. Generische Syntagmen können aber anders als in (1)-(3) auch ohne weiteres wie in (4) und (5) in anderen Positionen vorkommen:

(4) Pierre n'aime pas *les araignées*.
(5) *Les appareils électroniques* craignent *l'eau*.

Auf dem derzeitigen Forschungsstand ist jedoch die Generizität in der Erscheinungsform "generische Referenz des Subjektsyntagmas" am besten untersucht und bietet damit auch für unsere Arbeit die größte Angriffsfläche. Mit unserer Beschränkung auf Syntagmen in Subjektposition können wir daher für das

---

[2] Eine der wenigen Ausnahmen bildet z.B. Pattee (1994), der sich bei der Auswahl seiner Beispielsätze ausschließlich auf Korpora stützt und auch generische Syntagmen in anderen Positionen behandelt. Auch Mohri (1993) verwendet hauptsächlich generische Syntagmen in Objektposition.

von uns zu untersuchende, äußerst komplexe Feld der Bedingungen, unter denen Generizität zustande kommen kann, einen einigermaßen vorbereiteten Boden betreten. In jedem Falle mußte für unsere Untersuchungen ein Ansatzpunkt gefunden werden, der im weiteren Verlauf evtl. die Ausweitung der Ergebnisse auf Syntagmen in anderen grammatischen Funktionen und Positionen erlaubt, gleichzeitig aber die Komplexität des Problemfeldes auf ein überschaubares Maß beschränkt.

Betroffen von der Beschränkung auf Subjektsyntagmen sind im übrigen nur die Kriterien, die über eine generische oder spezifische Lesart entscheiden und die sich aller Wahrscheinlichkeit nach z. T. mit der grammatischen Funktion des untersuchten Syntagmas ändern; die rhetorischen Funktionen aber, die sich aus dem weiteren Kontext ergeben und sich in der sprachlichen Form des Syntagmas, genauer in der Wahl des Artikels widerspiegeln, bleiben unabhängig von Position und Funktion des Syntagmas erhalten.

1.2.3 Beispielsätze

Die in dieser Arbeit aufgeführten französischen und deutschen Beispielsätze sind zum größten Teil selbst formuliert, jedoch alle ausnahmslos an jeweiligen Muttersprachlern auf Grammatikalität und generische oder spezifische Referenz getestet. Diese Vorgehensweise erlaubt eine der Problematik der Generizität angemessene Beweglichkeit und Anpassungsfähigkeit an das jeweils untersuchte Problemfeld, die mit der alleinigen Verwendung belegter Sätze nicht zu erreichen gewesen wäre.

Als Beispiel für die Schwierigkeiten, die sich bei der ausschließlichen Stützung auf Textkorpora ergeben hätten, mögen die Beispielreihen in Kap. 3.3.3 dienen: Zur Illustration der dortigen Argumentation mußte eine Reihe von Sätzen herangezogen werden, deren Prädikation in bezug auf das Subjektsyntagma an Typizität kontinuierlich abnimmt – eine Aufgabe, die mit tatsächlich belegten Sätzen kaum zu bewältigen ist und dadurch auch nicht an Aussagekraft oder Verläßlichkeit gewinnen würde. Wir haben daher, wie in der Literatur zur Generizität allgemein üblich, unsere Untersuchungsgegenstände nicht von der Auffindbarkeit belegbarer Beispielsätze abhängig gemacht, sondern sind davon ausgegegangen, daß mit der eigenen sprachlichen Intuition sowie Testläufen an Muttersprachlern eine genügende Authentizität gewahrt wird und so die Auswahl der Beispiele an den jeweilig zu untersuchenden Aspekt der Generizität angepaßt werden kann.

Bei vielen Gelegenheiten wurden jedoch auch belegte Sätze oder Ausschnitte aus diversen Texten verwendet, um in schwierigen Fällen oder wenn Ansichten vertreten werden, die in der Forschung nicht allgemein akzeptiert sind, einen nachprüfbaren Beleg für unsere jeweilige Argumentation anführen zu können. Gerade bei längeren Textausschnitten, die z.B. wie in Kap. 2.3.1.1 zur Verdeutlichung der vertretenen Thesen herangezogen wurden, wäre eine eigene Formulierung unangebracht gewesen. Teilweise sind aber belegbare Sätze auch nur herangezogen worden, um von Zeit zu Zeit aus dem engen Kreis der sich in der Literatur oft 'weitervererbenden' Beispiele zur Generizität auszubrechen und eine gewisse Nähe zum tatsächlich beobachtbaren generischen Sprachgebrauch herzustellen.

Ein Großteil der Beispielsätze ist entsprechend der generischen oder spezifischen Lesart ihrer Subjektsyntagmen mit besonderen Kennzeichnungen versehen, die einen unmittelbaren Vergleich verschiedener sprachlicher Formen und damit eine bessere Übersichtlichkeit ermöglichen sollen. Die Bedeutung der einzelnen Kennzeichnungen ist nachstehend aufgelistet; eindeutig ungrammatische Sätze tragen keine Kennzeichnung:

(++g): Das Subjektsyntagma wird notwendigerweise generisch interpretiert.
(+g): Das Subjektsyntagma kann generisch interpretiert werden.
(+/-g): Generische Interpretation des Subjektsyntagmas ist zwar eher unwahrscheinlich, aber dennoch vorstellbar.
(-/+g): Generische Interpretation des Subjektsyntagmas ist sehr unwahrscheinlich, aber nicht völlig ausgeschlossen.
(-g): Generische Interpretation des Subjektsyntagmas ist ausgeschlossen.

Bei der Bewertung der Lesart sind wir – abgesehen von explizit gekennzeichneten Ausnahmen – immer von der Verwendung des jeweiligen Beispielsatzes in Standardsituationen ausgegangen. Zu vielen Beispielen lassen sich sicherlich mit einiger Mühe Kontexte konstruieren, die eine andere als die von uns vorgeschlagene Lesart des Subjekts ermöglichen oder gar erzwingen. So schätzen wir bspw. in Kap. 3.3.3 das Subjekt eines Satzes wie *Les chats sont sur le toit* aufgrund der untypischen Prädikation als nicht generisch interpretierbar ein (es ist kaum möglich über Katzen allgemein auszusagen, daß sie sich auf dem Dach befinden). Konstruiert man nun einen geeigneten, wenn auch etwas künstlich wirkenden Kontext, in dem etwa ein Sprecher feststellt, daß Hunde an heißen Tagen gern im Schatten liegen, Katzen sich aber auf dem Dach sonnen, so erscheint eine generische Lesart schon weniger abwegig. Da unser Anliegen aber die Entwicklung von zunächst allgemeinen, grundlegenden Gesetzmäßigkeiten ist, gehen wir von der Verwendung in gewöhnlichen, ohne weitere Erläuterung nachvollziehbaren Standardsituationen aus und vernachlässigen mögliche Sonderfälle, die sich unter Umständen in einzelnen Kontexten ergeben könnten.

Die vornehmlich in Kap. 2.3 verwendeten deutschen Beispielsätze sind in diesem Zusammenhang von einer besonderen Problematik betroffen: Aufgrund der vielfältigen Betonungsmöglichkeiten im Deutschen ist bei ihnen teilweise keine Abweichung von der Standardsituation, sondern nur eine Variation der

Standardbetonung notwendig, um die Lesart des Subjekts zu verändern. So kann zwar *der Franzose* in *Der Franzose trinkt Wein* bei Standardbetonung durchaus generisch interpretiert werden, eine solche Lesart ist bei deiktischer Verwendung des Artikels mit entsprechender Betonung *(**Der** Franzose trinkt Wein)* dagegen ausgeschlossen. Ebenso wird *Ein Mädchen kaut nicht an den Fingernägeln* wohl notwendig generisch gelesen, bei entsprechender Betonung aber *(**Ein** Mädchen (nämlich das mit dem braunen Haar dort) kaut nicht an den Fingernägeln)* ist nur spezifische Lesart des Subjekts vorstellbar. Aus den oben genannten Gründen gehen wir bei unserer Zielsetzung auch auf diese Problematik nicht ein und setzen immer eine unmarkierte Standardbetonung voraus.

2 Generizität im Französischen und im Deutschen

2.1 Der Begriff der Generizität

Um eine solide Ausgangsbasis für die anstehenden Untersuchungen zu schaffen und später die Grenzen zwischen spezifischer und generischer Interpretation genauer festlegen zu können, werden in den folgenden Abschnitten zunächst die sprachlichen Formen des Generischen und ihre Verwendungsweisen für das Französische und das Deutsche herausgearbeitet. Dabei beschränken wir uns hier auf die Darstellung allgemeiner Tendenzen, die dann als Grundlage für die detaillierten Untersuchungen in Kap. 3 dienen.

Obgleich die Ansätze zur Beschreibung der Generizität in der Literatur sehr unterschiedlich sind, so ist doch nahezu unumstritten, daß ein Nominalsyntagma nicht nur Individuelles, sondern auch Generisches bezeichnen kann:

(1) *L'enfant* n'a pas mangé ses tartines ce matin.
(2) *L'enfant d'aujourd'hui* n'est pas *l'enfant d'hier*, parce que son environnement, ses critères et ses références sont différents. (AnnaBAC 92: 98)

(3) *Ein Indianer* hat Farmer John zwei Pferde gestohlen.
(4) *Ein Indianer* kennt keinen Schmerz.

Bei den hervorgehobenen Syntagmen in den Sätzen (1)-(4) handelt es sich um referierend verwendete Nominalphrasen (NP).[1] Die NPs in (1) und (3) werden spezifisch interpretiert und beziehen sich jeweils auf ein identifizierbares Individuum; die NPs in (2) und (4) nehmen Bezug auf eine noch näher zu beschreibende generische Größe (s. unten Kap. 2.1.1), die hier zunächst in Versalien als ENFANT bzw. INDIANER bezeichnet werden soll. Nach Galmiche muß eine NP, um generisch interpretiert zu werden, der Intuition eines Sprechers/Hörers auf zweierlei Weise entsprechen. Galmiche unterscheidet zwischen der "Intuition A":

[...] certains SN [= syntagmes nominaux, SvF], déterminés par certaines formes de l'article, ne permettent pas une référence à des objets ou des individus identifiables au moyen des paramètres situationnels définis par les relations particulières entre le locuteur, l'interlocuteur et la situation. En d'autres termes, on peut dire que les SN *génériques* ne sont pas destinés à désigner un individu [...] ou un groupe d'individus [...]; ils sont censés représenter les ensembles universellement partagés des entités que les lo-

---

[1] Nominalphrasen können neben der referierenden auch eine rein prädikative Funktion haben (*Der Mann dort hinten ist ein Indianer*).

cuteurs ont coutume d'*individualiser* lors de leurs échanges linguistiques destinés à véhiculer des expériences particulières.
Il s'agit là, dirons-nous, d'une intuition minimale que l'on appellera *intuition A*. (Galmiche 1985: 11)

und der "Intuition B":

On en vient [...] à une conception en parfait accord avec l'étymologie du terme "générique"; on peut la résumer ainsi: "Faire une phrase générique c'est énoncer une propriété qui appartient à un genre donné" - soit. Mais on doit bien admettre que, ce faisant, on a dû faire appel à un type d'intuition tout à fait nouveau [...]. Et c'est ce "sentiment d'appartenance à un genre" que l'on devra considérer comme constitutif d'une autre forme d'intuition, *l'intuition B*. (Galmiche 1985: 14)

In den Sätzen (2) und (4) konvergieren Intuition A und Intuition B zu generischer Lesart der hervorgehobenen NPs; sie können daher mit Galmiche als *generische Sätze (phrases génériques)* bezeichnet werden.

Die Bezeichnung *generischer Satz* ist jedoch nicht ganz unproblematisch, da je nach Verständnis des Begriffs "generisch" zum einen auch Sätze ohne generische NP zu den generischen Sätzen gerechnet werden können, zum anderen nicht alle Sätze mit generischer NP notwendigerweise als generische Sätze zu interpretieren sind. Obzwar beispielsweise der Satz

(5) Les castors ont été introduits en Alsace en 1925.

zwar das generische Syntagma *les castors* enthält, drückt er doch keinen generischen Sachverhalt aus, weil das Prädikat *ont été introduits en Alsace en 1925* ein singuläres Ereignis wiedergibt. Andere Sätze wiederum geben eindeutig einen generischen Sachverhalt wieder, enthalten aber kein generisches Syntagma:

(6) Wenn es regnet, wird die Erde naß.

Aus den Sätzen (2) und (4) allein ist diese Problematik nicht ohne weiteres erkennbar, da beide einen generischen Sachverhalt ausdrücken und gleichzeitig ein Subjekt mit generischer Referenz enthalten. Galmiche (1985: 15/16) selbst liefert eine Definition der *phrase générique*, mit der er schon indirekt auf das Verhältnis zwischen generischem Subjekt und der Prädikation eines Satzes eingeht: "Toute phrase générique comporte nécessairement un syntagme nominal générique" und "Toute phrase générique comporte nécessairement un syntagme verbal générique". Unter *generischen Verbalphrasen* versteht Galmiche Verbalphrasen, die einen generischen Sachverhalt ausdrücken, d.h. Prädikate ohne Bezug auf ein spezifisches Ereignis; mit *syntagme nominal générique* sind Subjektsyntagmen mit generischer Referenz in einfachen Sätzen gemeint (vgl. Galmiche 1985: 14f.). Für ihn sind also weder (5) noch (6) generische Sätze, weil (5) keine generische Verbalphrase, (6) wiederum keine generische Nominalphrase enthält.

Da unser Interesse nun jedoch den generischen, für eine Übersetzung vom Französischen ins Deutsche problematischen Subjektsyntagmen gilt, verwenden wir den Begriff *generischer Satz* für alle Sätze mit einem grammatischen Subjekt mit generischer Referenz – für Sätze also, in denen etwas über Arten oder Gattungen ausgesagt wird, selbst wenn es sich dabei nicht um generische Sachverhalte im eigentlichen Sinn handelt. Wir vermeiden damit die umständliche Formulierung "Satz mit einem Subjekt mit generischer Referenz" und verwenden letztendlich den Begriff so, wie er außer z.B. von Mumm (1995), Heyer (1987) oder Oomen (1977)[2] implizit auch von Kleiber (1988) und Eggs (1994) verstanden wird.

2.1.1 Zur Referenz generischer Syntagmen

Wenn in Sätzen wie (2) und (4) die grammatischen Subjekte *l'enfant* bzw. *ein Indianer* auf etwas anderes als spezifische, in einer Wahrnehmungssituation oder aus einer Wahrnehmungssituation heraus identifizierbare Individuen referieren, so stellt sich natürlich die Frage, wie diese Referenten denn aussehen mögen. Nach unserer hier im weiteren Verlauf vertretenen Auffassung handelt es sich bei generischen Syntagmen um Ausdrücke, die in einer bestimmten, jedoch nicht immer gleichen Weise auf die Art oder Gattung ENFANT bzw. INDIANER verweisen. Wir stützen uns dabei auf die Tradition der französischen philosophischen Grammatik bzw. der Allgemeinen Grammatik, deren Grundannahmen zur Referenz generischer Ausdrücke sich auch in der modernen französischen Grammatikforschung bspw. bei Kleiber, Galmiche oder Eggs durchgesetzt haben. So schreibt schon die *Grammaire de Port-Royal* (1676: 56, Fettschrift SvF):

> Nous avons dit en general que l'usage des articles estoit de déterminer la signification des noms communs; mais il est difficile de marquer précisément en quoy consiste cette détermination, parce que cela n'est pas uniforme en toutes les Langues qui ont des articles. Voicy ce que j'en ay remarqué dans la nostre.
> *Le nom commun, comme* ROY.
> [...] Avec l'article, *le* signifie
> **L'espece** dans toute son estenduë (Le Roy ne dépend point de ses sujets. Les Rois ne dépendent point de leurs sujets)

---

[2] Heyer (1987: 19), der ausschließlich den bestimmten Artikel in generischer Funktion untersucht, schreibt hierzu: "Ein definiter generischer Satz ist ein Satz, dessen grammatisches Subjekt eine generische Verwendung des bestimmten Artikels enthält [...]." Oomen zählt auch Syntagmen mit Determinantien wie *all-, jed-* zu potentiel generischen Syntagmen (1977: 11f.).

ou
: Un ou plusieurs singuliers déterminez par les circonstances de celuy qui parle, ou du discours (Le Roy a fait la paix; c'est à dire le Roy Louis XIV. à cause de circonstances du temps. Les Rois ont fondé les principales Abbayes de France. c. les Rois de France) [...].

Auch Sacy (1803: 43), dessen Einschätzung der Charakteristika von Frauen und Männern wir allerdings nicht teilen, äußert sich in den *Principes de Grammaire générale* in diesem Sinne:

: L'Article *déterminatif* sert fréquemment à désigner que le Nom appellatif est pris dans toute son étendue, [...] quand on veut caractériser l'espèce entière, en l'opposant à une autre espèce. Quand je dis: *Les femmes ont la sensibilité en partage, mais la force est l'apanage des hommes*, il est clair que j'oppose la classe entière du sexe masculin au sexe féminin, et l'Article ajoute de l'énergie et de la précision à mon expression.

Als selbstverständliches Allgemeingut stellt gar Thiébault in der *Grammaire philosophique* (1802: 169/170) die Annahme von Arten oder Gattungen als 'Bezeichnungsobjekte' generischer Ausdrücke dar (Hervorhebung SvF):

: Nous n'avons pas besoin sans doute de reprendre les divisions si connues, [...] 2°. de mots que l'on appelle généraux, ou spéciels, ou individuels, *selon qu'ils ont pour objets de signification, des idées de genres, d'espèces ou d'individus*; 3°. de mots universels ou particuliers, selon qu'ils se rapportent à tous les individus d'une même espèce, ou à quelques-uns seulement [...].

Thiébault unterscheidet hier im übrigen auch explizit zwischen den *mots généraux ou spéciels*, die auf eine Gattung oder Art verweisen, und den *mots universels*, die sich auf alle Exemplare einer Gattung beziehen, eine wichtige Unterscheidung, die aber in der neueren Forschung zur Generizität nicht immer getroffen wird. Gerade die in der Guillaumeschen Tradition stehenden Beiträge (vgl. z. B. Pattee 1994; Wilmet 1997) assimilieren Generizität meist mit der Referenz auf alle Individuen einer Art oder Gattung, also mit einer fast oder ganz die Extension eines Begriffs umfassenden Referenz, während wir für Syntagmen nur dann generische Lesart annehmen, wenn sie sich auf eine Art oder Gattung als Ganzes, z.B. als eine eigenständige Gestalt beziehen. Weiter unten formuliert Thiébault (1802: 182) die Unterscheidung zwischen universeller und generischer Referenz noch knapper und deutlicher, wobei er für "generisch" hier abweichend vom heutigen Gebrauch das Wort *spécifique* in seinem ursprünglichen, etymologischen Sinn, d.h. "mit Bezug auf die Spezies", verwendet: "Enfin l'acception d'un mot est *déterminative*, lorsqu'on marque bien les objets auxquels on le rapporte; *spécifique*, lorsqu'on l'étend à l'espèce entière; *universelle*, comme dans *tous les hommes* [...]."

Die Annahme einer besonderen Art der Referenz für generische Ausdrücke läßt sich zurückverfolgen bis zur Suppositionslehre des Mittelalters, die je nach Verwendung eines Ausdrucks verschiedene Arten von Verweisobjekten, sog. *Supposita*, annimmt: Neben der *suppositio personalis*, in der von einzelnen Individuen die Rede ist (*Der Mensch dort*), ist in der *suppositio simplex* wie *(Der) Mensch ist eine Art* die Art MENSCH an sich gemeint (vgl. Sherwood 1995: 137, 141ff.; Burleigh 1988: 19ff.). Auf welche Weise ein Ausdruck für eine Art supponiert, ob er für eine Bedeutung oder einen Gegenstand "außerhalb der Seele" steht, ist jedoch innerhalb der Suppositionslehre umstritten. So behandeln Ockham (1984: 31ff.) und Burleigh (1988: 19ff.) die einfache Supposition, also die generische Verwendung eines Ausdrucks, anhand des Satzes *Homo est species ((Der) Mensch ist eine Art)* aus gegensätzlichen Standpunkten: Da für Ockham nur einzelne, individuelle Gegenstände außersprachlich existieren, supponiert *homo* eine "Intention der Seele", eine Begriffsvorstellung, während Burleigh für *homo* die Art HOMO als Suppositum annimmt. Zusätzliche Schwierigkeiten ergeben sich bei dieser Diskussion aus dem lateinischen Beispielsatz *Homo est species*, in dem *homo* in quasi-metasprachlicher oder in objektsprachlicher Verwendung vorliegen kann. In metasprachlicher Verwendung würde man mit *Mensch ist eine Art* ("Das Wort *Mensch* bezeichnet eine Art") übersetzen, die objektsprachliche und dann auch gleichzeitig generische Verwendung müßte durch den bestimmten Artikel, also als ***Der Mensch ist eine Art***, wiedergegeben werden.

Geht man nun wie wir davon aus, daß generische Syntagmen eine eigene, von spezifischen Referenten und natürlich auch von ihrem Bedeutungsinhalt zu unterscheidende Referenz haben, so bleibt zu klären, ob im Bereich der generischen Referenz die Natur der Referenten in allen Fällen gleich ist. Bestimmte generische Ausdrücke referieren eindeutig auf eine Art oder Gattung als Ganzes, als eigenständiges Referenzobjekt (vgl. auch Kap. 3.3.4):

(7) Les pandas sont en voie de disparition.
(8) Le panda est en voie de disparition.

Augenscheinlich kann die Aussage *être en voie de disparition* nur sinnvoll über eine Art oder Gattung gemacht werden, da nur eine Art oder eine Gattung als Ganzes im Aussterben begriffen sein kann. Weder kann über einen individuellen Panda ausgesagt werden, daß er im Aussterben begriffen sei, noch ist die Prädikation "im Aussterben begriffen sein" auf alle einzelnen Exemplare der Gattung PANDA anwendbar.

Etwas anders stellt sich die Referenz in generischen Sätzen wie

(9) Les chats ont les oreilles pointues.
(10) Le chat a les oreilles pointues.

(11) Un chat a les oreilles pointues.

dar, in denen sich die Syntagmen *les chats*, *le chat* und *un chat* nicht mehr auf die Art oder Gattung CHAT als eigenständiges Referenzobjekt beziehen, sondern eher auf die allgemeine, typische Form, gewissermaßen auf die Gestalt der Katze referieren. Die unterschiedliche Referenz der generischen Subjektsyntagmen in (7) und (8) einerseits und (9)-(11) andererseits zeigt sich auch auf der morphosyntaktischen Ebene anhand der Verwendbarkeit des Artikels *un/une*: Er ist nicht für die generische Referenz auf eine gesamte Art oder Gattung als eigenständiges Referenzobjekt verwendbar *(*Un panda est voie de disparition)*, sondern kann nur zum Bezug auf die Gestalt einer Art eingesetzt werden *(Un panda a le poil noir et blanc)*.

Die Möglichkeit, auf einen Typus oder auf eine bestimmte Gestalt einer Art oder Gattung Bezug zu nehmen, zeigt sich auch in deiktischen Wendungen, mit denen regelrecht auf eine Art gezeigt werden kann. Wenn in einer Situation der Satz *Cette fleur existe uniquement à Bornéo* geäußert wird, so kann gleichzeitig auf ein tatsächlich vorhandenes Exemplar der Blume gezeigt werden, der Referent des Syntagmas *cette fleur* ist dennoch weder dieses Exemplar, noch die gesamte Gattung wie in (7) und (8), noch ein wie auch immer gearteter Bedeutungsinhalt, sondern der Typus, die Gestalt dieser Blume, die durch das in der Situation präsente Exemplar nur illustriert wird. Auch in den sehr differenzierten Überlegungen der Suppositionslehre finden sich Hinweise auf ähnliche Annahmen. So führt Sherwood (1995: 143/144) aus, daß in dem Satz *Pfeffer wird hier und in Rom verkauft* der Ausdruck *Pfeffer* nicht wie in *Mensch ist eine Art* direkt für die Art supponiert, "[...] weil nicht die Art selbst verkauft wird":

"Vielmehr supponiert "Pfeffer" für sein Signifikat, das sich allgemein und unbestimmt zu seinen Gegenständen verhält. Daher pflegt man diese Supposition unbestimmt zu nennen. ["Pfeffer"] supponiert für eine Art, insofern sie durch ihre Individuen bestimmbar aber nicht bestimmt ist, wie, wenn gefragt wird "Welches Tier ist nützlich zum Pflügen?" und "das Rind" geantwortet wird, der Antwortende nicht beabsichtigt, über irgendein [bestimmtes] Rind zu sprechen, sondern über das Rind schlechthin. Entsprechend beabsichtigt jemand, der sagt "Pfeffer wird hier und in Rom verkauft", nicht, über irgendwelchen [bestimmten] Pfeffer zu sprechen, sondern über Pfeffer schlechthin."

Es wird also kein bestimmter, spezifischer Pfeffer hier und gleichzeitig in Rom verkauft, auch die gesamte Art PFEFFER kann nicht den Besitzer wechseln, sondern *der Pfeffer schlechthin*, d.h. etwas, das die Gestalt von Pfeffer hat, wird hier und in Rom verkauft. Ebenso ist natürlich weder die Gattung RIND zum Pflügen nützlich, noch wird über ein spezifisches Rind gesprochen, sondern über das Rind schlechthin *(de bove simpliciter)*, über Dinge also, die die Gestalt von Rindern besitzen. Für Sherwood supponiert *Pfeffer* oder *Rind* in den besprochenen Sätzen dennoch für die Art, zwar nicht für die Art "selbst", wie er sich ausdrückt, aber für das, was die Art oder Gattung ausmacht, für das Kennzeichnende, welches wir Gestalt genannt haben. Begriffe wie *Rind* (nicht aber *Pfeffer*) werden auch als Sortale bezeichnet, weil alle ihre möglichen Referenten eine bestimmte Gestalt aufweisen und sie damit zu einer bestimmten 'Sorte' von Gegenständen gehören (vgl. Tugendhat 1976: 453ff.). Das Wissen über die Gestalt ist in sortalen Termini schon immer mitgegeben, so daß sie auch zur generischen Referenz auf diese Gestalt verwendet werden können.

Generische Syntagmen können sich also wie in (7) und (8) auf eine gesamte Art bzw. Gattung als eigenständiges Referenzobjekt oder aber wie in (9)-(11) auf die Gestalt einer Art bzw. Gattung verweisen. Wir sprechen jedoch im folgenden einfach von 'Referenz auf die Art oder Gattung' und gehen, soweit es für unsere Untersuchungen nicht relevant ist, nicht in jedem Einzelfall auf die genaue Natur der generischen Referenten ein.

2.2 Der Ausdruck der Generizität im Französischen

Um Nominalsyntagmen überhaupt auf generische Lesart untersuchen zu können, müssen zunächst die morphosyntaktischen und -semantischen Vorbedingungen für eine eventuelle generische Interpretation erfaßt werden. Diese im folgenden aufgeführten Bedingungen beziehen sich auf die für Generizität notwendige Grundform einer NP und legen gewissermaßen nur die Kandidaten unter allen möglichen NPs fest, die für eine generische Interpretation prinzipiell in Frage kommen.

Eine erste Bedingung ist das Vorhandensein bestimmter Artikelformen. Im Französischen kommen zur Herstellung von Generizität die bestimmten Artikel Singular und Plural und der unbestimmte Artikel Singular in Frage:

(12) a) Les lynx ont une vue perçante.
b) Le lynx a une vue perçante.
c) Un lynx a une vue perçante.

Alle anderen Determinantien scheinen, von gewissen Ausnahmen in speziellen Kontexten abgesehen, eine generische Interpretation auszuschließen:

(13) a) * Des lynx ont une vue perçante.
b) Quelques lynx ont une vue perçante.
c) Chaque lynx a une vue perçante.
d) Ce lynx a une vue perçante.

Die NPs in (13) a) und b) referieren auf *einige Individuen* der Gattung Luchs; *chaque lynx* in (13) c) umfaßt zwar *alle Exemplare* der Gattung LUCHS, referiert aber auf die *Individuen*, die die Gattung konstituieren und nicht auf die Gattung an sich. Obwohl das Demonstrativum in (13) d) aufgrund seiner Selektionskraft eine individuelle Lesart erzwingt, sind Situationen vorstellbar, in denen eine Referenz auf Gattungen möglich wäre:

(14) Le lynx est normalement presque aveugle, sauf le lynx asiatique. Ce *lynx* a une vue perçante.

In diesem Fall jedoch referiert *ce* anaphorisch auf die Gattung LE LYNX ASIATIQUE, selegiert also eine Gattung unter anderen, ohne selbst Generizität zu ermöglichen. Die eigentliche generische Referenz in (14) mußte zuvor mit der Artikelform *le*, d.h. mit dem Syntagma *le lynx* hergestellt werden.

Eine zweite Bedingung für eine eventuelle generische Lesart eines Syntagmas ist die Zugehörigkeit seines Basisnomens zu einer bestimmten Kategorie. Mit Eggs (1994: 126) unterscheiden wir nicht nur zwischen Appellativa und Eigennamen, sondern zwischen vier Kategorien, die sich alle durch ein spezifisches syntaktisches Verhalten auszeichnen. Es sind dies die *Kontinuativa, Individuativa, Unika* und die *Eigennamen*.

Zu den Kontinuativa gehören sowohl Stoffnomina wie *le beurre, l'or, l'eau, le sable, le riz*[3] und Abstrakta wie *la haine* als auch Kollektivnomina wie *le bétail*. Syntaktisch sind sie dadurch gekennzeichnet, daß sie ausschließlich die Artikelformen *le, la, de l', du, de la* zulassen. Individuativa, auch *zählbare Nomina* genannt, sind Bezeichnungen für zählbare Objekte oder Größen: *la montre, le tigre, le cri, la vague, l'équipe*. Sie lassen außer dem Partitiv alle Artikelformen zu: *le, la, les, un, une, des*. Unika haben nur einen einzigen, festgelegten Referenten und können daher auch nur mit dem bestimmten Artikel Singular gebraucht werden: *le soleil, la lune, le temps*.[4] Auch Eigennamen bezeichnen feste, individuelle Einheiten, benötigen aber wegen ihrer Fähigkeit, als Etikett für genau einen Gegenstand oder genau eine Gruppe von Gegenständen zu dienen, im allgemeinen keine zusätzlichen Determinantien: *Marie, Rhône-Poulenc, Lyon*. Wenn sie – wie geographische Eigennamen – dennoch von einem Artikel begleitet werden, dann ist dieser Artikel eher als ein Teil dieses Namens und nicht als determinierendes Element zu verstehen: *la France, le Limousin, les Pyrénées*.

---

[3] *Le sable* und *le riz* bestehen zwar aus zählbaren Einheiten, erscheinen aber als "intrinsèquement massif" (Kleiber 1989a: 82).

[4] Harweg nimmt für Kontinuativa und Individuativa (letztere nennt er *Diskontinuativa*) auf der Basis anderer Unterscheidungskriterien eine andere Einteilung vor, die sich jedoch nicht durchsetzen konnte: Für ihn sind Nomina wie *Wasser, Blut, Gold, Angst* 'gestaltlose Diskontinuativa'; Unika rechnet er zu den Kontinuativa (1969: 297f., 1987).

Für die Erkennung generischer Syntagmen ist diese Einteilung nun sehr hilfreich: Als Unika oder Eigennamen gekennzeichnete Nomina schließen eine generische Interpretation von vornherein aus, weil sie von der Natur der Sache her keine Generalisierung zulassen. Damit wäre auch der oft ungenau und uneinheitlich verwendete Begriff *Gattungsname* genauer abgesteckt: Er umfaßt nämlich die Kontinuativa und die Individuativa, d.h. genau diejenigen Nomina, die prinzipiell generische Interpretation und somit Referenz auf Gattungen und Arten zulassen.

Erschwerend kommt nun aber hinzu, daß die Nomina aller vier Kategorien in eine andere überführt werden können, daß also eine z.B. für maschinelle Verarbeitung im Lexikon festgelegte Kategorie nicht immer absolute Gültigkeit hat:

Kontinuativum → Individuativum
l'eau *les eaux de source des Vosges*

Individuativum → Kontinuativum
la montre *Ça, c'est de la montre!*

Unikum → Individuativum
la lune *les deux lunes de la planète Mars*

Eigennamen → Individuativum [5]
Rhône-Poulenc *Bayer, c'est le Rhône-Poulenc allemand.*

Gino Capponi *"Tout ce qui peut être sur les toits d'une ville, les Gino Capponi, les Malateste, Bentivoglio, à faire passer des hallebardes ou des sabres par des lucarnes, [...]."*[6]

Die bisherigen Ausführungen lassen sich wie folgt zusammenfassen: Eine NP kommt nur dann als Kandidat für einen generischen Ausdruck in Frage, wenn sie (i) durch eine der Artikelformen *les, la, le, une, un* determiniert wird und wenn (ii) ihr Basisnomen ein Kontinuativum oder Individuativum ist oder als ein solches gebraucht wird.

---

[5] Es wäre auch vorstellbar, in diesen Fällen eine Transkategorisierung zu Unikum anzunehmen: Für *le Rhône-Poulenc* ist nur schwer ein Kontext vorstellbar, in dem es generisch verwendet werden könnte. Jedoch hat *le Rhône-Poulenc* intuitiv sicherlich nicht den gleichen Status der 'Einmaligkeit' wie *la lune, le soleil* etc.

[6] Giono, J., 1951, Le hussard sur le toit, Paris: Gallimard, 160.

Im folgenden Abschnitt werden die verschiedenen Nominalsyntagmen, die als syntaktische Form für generische Ausdrücke dienen können, genauer vorgestellt. Dabei erhalten die Syntagmen mit den potentiell generischen Artikelformen bestimmter Artikel Plural, bestimmter Artikel Singular und unbestimmter Artikel Singular jeweils die Bezeichnungen *Les N, Le N* und *Un N*. Nach einer anschließenden Übersicht über die Möglichkeiten, im Deutschen Generizität auszudrücken, werden die deutschen und französischen Nominalsyntagmen einander gegenübergestellt und zugeordnet. Mit dieser Zuordnung von deutschen zu französischen NPs ist dann die Zielvorgabe für die Erkennung und Übersetzung generischer Syntagmen festgelegt.

2.2.1 Die drei Artikelformen *les, la/le, une/un*

2.2.1.1 Der Artikel *les*

Nach seiner recht detaillierten Untersuchung generischer Syntagmen kommt Eggs (1994: 162) zu dem Schluß, "[...] que la forme linguistique *Les N* est la plus neutre et la plus ouverte pour exprimer le générique." Ebenso stellt Kleiber (1989a: 74) fest: "[...] le SN *les N* constitue une sorte de passe-partout pour le générique." Daß Generizität in Zusammenhang mit NPs der Form *Les N* als unproblematisch, ja fast als selbstverständlich aufgefaßt wird, spiegelt sich auch in der Wahl des Schwerpunkts der zahlreichen Untersuchungen generischer Sätze wider: Oft werden der Form *Une/Un N* – bzw. ihrer deutschen oder englischen Entsprechung – (vgl. z.B. Burton-Roberts 1976, Galmiche 1985, Strigin 1985) und *La/Le N* (vgl. z.B. Heyer 1987, Kleiber 1989a, 1989b) besondere Aufmerksamkeit gewidmet, während *Les N* nur mit den beiden anderen Formen 'mitbehandelt' wird.[7] Dies bedeutet jedoch nicht, daß *Les N* auch immer als die typische Form für den generischen Ausdruck angesehen wird. Für Burton-Roberts "...seules les phrases *Un N SV* sont de véritables phrases génériques [...]" (Galmiche 1985: 25); Heyer (1987) behandelt für das Deutsche nur Syntagmen der Form *Der N*.

Einige Gegenüberstellungen der Form *Les N* mit den Formen *Le N* und *Un N* sollen zur Verdeutlichung der 'Offenheit und Neutralität' dieser Form gegenüber dem Generischen genügen. Wegen ihres Merkmals [Plural] kann sie natürlich nur auf Gattungen referieren, deren Angehörige zählbar sind; bei *Les N* mit kontinuativem Nomen wie in

(15)   Les bières belges sont onctueuses.

---

[7] Eine Ausnahme ist Carlson (1980).

liegt notwendigerweise Transkategorisierung zu Individuativum vor. Bei der Betrachtung der folgenden Sätze unter (16) zeigt sich, daß Ausdrücke der Form *Les N* teilweise auch dann noch mit generischer Referenz verwendet werden können, wenn *Le N* oder *Un N* nur spezifische Interpretation zulassen oder gar zu ungrammatischen Sätzen führen: [8]

(16) a)   Les enfants ne veillent pas jusqu'à minuit. (+g)
           L'enfant ne veille pas jusqu'à minuit. (+/-g)
           Un enfant ne veille pas jusqu'à minuit. (++g)

     b)   Les hommes sont des mammifères. (+g)
           L'homme est un mammifère. (+g)
           ? Un homme est un mammifère. (++g)

     c)   Les hommes ont inventé le langage. (+g)
           L'homme a inventé le langage. (+g)
           Un homme a inventé le langage. (-g)

     d)   Les chinois ont inventé la porcelaine. (+g)
           * Le chinois a inventé la porcelaine.
           Un chinois a inventé la porcelaine. (-g)

     e)   Les vieilles maisons ne coûtent pas cher. (+g)
           La vieille maison ne coûte pas cher. (-g)
           Une vieille maison ne coûte pas cher. (++g)

     f)   Les foires de notre continent sont peut-être une survivance qui ne se prolongera guère. (+g)
           ? La foire de notre continent est peut-être une survivance qui ne se prolongera guère. (+/-g)
           * Une foire de notre continent est peut-être une survivance qui ne se prolongera guère.

     g)   Les chats de notre rue sont dociles. (-g)
           Le chat de notre rue est docile. (-g)
           * Un chat de notre rue est docile.

Ist selbst für das 'offene' *Les N* die generische Lesart ausgeschlossen, so bieten die Formen *Le N* und *Un N* erst recht keine Möglichkeit für generische Referenz (vgl. (16) g)). *La foire de notre continent* aus (16) f) wirkt wiederum

---

[8]   Zur Erläuterung der an die Beispielsätze angefügten Kennzeichnungen s. Kap. 1.2.3.

eigenartig, weil nach der Lektüre von *la foire* entweder spezifischer oder generischer Bezug erwartet wird, beides aber nicht recht zustande kommen kann: Der Zusatz *de notre continent* behindert einerseits die generische Lesart, weil durch die räumliche Einschränkung die Extension der NP für die Referenz auf eine Gattung zu eng gefaßt ist; andererseits steht die spezifische Lesart mit dem Weltwissen in Konflikt, nach dem es auf unserem Kontinent ja nicht nur genau einen einzigen Jahrmarkt gibt, auf den mit *la foire de notre continent* referiert werden könnte. Wenn *la foire* durch *une foire* ersetzt wird ist generische Lesart sogar ganz ausgeschlossen und der Satz wird eindeutig ungrammatisch.

Wie sich im Laufe der weiteren Untersuchung noch wiederholt zeigen wird (s. Kap. 3), ist die Behinderung der generischen Lesart einer NP durch ein modifizierendes Element, das ihre Extension räumlich oder zeitlich einschränkt, eine allgemeine, immer wiederkehrende Tendenz. Diese Tendenz tritt in unserem Satz *Les foires de notre continent sont peut-être une survivance qui ne se prolongera guère* schon deutlich zutage. Läßt man das modifizierende Element *de notre continent* weg, so wären auch *Le N* und *Un N* in generischer Lesart vollkommen akzeptabel:

(17) La foire est une survivance qui ne prolongera guère. (+g)
(18) Une foire est une survivance qui ne se prolongera guère. (++g)

Es bleibt festzustellen, daß die französische Form *Les N* in Hinblick auf die Art ihrer Referenz ambig ist: Sie kann generisch (16) a)-f)) oder spezifisch (16) g)) interpretiert werden. In diesem Sinne äußert sich auch Eggs (1994: 132), allerdings stellt er nicht generische und spezifische Interpretation, sondern zunächst nur ein *générique d'espèce* und ein *générique de classe* gegenüber: "[...] le français est ambigu en ce qui concerne le type de généricité des constructions *Les N* puisqu'il ne marque pas grammaticalement la différence fondamentale du générique des espèces et des genres, d'un côté, et du générique des classes ou des ensembles, de l'autre." Da z.B. in (16) g) *Les chats de notre rue sont dociles* ähnlich wie bei der Referenz auf Gattungen auf etwas 'Ganzes' wie die Gruppe *chats de notre rue* Bezug genommen wird, ist die Annahme einer generischen Referenz auf Klassen von Objekten tatsächlich nicht ganz unbegründet. Für unsere Zwecke jedoch ist ausschlaggebend, daß hier auf eine bestimmte, genau umrissende Gruppe von Katzen mit ihren einzelnen Individuen referiert wird. Wir bleiben daher für Lesarten wie in (16) g) bei der Bezeichnung "spezifische Interpretation".

2.2.1.2 Der Artikel *le/la*

Ebenso wie die Form *Les N* kann auch die Form *Le N* zur Referenz auf Gattungen zählbarer Objekte oder Größen verwendet werden. Sie unterliegt dabei jedoch, wie oben angedeutet, strengeren Restriktionen als die neutralere Form *Les N*. Konstruiert man einen geeigneten Kontext, so kann selbst die NP *Les chats* in

(19) Les chats attendent devant la porte. (+/-g)

generisch interpretiert werden (« *Quand on oublie de sortir un bol de lait, les hérissons viennent regarder et repartent. Les chats, par contre, attendent devant la porte.* ») – obwohl das Prädikat für sich allein auf einen räumlich und zeitlich spezifizierten Vorgang hinweist. Für *Le chat* ist ein solcher Kontext kaum vorstellbar, in (20) ist eine generische Interpretation daher ausgeschlossen:

(20) Le chat attend devant la porte. (-g)

Generische Konstruktionen der Form *Le N* zeichnen sich gegenüber *Les N* dadurch aus, daß sie ihre Referenten in ihrer Einmaligkeit bezeichnen können (vgl. Eggs 1994: 142ff.; Kleiber 1989a: 77ff.). Bei einem Vergleich sonst identischer Sätze mit verschieden konstruierten Subjekt-NPs ist dieser Unterschied zwischen *Les N* und *Le N* intuitiv leicht nachzuvollziehen:

(21) a) Les ordinateurs sont utiles. (+g)
     b) L'ordinateur est utile. (+g)

     c) Les chiens sont fidèles. (+g)
     d) Le chien est fidèle. (+g)

In (21) b) und d) findet mit Hilfe des bestimmten Artikels gewissermaßen eine Personifizierung der Gattung ORDINATEUR bzw. CHIEN statt; die Gattung wird nicht mehr wie in (21) a) und c) als Ensemble einzelner Elemente, sondern wie ein namentlich etikettierbares Individuum präsentiert. In diesem Sinne äußern sich z. B. auch Kleiber (1989a)[9] und Mumm (1995: 447): "Die definit singularische Bezeichnungsweise des Generischen stellt damit die Fiktion auf, daß die Klasse selbst, als das Ensemble der klassenbildenden Eigenschaften, sich wie ein Individuum verhält, oder gar ein Individuum ist, dem man wie einem konkreten Individuum Prädikate zusprechen kann." Eggs (1994: 142) geht hier sogar

---

[9] Jedoch nimmt Kleiber (1989a) als Referent von generischen *Le N* nicht die Gattung oder Gestalt einer Gattung an. Er stellt vielmehr die Hypothese auf, daß diese Konstruktion "generische Individuen" bezeichne. Vgl. dazu die Kritik von Eggs (1994: 144ff.).

noch einen Schritt weiter als Kleiber und Mumm und sieht in generischem *Le N* eine Art Eigenname für die von *N* bezeichnete Gattung: "[...] *Le N* est une sorte de *nom propre* pour l'espèce - en d'autres termes, *Le N* dénote une espèce comme si elle était un individu.". Noch deutlicher drückt Jacobsson (1998: 142) diese Einschätzung für den englischen bestimmten Artikel Singular aus: "The definite generic, then, is a singular with plural implication, a common noun functioning as a proper name, an abstract with concrete connotations."

Ein weiteres wichtiges Merkmal der Konstruktion *Le N* ist ihre Rolle als einzig möglicher syntaktischer Rahmen für den generischen Gebrauch von Kontinuativa. Für diese semantische Klasse von Nomina scheint *Le N* zunächst die gleiche Funktion wie *Les N* für Individuativa zu erfüllen:

(22) L'eau est un liquide. (+g)
L'eau de Barcelone n'est pas bonne. (-g)

(23) L'or est rare. (+g)
L'or que vous avez acheté hier est dans le coffre-fort. (-g)

(24) L'amour est la cause de beaucoup de guerres. (+g)
L'amour qu'il porte à sa nouvelle voiture n'est pas normal. (-g)

Diese Einschätzung vertritt auch Pattee (1994: 139), der das Vorkommen generischer Nominalsyntagmen als "cas d'extensité maximale"[10] bezeichnet: "Lorsqu'on examine les cas d'extensité maximale avec les sémantèmes discontinus pluriels, par exemple *les hommes* et les sémantèmes continus singuliers, par exemple *le fer*, ce qui frappe d'abord, c'est l'exact parallélisme de leurs emplois." Allerdings steht natürlich *Le N* mit kontinuativem Basisnomen (*Le N_{kont}*) nicht im gleichen Paradigma wie *Les N* mit individuativem Nomen (*Les N_{ind}*), da für Kontinuativa die Opposition zu anderen generischen Konstruktionen wegfällt: In Nominalsyntagmen wie **Les eaux minérales** *sont chères* oder **Une eau minérale** *a un goût un peu métallique* liegt Transkategorisierung zu Individuativum vor (vgl. auch Satz (15)). Während also bei Individuativa die Möglichkeit besteht, mit unterschiedlichen sprachlichen Formen einerseits 'neutral' mit *Les N* und andererseits mit *Le N* wie mit einem Eigennamen auf eine Gattung zu referieren, steht für Kontinuativa allein *Le N* zur Verfügung. Hieraus läßt sich jedoch weder folgern, daß ein generisches *Le N_{kont}* nun immer wie ein Eigenname für eine Gattung zu

---

[10] Pattee, dessen Beitrag in der Guillaumeschen Tradition steht, versteht unter *extensité* die Bezugnahme im *discours*, während die *extension* eines Begriffes seine mögliche, von der *langue* vorgegebene Ausdehnung ist (1994: 4ff.). Abweichend von unserer Vorstellung liegt für Pattee Generizität (*extensité généralisante*) immer dann vor, wenn die *extensité* so weit ist, daß sie sich fast mit der Ausdehnung der *extension* deckt.

verstehen ist, noch daß im Gegenteil $Le\ N_{kont}$ eine Gattung immer nur neutral wie $Les\ N_{ind}$ bezeichnet. Wahrscheinlicher ist, daß auch für $Le\ N_{kont}$ beide generische Lesarten möglich sind und jeweils durch den Kontext festgelegt werden:

(25) Le vin est une boisson alcoolisée qui se boit généralement à table.

(26) Le vin est socialisé parce qu'il fonde non seulement une morale, mais aussi un décor; il orne les cérémoniaux les plus menus de la vie quotidienne française, du casse-croûte (le gros rouge, le camembert) au festin, de la conversation de bistrot au discours de banquet. (AnnaBTS 96: 73)

Ganz deutlich wird in (25) neutral auf die Gattung VIN referiert, während in (26) *le vin* ebenso deutlich nahezu wie ein Eigenname für diese Gattung benutzt wird. Den formalen Beweis für die Möglichkeit, neben der neutralen generischen Referenz $Le\ N_{kont}$ wie einen Eigennamen für die Gattung N zu verwenden, liefert Beispiel (27), in dem generisches *le vin* in einem Atemzug mit einer generischen NP der Form $Le\ N_{ind}$ verwendet wird:

(27) Comme *le vin, le bifteck* est, en France, élément de base, nationalisé plus encore que socialisé; il figure dans tous les décors de la vie alimentaire... (AnnaBTS 96: 84)

Abschließend ergibt sich somit folgendes Bild: $Le\ N$ in generischer Lesart wird wie ein Eigenname für die Gattung N verwendet, wenn N ein Individuativum ist. Ist N dagegen ein Kontinuativum, kann generisches $Le\ N$ eine Gattung neutral oder ebenfalls wie ein Eigenname bezeichnen; die jeweilige Lesart ergibt sich bei den Kontinuativa aus dem Kontext.

2.2.1.3 Der Artikel *un/une*

Die generische Interpretation von Ausdrücken der Form $Un\ N$ ist ein in der neueren Literatur häufig diskutierter Aspekt der Generizität. Bei den verschiedenen Beschreibungen dieser Form der Nominalphrase reicht die Spannweite vom semantisch orientierten – also allein 'innersprachlichen' – Ansatz bis hin zur argumentativ-rhetorischen Analyse. Wir stellen hier kurz zwei Vertreter der jeweiligen Richtungen vor.

In seiner noch stark von den Vorstellungen der Generativen Transformationsgrammatik (GTG) beeinflußten Arbeit unternimmt Burton-Roberts (1976) für die generische Verwendung des englischen unbestimmten Artikels Singular *a*, dessen Funktionen mit denen des französischen *un* vergleichbar sind, einen rein syntaktisch-semantischen Erklärungsversuch. Seiner Auffassung nach ist die NP *a whale* in

(28)   A whale is a mammal. *(Une baleine est un mammifère.)*

auf das Infinitivprädikat *to be a whale* zurückzuführen. Der Satz (28) insgesamt ist eine Oberflächenstruktur, der die Tiefenstruktur

(28') To be a whale is to be a mammal. *(Etre une baleine, c'est être un mammifère.)*

zugrunde liegt (Burton-Roberts 1976: 430ff.). Eine solche Argumentation impliziert, daß generische Ausdrücke, da sie ja von einem Prädikat 'abgeleitet' sind, nicht nur keine Gattungen als Referenten, sondern überhaupt keine eigenständigen, sich von Individuen unterscheidenden Referenten haben können.[11] Die Formulierung in (28') läßt sich auch als quantifizierende, prädikatenlogische Aussage der Art

(28") ($\forall$x) [whale (x) $\rightarrow$ mammal (x)]
(Für alle Individuen x gilt: Wenn x ein Wal ist, ist x ein Säugetier)

wiedergeben, die dann keine begrifflichen Vorstellungen mehr von Dingen sondern nur noch direkte Referenz auf Individuen zuläßt.

Burton-Roberts' Ansatz scheint zudem von dem Bestreben geleitet, den Anspruch der GTG auf den Status einer allgemeinen Sprachtheorie zu festigen und sämtliche Aspekte der Sprache auf einige wenige Erzeugungs- und Transformationsregeln zu reduzieren. Mit der heutigen zeitlichen und wissenschaftstheoretischen Distanz zur damaligen Form der GTG läßt sich dieser Erklärungsversuch nur äußerst kritisch beurteilen. Kleiber (1985: 27ff.) zeigt denn auch deutlich auf, daß Satzformen wie *Etre un N, c'est SV (= syntagme verbal)* keine Tiefenstrukturen von generischen Sätzen darstellen. Aus einer nicht akzeptablen 'Tiefenstruktur' wie

(29)   Etre un adolescent, c'est aller à l'école.

ließe sich nämlich sonst ohne weiteres der sinnvolle generische Satz

(29') Un adolescent va à l'école.

---

[11] Ganz ähnlich argumentiert auch Mohri (1993: 91) bei der Analyse des Satzes *Le fromage fait grossir*: "Le sujet du causatif *faire grossir* est ici un procès. Celui-ci peut être rendu explicite si l'on fait appel à la phrase suivante: *Manger du fromage fait grossir.*"

generieren (vgl. Kleiber 1985: 28f.) – ein Effekt, den die Ableitungsregeln der GTG eigentlich verhindern sollten.

Ganz anders als Burton-Roberts beschreiben z.b. Galmiche (1985), Kleiber (1985) und Eggs (1994) den Gebrauch generischer *Un N*: "Il ne fait pas de doute que les phrases génériques dont le sujet est introduit par l'indéfini singulier UN sont les plus aptes à permettre l'expression de toute assertion qui se soutient d'une règle, d'un principe ou d'une norme [...] appartenant à un système, *quel que soit son fondement.*" (Galmiche 1985: 30/31). Eggs (1994: 154) sieht in generischen Konstruktionen *Un N* rhetorische Definitionen und leitet daraus ihre einer Regel oder einer Norm ähnelnde rhetorische Funktion ab:

[...] la définition rhétorique est une définition scientifique *non-nécessaire* et *raccourcie*. Une définition scientifique telle que
un **CARRE** est **une figure quadrilatère** dont *tous les côtés sont égaux et tous les angles droits*
est nécessaire et complète (puisque **le genre** et *les différences spécifiques* indispensables pour délimiter l'espèce "carré" d'autres figures quadrilatères y sont présentes) alors que dans
un CHAT *a le poil doux*
ni le genre, ni toutes les différences spécifiques nécessaires ne sont formulés.

Weitere Beispiele für *Un N* als rhetorische Definition wären:

(30) Un lave-vaisselle consomme de l'eau. (Un lave-vaisselle est un appareil qui...)
(31) Un frigo dégage de la chaleur. (Un frigo est un appareil qui...)

Aus der Gleichsetzung generischer Syntagmen der Form *Un N* mit rhetorischen Definitionen ergibt sich auch eine Erklärung für den fragwürdigen grammatischen Status von Sätzen wie

(32) ? Un chat est un animal.

Die alleinige Nennung der Gattung ohne die Angabe von spezifischen Merkmalen (*Un chat est un animal qui chasse la nuit*) führt hier zu einer Anomalie, weil die Zugehörigkeit zu einer Gattung schon in der Bedeutung ihrer Arten enthalten ist: "[...] tout prédicat reconnu comme genre est inclu dans la signification de ses espèces" (Eggs 1994: 156). Selbst in Fällen, in denen das Wissen über die Zugehörigkeit zu einer Gattung nicht vorausgesetzt werden kann und die eigentliche Information einer Aussage darstellt, führt die Verwendung von *Un N* zu zweifelhaften Ergebnissen:

(33) ? Un sphex est un animal.

Erst in einer Konstruktion mit pronominaler Wiederaufnahme des Subjekts durch *c'(est)*, die die Verbalphrase als eindeutiges Rhema, als neue Information ausweist, ist auch *Un N* akzeptabel (s. Kap. 3.3.2. und 3.4):

(33') Un sphex, c'est un animal.

Nun haben Definitionen – seien es wissenschaftliche oder rhetorische – immer etwas Idealisierendes und können daher teilweise auch als Ausdruck einer Norm verstanden werden. Eine Definition von *oiseau* z.B. braucht im allgemeinen nur die wesentlichen, typischen Eigenschaften des 'Prototyps' von OISEAU aufzuzählen, ohne auf die zahlreichen Unterschiede innerhalb der Gattung OISEAU einzugehen – sie konstruiert einen 'idealen Vogel', der von einem hauptsächlich im Wasser und nicht in der Luft lebenden Pinguin recht weit entfernt ist.[12] So können denn auch Syntagmen der Form *Un N* normative Aussagen mit idealisierender Funktion einleiten, die einer Verhaltensregel oder einem moralischen Urteil gleichkommen (vgl. Galmiche 1985: 31f.; Danon-Boileau 1989: 58f.; Eggs 1994: 155ff.). Während nämlich in den rhetorischen Definitionen (30)-(32) eher unveränderliche, sprachlich vorbedingte oder allgemein akzeptierte Sachverhalte zum Ausdruck kommen, erscheinen Aussagen über veränderliche Dinge wie

(34) Une société repose sur des valeurs. (++g)
(35) Un concierge sort les poubelles. (+g)
(36) Un enfant ne met pas ses coudes sur la table. (++g)

nicht als Feststellung, sondern als Urteil darüber, wie etwas (nicht) sein oder (nicht) gemacht werden sollte. Überzeugende Beispiele hierfür liefern z. B. die Lippenstiftreklame aus einem Frauenmagazin in (37), aber auch der entsprechende Satz in (38) aus Corneilles *Le Cid*, mit dem Don Gomès den älteren Don Diègue und seine vergangenen Heldentaten mit einem Buch vergleicht und ihn daher als Tutor für den Prinzen für ungeeignet hält:

(37)   COLOURSTAY – le rouge à lèvres qui RESISTE AU BAISER !
Parce qu'*une femme* doit laisser son empreinte, mais pas forcément colorée...

(38)   Les exemples vivants sont d'un autre pouvoir;
Un prince dans un livre apprend mal son devoir (1. Akt, Szene 3).

Ebenfalls in diesem Sinne äußert sich auch Harweg für das Deutsche, wenn er *Der Löwe lebt in Afrika* mit dem Satz *Ein Löwe lebt besser in Afrika als bei uns*

---

[12] Vgl. auch die Besprechung der prototypischen Prädikate in Kap. 3.3.2 und 3.3.3.

im Zoo vergleicht, "der, im Unterschied zu [*Der Löwe lebt in Afrika*], keine objektive Feststellung, sondern eine subjektive Stellungnahme enthält, also etwa bedeutet 'Ein Löwe sollte lieber in Afrika als bei uns im Zoo leben' "(1969: 320). Wie für die generische Konstruktion *Le N* offenbart sich somit auch für *Un N* eine ganz spezielle rhetorische Funktion. Während *Les N* neutral auf eine Gattung referieren kann und *Le N* sich teilweise wie ein Eigenname für eine Gattung präsentiert, dient *Un N* dem Ausdruck einer Norm, einem Prinzip oder einer Regel (vgl. auch Kap. 3.3.8).

Die spezifischen rhetorischen Funktionen von *Le N* und *Un N* untermauern nun die weiter oben in Zusammenhang mit Satz (16) geäußerte Vermutung, daß *Les N* die für generische Lesart offenste Konstruktion ist: Weil mit *Les N* 'neutral' auf eine Gattung referiert werden kann, ist diese sprachliche Form in weitaus mehr Kontexten in generischer Lesart vorstellbar als die konkurrierenden Formen mit ihren schärfer umrissenen Einsatzmöglichkeiten. Dennoch lenkt *Un N* unter bestimmten Bedingungen die Lesart mit erheblich mehr Nachdruck zum Generischen als *Les N* oder gar *Le N*. So ist z.B. für (36) kaum ein Kontext vorstellbar, in dem *Un N* spezifisch interpretiert werden könnte, während dies für die beiden anderen Formen durchaus möglich ist:

(36') Les enfants ne mettent pas les coudes sur la table. (+g)
L'enfant ne met pas les coudes sur la table. (+/-g)

Diese Tendenz, einerseits in vielen Kontexten nicht wie *Les N* oder *Le N* generisch verwendet werden zu können, andererseits aber eindeutig generische Lesart zu erzwingen, wird sich für *Un N* auch im weiteren Verlauf bestätigen.

2.3 Der Ausdruck der Generizität im Deutschen

Wie im Französischen so können auch im Deutschen verschiedene syntaktische Formen als Rahmen für den Ausdruck des Generischen dienen. Ebenso ist natürlich auch im Deutschen ein Kontinuativum oder Individuativum als Basisnomen und das Vorhandensein bestimmter Artikelformen Voraussetzung für die generische Interpretation eines Syntagmas. Allerdings stimmt weder das Paradigma der Artikelformen mit dem Französischen überein, noch gibt es im Deutschen klare eins-zu-eins Entspechungen für die französischen Formen *Les N*, *Le N* und *Un N*.

2.3.1 Die generischen Determinantien im Deutschen

Wir geben die zum Ausdruck der Generizität notwendigen Artikelformen in den unten stehenden Beispielsätzen wieder. Obwohl sie in der deutschen Literatur zur Generizität oft mitbehandelt werden (vgl. z.B. Vater 1979, Oomen 1977, Grimm 1986, Chur 1993), klammern wir die Determinantien *all-* und *jed-* (*Alle Katzen sind Säugetiere/Jede Katze ist ein Säugetier*) dabei bewußt aus. Dies scheint uns insofern berechtigt, als daß durch *all-* und *jed-* determinierte NPs wohl universell alle Elemente einer Art oder Gattung bezeichnen, d.h. *die gleiche Extension* wie die entsprechende Gattungbezeichnung haben, aber nicht auf die Gattung bzw. die Gestalt der Gattung als eigenständige, neben spezifischen Objekten existierende Größe referieren.[13]

(39) a) Luchse haben scharfe Augen. (++g)
 b) Die Luchse haben scharfe Augen. (+g)
 c) Der Luchs hat scharfe Augen. (+g)
 d) Ein Luchs hat scharfe Augen. (+g)
 e) Wein ist ein anregendes Getränk. (+g)
 f) Der Wein spielt im christlichen Glauben eine wichtige Rolle. (+g)

In diesen generischen Sätzen sind zwei 'artikellose' Subjekt-NPs zu beobachten, (39) a) und (39) e). Es stellt sich nun die Frage, ob für beide Sätze ein gemeinsamer Nullartikel bzw. ein gemeinsames Nullmorphem[14] angenommen werden kann (Ø *Luchse*, Ø *Gold*) oder ob die Determination jeweils verschieden ist und evtl. ganz unterschiedliche Funktionen erfüllt. Für die Annahme eines gemeinsamen Nullmorphems spricht das Merkmal [+unbestimmt], das sicherlich in der Determination beider Syntagmen vorhanden ist, sowie die in beiden Fällen eher 'neutrale' Referenz auf die Gattung LUCHS bzw. WEIN. Dagegen spricht allerdings – und dies sind für uns die entscheidenden Argumente – daß in (39) a) und in (39) e) die ganz unterschiedlichen Nominalkategorien Individuativum und

---

[13] Bezeichnenderweise wird auf die Determinantien *tous, chaque* in der verwendeten französischen Literatur kaum oder gar nicht eingegangen. Für das Deutsche dagegen wird Generizität häufig einfach mit dem "Vorhandensein der gesamten Denotatsklasse" (Vater 1984: 24) gleichgesetzt und daher auch den *all*-Quantoren ein Platz in den einschlägigen Untersuchungen eingeräumt.

[14] Der Status von Nullelementen ist in der Sprachwissenschaft allgemein umstritten: Einerseits erfüllen sie z.B. in der Morphologie den durchaus angemessenen Zweck, sprachliche Modelle kohärent zu gestalten und nicht vorhandenen Größen einen Namen zu geben, andersseits gibt es keine gesicherte Erkenntnis darüber, ob die Annahme von Nullelementen generell in irgendeiner Weise der sprachlichen oder kognitiven Realität entspricht. Wie kontrovers die Existenz eines Nullartikels im Deutschen diskutiert wird zeigt Bisle-Müller (1991: 4-6).

Kontinuativum determiniert werden und die jeweiligen Determinantien in einem anderen Paradigma erscheinen (*Ø Luchse, die Luchse, der Luchs, ein Luchs* vs. *Ø Wein, der Wein*). Im weiteren Verlauf unserer Untersuchung folgen wir daher der mittlerweile weithin akzeptierten Praxis, zählbare Nomina im Plural als *bare plurals* (Carlson 1980) und in Analogie dazu Masse-Nomina als *bare singulars* zu bezeichnen.

In die Gruppe der generisch verwendbaren Artikel haben wir mit (39) f) bewußt den bestimmten Artikel Singular in Zusammenhang mit einem Kontinuativum aufgenommen. Dies steht im Widerspruch zu manchen Untersuchungen der Generizität im Deutschen, in denen der generische Gebrauch der Kontinuativa den *bare singulars* vorbehalten ist und NPs der Form *Der N$_{kont}$* entweder nicht vorkommen oder als definite Kennzeichnungen[15] behandelt werden. Es gibt jedoch – wie wir im Abschnitt 2.3.1.2.1 zeigen werden – gute Gründe, in bestimmten Fällen auch NPs wie *der Wein* in (39) f) generische Referenz zuzugestehen.

Die für eine generische Interpretation in Frage kommenden Nominalsyntagmen müssen demnach eine der Artikelformen[16] *bare plural, die(pl), der/die/das, bare singular, ein/eine* enthalten. Im folgenden ersetzen wir zur Vereinfachung *die(pl)* durch *die*, *der/die/das* durch *der* und *ein/eine* durch *ein*.

2.3.1.1 Generische Syntagmen im Plural: Die Artikelformen *bare plural, die*

Am offensten und neutralsten für das Generische scheint im Deutschen zunächst die Form *bare plural N* zu sein. Sie ist scheinbar wie *Les N* für das Französische intuitiv die sprachliche Form, die sich für generische Referenz geradezu anbietet und mit der im Gegensatz zu *Die N, Der N* und *Ein N* ohne besondere Einschränkungen 'wertfrei' und 'am einfachsten' der Bezug auf Gattungen hergestellt werden kann.

(40) a) Menschen sind Säugetiere. (++g)
  Die Menschen sind Säugetiere. (+g)
  Der Mensch ist ein Säugetier. (+g)
  Ein Mensch ist ein Säugetier. (++g)

---

[15] Wir verwenden den Begriff *definite Kennzeichnung* wie Vater (1984: 32) im Sinne von 'Nominalphrase mit Bezug auf ein bestimmtes Individuum': "[...] eine definite Kennzeichnung ist [...] eine Aussonderung, eine Individualisierung [...]."

[16] Obwohl *bare plural* und *bare singular* streng genommen keine Artikelformen sind, sondern nur allgemein die Art der Determination einer NP bezeichnen, behandeln wir sie hier der Einfachheit halber auf der gleichen Ebene wie die tatsächlich vorhandenen Artikel.

b) Kinder bleiben nicht bis Mitternacht auf. (++g)
   Die Kinder bleiben nicht bis Mitternacht auf. (-g)
   Das Kind bleibt nicht bis Mitternacht auf. (-g)
   Ein Kind bleibt nicht bis Mitternacht auf. (++g)

c) Alte Häuser sind nicht teuer. (+g)
   Die alten Häuser sind nicht teuer. (-g)
   Das alte Haus ist nicht teuer. (-g)
   Ein altes Haus ist nicht teuer. (++g)

d) Katzen warten vor der Tür. (+g)
   Die Katzen warten vor der Tür. (-g)
   Die Katze wartet vor der Tür. (-g)
   Eine Katze wartet vor der Tür. (+/-g)

In Wirklichkeit ist *bare plural N* jedoch nur bedingt mit *Les N* vergleichbar, weil das Verhalten der Subjekt-NPs im Plural im Deutschen weitaus komplexer ist als im Französischen. Während im Französischen *Les N* den gesamten Bereich der generischen und spezifischen Referenz abdeckt und die einzige sprachliche Form für generische NPs im Plural darstellt, teilen sich im Deutschen die Formen *Die N* und *bare plural N* sowohl das Feld der generischen als auch das der spezifischen Referenz.

Zunächst einmal besteht aber für das Deutsche tatsächlich eine deutlich erkennbare Tendenz, Subjekt-Nomina in spezifischen Kontexten wie

(41) Die Computer in diesem Geschäft sind sehr teuer. (-g)
(42) Die Katzen, die in unserer Straße leben, sind wohlgenährt. (-g)

explizit als definite Kennzeichnungen zu markieren und mit dem bestimmten Artikel zu versehen; ihre generischen Gegenstücke erscheinen dagegen mit dem *bare plural*:

(41') Computer sind sehr teuer. (+g)
(42') Katzen, die Europa leben, sind wohlgenährt. (+g)

Es ist sogar möglich, allein durch die Determination eines Nomens und ohne die Hilfe zusätzlicher Hinweise wie *in unserer Straße* oder *in diesem Geschäft* die Lesart einer NP festzulegen:

(42') Katzen, die in Europa leben, sind wohlgenährt. (+g)
(42") Die Katzen, die in Europa leben, sind wohlgenährt. (-g)

In (42') werden KATZEN-DIE-IN-EUROPA-LEBEN als eine Art eingeführt, die zwar durch den modifizierenden Relativsatz gegenüber der übergeordneten Gattung KATZEN extensional eingeschränkt ist, aber dennoch eine eigene Art bzw. Unterart bildet. *Die Katzen* mit dem Relativsatz *die in Europa leben* in (42") dagegen ist durch den bestimmten Artikel als definite Kennzeichnung markiert und daher nur spezifisch zu verstehen.

Im Deutschen kann also die Unterscheidung spezifsch vs. generisch grammatisch mit Hilfe der unterschiedlichen Artikel *die* und *bare plural* markiert werden, während die französische Form *Les N* in dieser Hinsicht ambig ist. Wie jedoch schon in (40) a) zu erkennen ist, konkurrieren *Die N* und *bare plural N* auch innerhalb des Bereichs der generischen Referenz; *Die N* steht nicht nur als definite Kennzeichnung in Opposition zu *bare plural N*, sondern kann selbst generisch verwendet werden:

(43) *Die Säugetiere* haben sich fast alle Lebensräume der Erde erobert. (BUL, 784) (++g)

Für den Einsatz von *Die N* für NPs mit generischer Lesart sind sowohl textlinguistische und satzsemantische als auch kognitive Faktoren verantwortlich, die sich überlagern und gegenseitig neutralisieren können. In der Textlinguistik z.B. ist es eine allgemein anerkannte Tatsache, daß neu eingeführte Größen mit dem unbestimmten, schon erwähnte und nunmehr bekannte Gegenstände mit dem bestimmten Artikel aktualisiert werden:

(44) In der Eckkneipe sitzen immer *Männer* herum, an der Wand hängt *ein ständig eingeschalteter Fernseher*. *Die Männer* starren auf *den Fernseher* oder spielen Karten.

Da sich im Deutschen Generizität in Plural-NPs sowohl mit bestimmtem Artikel als auch mit *bare plural* wiedergeben läßt, liegt es nahe, die Alternation der Artikelformen in generischen Sätzen mit der Alternation bestimmter/unbestimmter Artikel in (44) in Beziehung zu setzen. Dabei meinen wir nicht, daß *bare plural* und *die* als generische Artikel mit ihren spezifischen Gegenstücken (...*sitzen immer Ø Männer herum...*/Die Männer...) gleichzusetzen seien,[17] sondern stellen nur fest, daß die Opposition *bestimmt* vs. *unbestimmt* auch im Bereich der generischen Referenz noch wirksam ist und ihre Funktion weiterhin erfüllen kann:

---

[17] Carlson (1977) möchte den *bare plural* Determinans nicht als homonyme Realisierung des unbestimmten Artikels Plural und des generischen Artikels auffassen, sondern trennt den generischen *bare plural* als eigene sprachliche Form vom spezifischen Nullartikel (Ø).

(45) *Menschen* sind, ebenso wie *Affen*, hochentwickelte Säugetiere. Während *die Affen* jedoch keinen Sprechapparat entwickeln konnten, haben *die Menschen* ein einzigartiges Kommunikationsmittel erfunden.

Die Verwendung der Form *Die N* in (45) bedeutet nun nicht mehr, daß *die Affen* und *die Menschen* als definite Kennzeichnungen mit spezifischer Referenz zu lesen sind, sondern hat nur noch die anaphorische Funktion der Wiederaufnahme eines schon erwähnten Gegenstandes, hier der direkt zuvor eingeführten Gattungen MENSCH und AFFE. In (45) wäre im Gegensatz zu (44) die Textkohärenz freilich auch dann gewahrt, wenn im zweiten Satz *Die N* durch *bare plural N* ersetzt würde: Da jede Gattung bzw. Art einmalig ist, lassen die sie bezeichnenden Begriffe keine Referenzambiguität zu. Als weiteres Beispiel für die Alternanz unbestimmter/bestimmter generischer Artikel mag der folgende kurze Textausschnitt dienen:

(46) *Nachtschmetterlinge und Spinnen* sind Tiere verschiedener Gattungen; und das Lampenlicht konnte schwerlich bei der Erhaltung der Art eine Rolle spielen. Und doch war beiden das Entscheidende gemeinsam: dieses Phänomen entstand erst, nachdem der Mensch die Lampe erfunden hatte. Die Tatsache, daß *die Nachtschmetterlinge* nicht in Scharen dem Mondlicht entgegenfliegen, bewies dies unwiderleglich. (Kobo Abe, 1962, Die Frau in den Dünen, Hamburg: Luchterhand: 190; Hervorhebungen SvF)

Aus der Opposition Bekanntes/Unbekanntes und der entsprechenden Verwendung von *Die N/bare plural N* erklärt sich zum Teil auch, daß in alltagssprachlichen und wissenschaftlichen Definitionen für den zu definierenden Begriff zunächst die Form *bare plural N* benutzt wird, weil es sich dabei um eine konzeptuelle Neueinführung von *N* handelt. Definitionen werden dann verwendet, wenn *N* in einer gegebenen Situation nicht als bekannt vorausgesetzt werden kann oder zwischen den beteiligten Sprechern keine Einigkeit darüber besteht, wie *N* verstanden oder unter welchem Aspekt *N* betrachtet werden soll. In dem folgenden kleinen Dialog muß Sprecher B daher in seiner Antwort die Form *bare plural N* benutzen:

(47) A: Was sind eigentlich Mikrochips?
  B: Mikrochips sind elektronische Bauteile, die aus Halbleitermaterial hergestellt werden und aus tausenden von Transistoren bestehen.
  (? Die Mikrochips sind elektronische Bauteile, die...)

Erst nachdem die Bedeutung des zu definierenden Begriffs umrissen und festgelegt ist, kann mit dem bestimmten Artikel auf diesen Begriff zurückgegriffen, d.h. über die Sache gesprochen werden: *Die Mikrochips sind zum großen Teil mit-*

verantwortlich für die Veränderungen in der Gesellschaft oder *Die Mikrochips sind immer kleiner und leistungsfähiger geworden*. Je nach textueller oder situationeller Einbindung wird also entweder *bare plural N* oder *Die N* als sprachlicher Form generischer Plural-NPs der Vorzug gegeben.

Die Entscheidung für eine dieser Formen hängt indes nicht nur von den oben genannten Faktoren ab, sondern gründet sich auch auf Phänomene, die allein innerhalb des Problemfeldes der generischen Interpretation liegen. Überraschenderweise ist *Die N*, welche eingangs eher als typische Form des Spezifischen beschrieben wurde, in bestimmten Fällen sogar die einzig mögliche Form des Generischen:

(48) Die Menschen haben die Sprache erfunden. (+g)
(48') ? Menschen haben die Sprache erfunden. (-g)

(49) Die Wölfe werden umso größer, desto weiter man nach Norden fährt. (+g)
(49') * Wölfe werden umso größer, desto weiter man nach Norden fährt.

Satz (48') mutet ein wenig abwegig an, weil *bare plural Menschen* nicht mehr auf die Gattung MENSCH Bezug nimmt, sondern eher auf einige indefinite, aber spezifische Menschen zu referieren scheint ("Einige Menschen haben die Sprache erfunden"). Während (49) etwa soviel bedeutet wie "Je weiter man nach Norden kommt, desto größer werden die Vertreter der Gattung WOLF", ist unter (49') nur die unsinnige Aussage zu verstehen, daß die spezifischen Wölfe, die man auf einer Reise mit sich führt, immer mehr wachsen desto weiter man nach Norden gelangt.

Die oben angeführten Beispiele legen die Vermutung nahe, daß mit *Die N* explizit und gewissermaßen 'von außen' auf eine Gattung wie auf ein geschlossenes Ganzes referiert werden kann, während mit *bare plural N* die bezeichnete Gattung über die Nennung unbestimmter und unbestimmt vieler Vertreter der Gattung evoziert wird. Dies bedeutet, daß im Falle von *bare plural N* Referenz auf die Gattung erst inferiert werden muß, während *Die N* die generische Referenz direkt herstellen kann. In (48) wird durch die Verwendung von *Die N* deutlich gemacht, daß in Zusammenhang mit dem Prädikat *haben die Sprache erfunden* von der Gattung MENSCH die Rede ist, d.h. daß der Verdienst, die Sprache erfunden zu haben, der genau genommen nur einem Teil der Vertreter der Gattung Mensch zukommt, nun der Gattung an sich zugerechnet werden werden soll. *Ø Menschen* dagegen wird automatisch zuerst als spezifische, unbestimmte NP im Plural gelesen und kann nur in Verbindung mit bestimmten Prädikaten im nachhinein als generische NP interpretiert werden (*Menschen sind Säugetiere, Menschen sind vernunftbegabte Wesen*). In (48') und (49') jedoch eignet sich das Prädikat nicht für diese 'nachträgliche' generische Interpretation und blockiert daher die Referenz auf die Gattung MENSCHEN bzw. WÖLFE; die Subjekt-NPs können nur spezifisch gelesen werden.

Damit stellt sich nun heraus, daß unter bestimmten Bedingungen eine völlige Reversion der Verwendungsweisen von *bare plural N* und *Die N* stattfinden kann: Während einerseits *bare plural N* Generizität ausdrückt und *Die N* spezifische Lesart erzwingt (vgl. (42') und (42")), ist umgekehrt in anderen Fällen *Die N* für die generische und *bare plural N* für die spezifische Lesart reserviert (Satz (48)). So sind auch die deutschen Übersetzungen von (16) d) und (50) nicht wie in (16) d') und (50'), sondern als (16) d") und (50") wiederzugeben:

(16) d)   *Les Chinois ont inventé la porcelaine.* (+g)
(16) d')   Chinesen haben das Porzellan erfunden. (-g)
(16) d")   Die Chinesen haben das Porzellan erfunden. (+g)

(50)   *Les Américains ont marché sur la lune en 1969.* (+g)
(50')   Amerikaner haben 1969 den Mond betreten. (-g)
(50")   Die Amerikaner haben 1969 den Mond betreten. (+g)

In (16) d') und (50') verhindert *bare plural N* trotz der eingangs festgestellten Offenheit für Generizität eine Referenz auf die Gattung CHINESE bzw. AMERIKANER und ist eher als *Einige Chinesen haben das Porzellan erfunden* bzw. *Einige Amerikaner haben 1969 den Mond betreten* zu verstehen. *Bare plural N* drückt in diesem Fall, ganz wie in

(51)   Heute morgen waren *Rehe* auf dem Feld.

den indefiniten Plural mit spezifischer Lesart aus. Verändert man jedoch die Prädikate der Sätze (16) d') und (50'), so ist auch *bare plural N* wieder als mögliche syntaktische Form des Generischen denkbar:

(52) a)   Chinesen sind sehr höflich. (+g)
     b)   Chinesen sind in Vietnam nicht sehr beliebt. (+g)
     c)   Amerikaner essen sehr schnell und sehr fettig. (+g)
     d)   Amerikaner sind besonders gastfreundlich. (+g)

Die Verwendung von *Die N* zur direkten, expliziten Referenz auf Gattungen wie in (16) d") und (50") findet sich auch häufig in Einträgen enzyklopädischer Werke, und zwar meist in den weiterführenden Erklärungen, die der einleitenden Definition folgen:

(53)   **Säugetiere**, *Mammalia*, Klasse mit Haarkleid versehener, warmblütiger *Wirbeltiere*, die lebende Junge gebären und sie mit ihrem Brustdrüsensek-

ret nähren; in der Regel vier Gliedmaßen. Die Haut ist drüsenreich und dient der Wärmeregulation. <u>Die Säugetiere</u> haben sich fast alle Lebensräume der Erde erobert. <u>Die heutigen Säugetiere</u> umfassen 2 Unterklassen: [...]. (BUL, 784; Unterstreichung SvF)

(54) **Insekten**, *Insecta, Sechsfüßler, Hexapoda, Kerbtiere,* nach der meist scharfen Einkerbung zwischen Kopf, Brust und Hinterleib benannte Klasse der *Tracheentiere* aus dem Stamm der *Gliederfüßler.* Typische Merkmale sind [...]. <u>Die Insekten</u> umfassen mindestens 2/3 aller bekannten Tierarten [...]. (BUL, 398; Unterstreichung SvF)

Unverkennbar läßt sich aus (53) und (54) ersehen, daß für die generischen NPs *die Säugetiere, die heutigen Säugetiere, die Insekten* die sprachliche Form *Die N* gewählt wurde, um auf eindeutige, direkte Weise eine Referenz auf die jeweilige Art bzw. Gattung zu erwirken. Die Verwendung von *Die N* kommt hier praktisch einer expliziten Paraphrase gleich: *Die Gattung der Säugetiere hat sich fast alle Lebensräume der Erde erobert/Die Säugetiere stellen eine Gattung dar, die sich..., Die Gattung der heutigen Säugetiere umfaßt 2 Unterklassen/Die heutigen Säugetiere stellen eine Gattung dar, die...,* etc. Mit der Form *bare plural N* wäre dieser Effekt nicht zu erreichen und würde zu inakzeptablen Resultaten führen:

(53') ? Säugetiere haben sich fast alle Lebensräume der Erde erobert. *Heutige Säugetiere umfassen 2 Unterklassen.

(54') * Insekten umfassen mindestens 2/3 aller bekannten Tierarten.

Besonders deutlich wird die Inakzeptabilität der Sätze (53') und (54'), wenn man versucht, die in Rede stehenden NPs durch die oben angeführten Paraphrasen zu ersetzen:

(53") * Säugetiere stellen eine Gattung dar, die sich fast alle Lebensräume der Erde erobert hat. *Heutige Säugetiere stellen eine Gattung dar, die 2 Unterklassen umfaßt.

(54") * Insekten stellen eine Gattung dar, die mindestens 2/3 aller bekannten Tierarten umfaßt.

Wenn das verwendete Prädikat jedoch neben dem direkten Verweis auf die Gattung auch generische Referenz über die Nennung ihrer Vertreter zuläßt, dann ist ebensogut *bare plural N* einsetzbar:

(55) **Vögel**, *Aves*, Klasse der *Wirbeltiere* mit zu Flügeln umgebildeten vorderem Extremitätenpaar. [...] Vögel pflanzen sich durch Eier fort, die im weiblichen Eierstock gebildet werden. (BUL, 945; Unterstreichung SvF)

(56) Im Gegensatz zum Menschen verfügen Katzen, aber auch einige andere Tierarten, so zum Beispiel Hirsche und Pferde, über einen dritten, zwischen Geruch und Geschmack angesiedelten chemischen Sinn. (Felidae, 278; Unterstreichung SvF)

In (55) und (56) besteht keine Notwendigkeit, explizit mit Hilfe der Form *Die N* darauf hinzuweisen, daß über Gattungen gesprochen wird. Da die hier auf die unterstrichenen NPs angewendeten Prädikate für alle oder zumindest für einen repräsentativen Teil der Exemplare der Gattung gültig sind, ergibt sich die generische Referenz gewissermaßen von selbst und bedarf keiner weiteren Unterstützung. Daß in (55) und (56) mit den unterstrichenen NPs tatsächlich Gattungen bzw. Arten gemeint sind, beweist im übrigen der in (56) eingeschobenen Satzteil *aber auch andere Tierarten*, in dem *Tierarten* auf der gleichen begrifflichen Ebene wie *Katzen*, *Hirsche* und *Pferde* verwendet wird. Jedoch wäre in (55) und (56) auch der bestimmte Artikel möglich; es besteht hier also die Wahl zwischen *bare plural N* und *Die N*: *Die Vögel pflanzen sich durch Eier fort..., ...verfügen die Katzen über einen dritten chemischen Sinn*. Es ist allerdings davon auszugehen, daß die sprachliche Form *Die N* auch in Fällen, in denen sie durch *bare plural N* substituierbar ist, ihre oben angedeutete rhetorische Funktion bewahrt: Sie ist wie ein ausdrücklicher Hinweis darauf zu verstehen, daß der Referent der NP als Gattung betrachtet werden soll und führt in gewisser Weise zu einer Personifizierung der Gattung. Genau diese Funktion erfüllt die hervorgehobene Subjekt-NP in (57); der Satz stammt aus einem Artikel über Arbeitselefanten:

(57) Weil er sehr intelligent ist, haben *die Menschen* schon seit langer Zeit den Elefanten als Arbeitstier abgerichtet. (SAM, 22)

Die Menschen ist in diesem Artikel keine Wiederaufnahme eines schon bekannten Gegenstandes, der bestimmte Artikel Plural hat also keine anaphorische Funktion. Die Entscheidung für die Form *Die N* resultiert hier allein aus der Absicht, MENSCHEN ausdrücklich und direkt als Gattung zu präsentieren und eine Individualisierung zu erreichen; die Form *Die N* bewahrt also etwas von ihrer deiktischen Funktion des 'Zeigens auf ein Individuum' und rückt damit in die Nähe von *Der N* (s. Kap. 2.3.1.2.1).

Es bleibt nun die Frage, welche Faktoren in manchen Fällen die generische Verwendung von *bare plural N* zugunsten von *Die N* verhindern, d.h. warum in bestimmten Kontexten *bare plural N* zu spezifischer Interpretation oder gar zu

ungrammatischen Sätzen führt. Dazu ist es notwendig, die in den Beispielen (16) d), (50), (53) und (54) verwendeten Prädikate genauer zu untersuchen.[18]
Einen ersten Hinweis liefern zwei Sätze aus (53) und (54), in denen *Die N* die einzig mögliche Form des Generischen ist und die nachstehend noch einmal als (58) und (59) aufgeführt sind:

(58) Die heutigen Säugetiere umfassen 2 Unterklassen. (++g)
(59) Die Insekten umfassen mindestens 2/3 aller bekannten Tierarten. (++g)

Beide enthalten ein Prädikat, das sich direkt auf Arten bzw. Unterarten bezieht und etwas über kategorielle Strukturen, d. h. die Einteilung von Individuen in Gattungen, Arten und Unterarten aussagt. Sie führen überdies dazu, daß die von den Subjekt-NPs *die heutigen Säugetiere* und *die Insekten* bezeichneten Gattungen ausschließlich als Ganzes betrachtet werden, ohne dabei in irgendeiner Weise die Existenz einzelner Exemplare zu evozieren. Im Unterschied dazu wird zwar in einem Satz wie

(60) Hunde sind Landraubtiere. (++g)

ebenfalls ausdrücklich auf eine Art verwiesen und *bare plural Hunde* eindeutig generisch verwendet, gleichzeitig wird aber auch die Tatsache, daß die Gattung HUND aus ihren Vertretern zusammengesetzt ist, mit einbezogen. So läßt sich Satz (60) mit der Bedeutung von "Nimm beliebige Exemplare der Gattung HUND; sie gehören zu den Landraubtieren" lesen, was für (58) und (59) nicht zutrifft: *Nimm beliebige Exemplare der Gattung HEUTIGES SÄUGETIER; sie umfassen 2 Unterklassen.* Wir nennen Prädikate, die wie in (58)-(60) ausdrücklich auf Gattungen oder Arten Bezug nehmen, *Gattungsprädikate* und unterteilen sie weiter in *direkte Gattungsprädikate* ((58), (59)) und *indirekte Gattungsprädikate* ((60)). Obgleich die Gattungsprädikate erst im Abschnitt 3.3.6 im einzelnen untersucht werden, sei hier schon angemerkt, daß in Sätzen mit direkten und indirekten Gattungsprädikaten eine gegenläufige Hyponymierelation besteht: In (58) und (59) mit direktem Gattungsprädikat ist das Basisnomen der Subjekt-NP ein Hyperonym, in (60) mit indirektem Gattungsprädikat ist es ein Hyponym der im jeweiligen Prädikat genannten Gattungen. In (61) und (62) werden die beiden Prädikatstypen und die entsprechenden, für eine generische Interpretation notwendigen Determinantien einander noch einmal direkt gegenübergestellt:

(61) Die Hunde setzen sich aus verschiedenen Unterarten zusammen. (++g)
       * Hunde setzen sich aus verschiedenen Unterarten zusammen.

---

[18] Vgl. auch die systematische Untersuchung und Klassifizierung der Prädikate in Kap. 3.3.

(62) Die Hunde gehören zur Gattung der Wirbeltiere. (++g)
      Hunde gehören zur Gattung der Wirbeltiere. (++g)

In Sätzen wie (61) mit direktem Gattungsprädikat kann somit für eine Subjekt-NP nur die sprachliche Form *Die N* in generischer Lesart verwendet werden, *bare plural N* führt zu ungrammatischen Ergebnissen. In (62) erlaubt das indirekte Gattungsprädikat dagegen *bare plural N* und *Die N* bei generischer Lesart des Subjekts.
   Ein ganz anderes Prädikat liegt in dem unten als (63) wiederholten Satz

(63) Die Säugetiere haben sich fast alle Lebensräume der Erde erobert.

aus (53) vor, in dem jedoch ähnlich wie bei den Sätzen (58), (59) und (61) mit direkten Gattungsprädikaten eine Subjekt-NP der Form *bare plural N* zu einem eigentümlichen, wenn nicht gar inakzeptablen Ergebnis führen würde. *Sich fast alle Lebensräume der Erde erobern* gehört wie *selten sein, aussterben, verbreitet sein, eingeführt werden* etc. zur Gruppe der *existentiellen Prädikate*; d.h. es sind Aussagen, die sich auf Leben, Vorkommen und Tod von Arten und Gattungen beziehen. Aber wie die Gattungsprädikate zeigen auch die existentiellen Prädikate in bezug auf die Verwendung von *Die N* und *bare plural N* kein homogenes Bild: Einige können ausschließlich auf NPs angewendet werden, die mit Hilfe der Form *Die N* eine Gattung als ein individualisiertes Ganzes präsentieren, andere lassen darüber hinaus die Vorstellung von einzelnen Exemplaren und damit auch *bare plural N* als Subjekt-NP zu. Bestimmte existentielle Prädikate nämlich können im Gegensatz zu *sich fast alle Lebensräume der Erde erobern* problemlos mit einer Subjekt-NP der Form *bare plural N* verwendet werden:

(64) Die Dinosaurier sind ausgestorben. (+g)
      Dinosaurier sind ausgestorben. (+g)

(65) Die Tiger sind sehr selten geworden. (+g)
      Tiger sind sehr selten geworden. (+g)

Mit *Dinosaurier sind ausgestorben* geht die Vorstellung einher, daß es keine Exemplare der Gattung DINOSAURIER mehr gibt und daß alle Vertreter der Gattung gestorben sind; *Tiger sind selten geworden* kann wie "Exemplare der Gattung Tiger trifft man immer seltener an" gelesen werden. Die Entscheidung für *Die N* oder *bare plural N* hängt in diesen Fällen davon ab, ob der jeweilige Sprecher eine Gattung als ein geschlossenes Ganzes (*Die N*) oder als eine aus Individuen zusammengesetzte Größe (*bare plural N*) präsentieren möchte. Dagegen präsentiert z.B. *eingeführt werden* genau wie das Prädikat aus (63) den Referenten der zugehörigen Subjekt-NP direkt und gewissermaßen von außen als Gattung und nicht als eine unbestimmte Menge von Individuen, die eine Gattung bilden:

(66) Die Biber sind 1925 ins Elsaß eingeführt worden. (+g)
   ? Biber sind 1925 ins Elsaß eingeführt worden. (-g)

(67) Die Mangos erreichten Südamerika erst nach Simón Bolívars Tod. (+g)
   ? Mangos erreichten Südamerika erst nach Simón Bolívars Tod. (-g)

Im Vergleich zu (64) und (65) ist deutlich erkennbar, daß die Prädikate dieser Sätze nur dann verwendet werden, wenn über die Gattung als Ganzes gesprochen werden soll. Zwar implizieren (66) und (67) auch, daß zu einem bestimmten Zeitpunkt einzelne Exemplare der Gattung BIBER bzw. MANGO eine Gegend erreicht haben, aber mit dem Gebrauch der Prädikate *eingeführt werden* und *erreichen* soll eben dieser Aspekt außer acht gelassen werden. Ausschlaggebend ist also nicht, *was* tatsächlich geschehen ist, sondern *wie* dieses Geschehen sprachlich präsentiert wird. In Anlehnung an die Unterscheidung der Gattungsprädikate könnte hier nun zumindest für das Deutsche zwischen *direkt existentiellen* und *indirekt existentiellen Prädikaten* getrennt werden; indirekt existentielle Prädikate lassen dann *Die N* und *bare plural N*, direkt existentielle Prädikate nur *Die N* in generischer Lesart zu.[19]

In den Sätzen (16) d) und (50) liegt ein weiterer Prädikatstyp vor, der weder zu den Gattungs- noch zu den existentiellen Prädikaten gerechnet werden kann und der für *bare plural N* ebenfalls keine generische Referenz zuläßt. Allein die Form *Die N* referiert in Sätzen wie

(68) Die Vikinger haben Amerika lange vor Kolumbus entdeckt. (+g)

auf die Gattung VIKINGER, während die Subjekt-NP in (68') eine unbestimmte Menge von Individuen bezeichnet:

(68') ? Vikinger haben Amerika lange vor Kolumbus entdeckt. (-g)

Was aber berechtigt zu der Annahme, daß hier ein eigener Prädikatstyp vorliegt, d.h. worin liegen die Gemeinsamkeiten von Prädikaten wie *haben 1969 den Mond betreten, haben das Porzellan erfunden, haben Amerika entdeckt*? Aus welchem Grunde verhindern sie generische Referenz bei Verwendung von *bare plural N*? Alle diese Prädikate, so scheint es, projezieren einen Verdienst, eine

---

[19] Für das Französische hat die Unterscheidung zwischen direkt und indirekt existentiellem Prädikat keine Auswirkungen, da dort für generische Pluralsyntagmen allein die Form *Les N* möglich ist (vgl. auch Kap. 3.3.4).

Errungenschaft, eine Tat oder Eigenschaft, die faktisch nur einigen wenigen Exemplaren zukommt bzw. nur für wenige Exemplare direkt erkennbar ist, auf die gesamte Gattung:

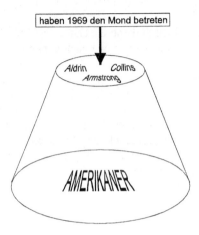

Abb. 2.1 Projektion eines Prädikates von Individuen einer Gattung auf die gesamte Gattung

Da das Verhältnis der Individuen *Armstrong*, *Aldrin* und *Collins* zur Gattung AMERIKANER einer Teile-Ganzes Beziehung entspricht, einer intrinsischen, nicht-kontingenten Relation innerhalb eines Ganzen also, kann eine solche Projektion auch als synekdochetischer Prozeß[20] verstanden werden. In Synekdochen kann beispielsweise die Gattung durch die Art oder das Ganze durch den Teil ("Synekdochen vom Engeren", vgl. Lausberg 1982: 70) ausgedrückt werden, wobei die Form "Teil für Ganzes" *(pars pro toto)* wie *In diesen Mauern haust das Böse*, in der der Teil *(Mauern)* genannt wird, aber das Ganze gemeint ist *(Mauern + Dach + Fenster + ... = Haus)*, wohl die bekannteste Art der Synekdoche darstellt. Ebenso kann aber umgekehrt in der "Synekdoche vom Weiteren" (Lausberg

---

[20] Wir verstehen die Synekdoche trotz gewisser oberflächlicher Gemeinsamkeiten nicht als eine Unterart der Metonymie sondern als eigenständige Trope: Im Gegensatz zur Synekdoche, mit der eine intrinsische Beziehung innerhalb eines Ganzen evoziert wird, beruht die Metonymie auf einer assoziativen, kontingenten Beziehung zweier disjunkter Objekte wie z.B. *Glas* und *Bier* in *Ich denke, ich trinke noch ein Glas*. Auch Lausberg (1982: 67ff., 75ff.) behandelt Synekdoche und Metonymie getrennt und ordnet sie verschiedenen Unterkategorien der "Grenzverschiebungs-Tropen" zu, und zwar die Synekdoche den "Verschiebungen in der Ebene des Begriffs-Inhalts" und die Metonymie den "Verschiebungen außerhalb der Ebene des Begriffs-Inhalts".

1982: 69) auch die Art durch die Gattung oder der Teil durch das Ganze ausgedrückt werden. Eine solche 'Synekdoche des Weiteren' liegt auch dem Satz (50") (*Die Amerikaner haben 1969 den Mond betreten*) zugrunde, in dem nicht der Teil, sondern das Ganze genannt wird. Wir zögern jedoch, Sätze wie (50") oder (68) direkt als Synekdochen zu bezeichnen, da hier zwar das Ganze (AMERIKANER) anstatt des eigentlich von der Aussage betroffenen Teils (*Armstrong, Aldrin, Collins*) genannt wird, vielleicht aber dieses Ganze auch tatsächlich 'gemeint' ist. Zudem findet hier zwischen dem 'Gemeinten' (den drei individuellen Astronauten) und dem 'Genannten' (der Gattung AMERIKANER) auch ein begrifflicher Übergang vom Spezifischen zum Generischen statt – ein Übergang, der bisher nicht üblicherweise dem Bereich der Synekdoche zugerechnet wurde.

Wenn also Sätze wie (50") oder (68) nicht ohne weiteres als eigentliche Synekdochen bezeichnet werden können, so ist die oben beschriebene Projektion dennoch ein eindeutig synekdochetischer Vorgang: Es wird etwas 'Weiteres' genannt, welches das eigentlich vom Prädikat Betroffene, das 'Engere' ersetzt. Bemerkenswert sowohl bezüglich des Zustandekommens der Generizität als auch der möglichen synekdochetischen Prozesse ist hier außerdem, daß die in (50") und (68) 'verborgenen' Synekdochen allem Anschein nach nicht nur die Projektion vom Teil auf das Ganze ermöglichen, sondern zusätzlich einen Übergang von der begrifflichen Ebene der Individuen zu der der Arten und Gattungen auslösen.

Aufgrund ihrer Eigenschaft, die Verdienste einer kleinen spezifischen Gruppe auf eine ganze Gattung zu übertragen, nennen wir nun Verbalsyntagmen wie *haben 1969 den Mond betreten* Verdienst- oder *projektive Prädikate*.[21] Diese Projektion von einigen Individuen auf die gesamte Gattung kann im Deutschen nur zustande kommen, wenn mit der Form *Die N* explizit auf die Gattung als Ganzes referiert und so eine spezifische Lesart ausgeschlossen wird. Bei der Verwendung von *bare plural N* blockiert das Prädikat eine Referenz auf die Gattung, weil es tatsächlich nur einige wenige Exemplare betrifft und somit eine Inferenz von einer repräsentativ großen Anzahl von Individuen auf die gesamte Gattung – wie es z. B. bei *Katzen verfügen über einen dritten chemischen Sinn* möglich war – nicht

---

[21] Mumm (1995: 448), der als Referenten generischer Syntagmen Protoypen bzw. prototypische Exemplare annimmt, interpretiert Sätze wie *Der Mensch ist ja sogar schon auf dem Mond gewesen* wie folgt: "[...] ein bestimmtes Exemplar ist nicht gemeint, der Satz ist generisch; aber die Gattung ihrem Umfang nach war ja auch nicht oben. Gemeint ist vielmehr, daß, weil und insofern einer ihrer Vertreter oben war, auch die ganze Gattung oben war; oder genauer: daß der Typus des Menschen, als der individuell gefaßte Inbegriff der von der Menschheit entwickelten technischen Möglichkeiten und weiteren Zwecksetzungen, oben war." Hier wird zum einen deutlich, daß Mumm, wenn er auch ganz richtig die Relevanz des Typischen für die Generizität erkannt hat, sie dennoch überbewertet und auf alle Fälle der Generizität anzuwenden versucht, zum anderen ist erkennbar, daß Mumm auf Umwegen letztendlich in unserem Sinne argumentiert, nicht aber den synekdochetischen, projektiven Vorgang erkannt hat, der unserer Auffassung nach der Verwendung projektiver Prädikate zugrundeliegt.

mehr zuläßt. Da man im allgemeinen weiß, daß nur einige wenige Amerikaner den Mond betreten haben, geht man bei einem Satz wie (50') (*Amerikaner haben 1969 den Mond betreten*) davon aus, daß sich die Subjekt-NP *Amerikaner* auch auf diese spezifische Gruppe von Amerikanern bezieht, weil der explizite Hinweis auf eine 'verborgene' Synekdoche und damit auf generische Interpretation, so wie die Verwendung der Form *Die N* ihn liefern würde, fehlt. Den Verdienst einiger weniger Individuen einer gesamten Gattung zuzuschreiben ist demnach eine rhetorische Handlung, die nur mit ganz bestimmten sprachlichen Mitteln vollzogen werden kann, d.h. nur mit einer NP der Form *Die N* in Zusammenhang mit dem hier besprochenen Prädikatstyp.

Zu den Verwendungsweisen und Interpretationsmöglichkeiten von *bare plural N* und *Die N* ergibt sich nun ein relativ komplexes Bild, das im folgenden noch einmal zusammenfassend dargestellt wird:
– *Bare plural N* erscheint zunächst als die für das Generische offenste und neutralste Form. Da mit ihrer Verwendung außer der generischen Referenz selbst keine besonderen rhetorischen Ziele verfolgt werden, ist sie gewissermaßen die Standard- oder "Default-Form" für das Generische (vgl. die Beispielreihe unter (40)).
– *Bare plural N* ist die Standard-Form für NPs mit generischer, *Die N* die Standard-Form für NPs mit spezifischer Referenz: Es besteht eine deutliche Tendenz, in spezifischen Kontexten *Die N*, in generischen Kontexten *bare plural N* zu verwenden. Die für das französische *Les N* bestehende Ambiguität hinsichtlich generischer und spezifischer Interpretation wird damit im Deutschen durch zwei verschiedene sprachliche Formen aufgefangen (vgl. z. B. (41) *Die Computer in diesem Geschäft sind sehr teuer* (-g) und (41') *Computer sind sehr teuer* (+g)).
– In generischen Kontexten können sowohl *bare plural N* als auch *Die N* als NPs mit generischer Lesart auftreten. Die Form *Die N* mit generischer Referenz wird der Form *bare plural N* vorgezogen, wenn
  – es sich bei der betreffenden NP um die Wiederaufnahme eines schon bekannten Gegenstandes handelt (vgl. z.B. (45) *Menschen sind, ebenso wie Affen, hochentwickelte Säugetiere. Während die Affen jedoch...*)
  – eine Gattung direkt und explizit als eigenständige Größe bezeichnet werden soll (vgl. die Diskussion der Beispiele (55)-(57)).
– *Die N* ist in Verbindung mit direkten Gattungsprädikaten, direkt existentiellen Prädikaten und projektiven Prädikaten die für Subjekt-NPs einzig mögliche Form des Generischen; *bare plural N* kann in diesen Fällen nur spezifisch gelesen werden und führt zu semantisch abweichenden (vgl. z.B. ?*Biber sind 1925 ins Elsaß eingeführt worden* aus (66)) oder gar zu ungrammatischen Ergebnissen (vgl. z.B. **Hunde setzen sich aus verschiedenen Unterarten zusammen* aus (61)).

2.3.1.2 Generische Syntagmen im Singular

2.3.1.2.1 Die Artikelformen *der/die/das, bare singular*

Ein augenfälliges Merkmal des bestimmten Artikels Singular ist seine Fähigkeit, Gegenstände für einen bestimmten Kontext wie Individuen zu kennzeichnen. Dies führt Kleiber (1989a, 1989b) für das Französische wie auch Heyer (1987) für das Deutsche dazu, sogenannte 'generische Individuen' als Referenten generisch verwendeter Syntagmen der Form *Le N* bzw. *Der N* anzunehmen.[22] Mit Eggs (1994) sehen wir jedoch keine Notwendigkeit, für diese Syntagmen einen anderen Referenten als die Art oder Gattung einzuführen, sondern beschränken uns auf die Feststellung, daß sie – im Vergleich zu generischen Syntagmen im Plural – auf eine *andere Art und Weise* referieren:

> ...l'article défini [au singulier, SvF][...] permet tout simplement de parler de **l'espèce en tant qu'entité délimitée** et par là délimitable d'autres espèces. Cette propriété produit certainement cette apparence d'un individu générique dont parle Kleiber. Mais cet « individu générique » constitue une *contradictio in adjecto* - en effet, si ce chien individuel mord, l' espèce générique „le chien" ne mord pas. Pour éviter tout malentendu nous dirons [...] que l'article défini permet de parler de l'espèce délimitée **comme si** elle était un individu. (Eggs 1994: 149)

Wir übertragen diese Einschätzung auf das Deutsche und nehmen an, daß generische Syntagmen der Form *Der N* eine besondere rhetorische Funktion erfüllen und anders als z.B. *bare plural N* die bezeichnete Gattung als Individuum erscheinen lassen:

(69) Der Mensch ist ein Säugetier. (+g)
      Menschen sind Säugetiere. (+g)

(70) Der Biber wurde 1925 ins Elsaß eingeführt. (+g)
      Biber wurden 1925 ins Elsaß eingeführt. (+/-g)

(71) Der Chinese ist sehr höflich. (+g)
      Chinesen sind sehr höflich. (+g)

(72) Der Franzose trinkt Wein. (+g)
      Franzosen trinken Wein. (+g)

---

[22] Gemeinsam ist für beide Autoren zumindest die Notwendigkeit, ein generisches Individuum zu postulieren, wenn sich auch ihre jeweiligen Definitionen nicht genau decken. Vgl. Heyer (1987: 204ff.), Kleiber (1989a: 82ff.)

Ganz besonders deutlich wird der Individuencharakter einer mit *Der N* bezeichneten Gattung in der folgenden Passage aus einem Text, der schon mit seinem Titel *Der Sohn – Garant der Erlösung* diese Lesart fördert. Mit solch einem Nachdruck wird hier die Gattung SOHN wie ein Individuum präsentiert, daß die NP *Der Sohn* nahezu wie ein Eigenname erscheint:

(73) Das ist die Funktion **des "Sohnes"**. Die "Kinder" – ein Ausdruck, der nicht gebräuchlich ist – sind in keiner Gesellschaft jemals von Bedeutung gewesen. Einzig die Tatsache zählt, daß es einen "Nachkommen" – selbstverständlich männlichen Geschlechts – gibt. [...] **Der Sohn** ist der Stellvertreter des Vaters, was bedeutet, daß er nicht für sich selbst, sondern für den lebt, den er vertritt. [...]
Der Sohn gewährleistet also die Rettung vom Tode, oder besser: die "Rettung" schlechthin, weil Rettung mit Nicht-Tod identisch ist. (DA: 36; Hervorhebung SvF)

Nicht immer jedoch kann mit der Form *Der N* generische Referenz erreicht werden. So schließen gewisse Subjekt-NPs in Verbindung mit projektiven Prädikaten eine generische Interpretation von *Der N* aus – ein Phänomen, daß sich in (16) d) (**Le chinois a inventé la porcelaine*) auch schon für das französische *Le N* gezeigt hat:

(74) Der Mensch hat das Rad erfunden. (+g)
(75) * Der Chinese hat das Porzellan erfunden.
(76) * Der Franzose hat das HIV-Virus entdeckt.

Obwohl in (74)-(76) die gleichen Prädikatstypen vorliegen, können im Gegensatz zu *Der Mensch* die Syntagmen *Der Chinese* und *Der Franzose* nicht generisch interpretiert werden. Die Projektion eines Verdienstes einiger weniger Exemplare auf die gesamte Gattung gelingt offenbar nicht immer, obwohl sie prinzipiell möglich ist. Die Gründe für diese unterschiedlichen Interpretationen sind u.E. im rhetorisch-argumentativen Bereich zu suchen: Die Form *Der N* in generischer Lesart präsentiert eine Gattung nicht nur wie ein Individuum, sondern kann in Verbindung mit projektiven Prädikaten dazu genutzt werden, die *Einmaligkeit* der bezeichneten Gattung in Szene zu setzen (vgl. Eggs 1994: 144f.). Genau dies geschieht in Sätzen wie (74) oder

(77) Der Mensch hat 1969 den Mond betreten. (+g)

Der in den Singular übertragene Satz (50") dagegen ist wiederum ungrammatisch:

(78) * Der Amerikaner hat 1969 den Mond betreten.

Während *Der Mensch* in (74) oder in (77) die Besonderheit der Gattung MENSCH dahingehend hervorhebt, daß die in den Prädikaten genannten Errungenschaften allein den Menschen vorbehalten war, ist es nicht möglich, in der gleichen Weise auf Nationalitäten oder Völker zu verweisen. Mit einem Satz wie (75) kann nicht die Einmaligkeit der Gattung CHINESE hervorgehoben werden, weil die Fähigkeit, das Porzellan zu erfinden, nicht nur den Chinesen, sondern prinzipiell auch den Khmer oder den Ungarn gegeben war. Der bestimmte Artikel in (74) *Der Mensch hat das Rad erfunden* unterstreicht dagegen die Tatsache, daß die Gattung MENSCH allein diese Fähigkeit besaß und daß das Rad eben nicht auch von Bibern hätte erfunden werden können. Projektive Prädikate könnten also nur dann auf NPs im Singular angewendet werden, wenn gleichzeitig auf die Einmaligkeit der durch die NP bezeichnete Gattung hingewiesen werden soll. Um eine Projektion auf eine Gattung zu erreichen, die in bezug auf das Prädikat nicht als einmalig angesehen wird oder angesehen werden kann, muß die entsprechende Subjekt-NP wie in 2.3.1.1 beschriebene die Pluralform *Die N* annehmen: Sätze wie *Die Chinesen haben das Porzellan erfunden* oder *Die Amerikaner haben 1969 den Mond betreten* sind im Gegensatz zu (75) und (78) vollkommen akzeptabel.

Im Zusammenhang mit Nationalitätenbezeichnungen sei noch kurz angemerkt, daß sich die allgemeine Tendenz der syntaktischen Form *Der N* – wie im übrigen auch des französischen *Le N* – in generischer Lesart die bezeichnete Gattung als ein geschlossenes, kompaktes Ganzes, das sich klar von anderen Gattungen abgrenzt, zu präsentieren, hervorragend zu argumentativen und manipulativen Zwecken nutzen läßt. Besonders deutlich wird dies anhand der unseligen Vielzahl alter und neuer xenophober Diskurse: *Der Russe ist ein verschlagener Kämpfer, Der Türke hat mindestens fünf Kinder, Der Iraner ist ein religiöser Fanatiker, L'Allemand est discipliné* etc. Der auffallend pejorative Charakter aller dieser Aussagen resultiert aus der gewollten Kombination eines 'typischen' Prädikates mit einer Nationalitätenbezeichnung der Form *Der N*, die so die anvisierte Gruppe undifferenziert als ein geschlossenes und fremdartiges Individuum darstellt. Obgleich die Verwendung der Formen *bare plural N* oder *Die N* inhaltlich keine Veränderung bringt (*Die Russen sind verschlagene Kämpfer, Iraner sind religiöse Fanatiker, ...*), nimmt sie den Aussagen doch einiges an Schärfe.

Wenn bisher der deutschen Form *Der N* ähnliche Verwendungsweisen und Funktionen wie dem französischen *Le N* zugesprochen wurden, so galt dies nur für den Gebrauch der Individuativa. Ein wichtiger Unterschied zu der französischen Form *Le N* nämlich ergibt sich für das deutsche *Der N* beim Gebrauch der Kontinuativa. Während im Französischen *Le N* gar der einzig mögliche syntaktische Rahmen für den generischen Gebrauch der Kontinuativa ist (vgl. *L'eau est*

53

un liquide vs. **Eau est un liquide*), scheint im Deutschen *Der N*$_{kont}$ gerade nicht für generische Bezeichnungen einsetzbar zu sein. Im allgemeinen steht der bestimmte Artikel Singular sogar in Opposition zum generischen Nullartikel und wird genau dann verwendet, wenn eine spezifische Interpretation erwünscht ist:

(79) Wasser ist eine Flüssigkeit. (+g)
      Das Wasser in Barcelona schmeckt nicht gut. (-g)

(80) Gold ist selten. (+g)
      Das Gold, das Sie gestern gekauft haben, ist im Tresor. (-g)

(81) Liebe ist die Ursache für viele Kriege. (+g)
      Die Liebe, die er seinem neuen Auto entgegenbringt, ist nicht normal. (-g)

Ähnlich wie für *Les N* stehen im Deutschen somit auch für das hinsichtlich spezifischer und generischer Lesart ambige *Le N*$_{kont}$ zwei verschiedene sprachliche Formen zur Verfügung, nämlich *bare singular N* für generische und *Der N* für spezifische Lesart. So wären die korrekten Übersetzungen der Sätze

(82) Le beurre contient beaucoup de vitamines. (+g)
(83) Le beurre dans le frigo est rance. (-g)

respektive die Sätze (82') und (83'):

(82') Butter enthält viele Vitamine. (+g)
(83') Die Butter im Kühlschrank ist ranzig. (-g)

Für deutsche Kontinuativa wird teilweise davon ausgegangen, daß die Form *bare singular N* der einzig mögliche syntaktische Rahmen für das Generische ist, so z. B. bei Eggs (1994). Tatsächlich ist ein generischer Gebrauch von *Der N*$_{kont}$ zunächst kaum vorstellbar, denn selbst bei Sätzen mit analytischem Prädikat – die prinzipiell *per se* generisch interpretiert werden[23] – wie *Das Gold ist ein Metall* würde der Hörer/Leser aufgrund des bestimmten Artikels automatisch nach Anhaltspunkten zur Identifikation eines individuellen Referenten suchen (*Welches Gold?*).

Dennoch gibt es Anhaltspunkte dafür, daß *Der N*$_{kont}$ in bestimmten Fällen generisch gebraucht wird. Im Laufe der bisherigen Diskussion hat sich schon mehrmals ergeben, daß eine im Französischen bestehende Ambiguität einer sprachlichen Form im Deutschen durch verschiedene sprachliche Formen aufgefangen wird. Auch für *Le N*$_{kont}$ besteht eine solche Ambiguität, und zwar nicht nur

---

[23] Vgl. Kap. 3.3.2.

hinsichtlich generischer und spezifischer Lesart, sondern auch in Hinblick auf ihre rhetorische Funktion: *Le N_{kont}* kann eine Gattung einerseits neutral bezeichnen, andererseits aber auch wie ein Individuum präsentieren:

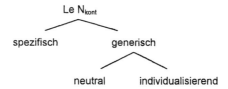

Abb. 2.2 Ambiguität der französischen Form *Le N_{kont}*

Wenn nun im Französischen Kontinuativa generisch wie Individuen präsentiert werden können, so sollte dies Anlaß genug sein, auch für das Deutsche diese Möglichkeit zu überprüfen. Geht man aber davon aus, daß deutsche Kontinuativa nur mit dem *bare singular* generisch eingeführt werden können, ergibt sich an dieser Stelle ein Dilemma: Einerseits ist kaum anzunehmen, daß ein Nomen ohne explizites Merkmal an der Satzoberfläche, d.h. ohne ein deiktisches Element wie ein Artikel als Individuum eingeführt werden kann, andererseits kann ein von einem Artikel begleitetes Kontinuativum nicht mehr generisch interpretiert werden. Bei einer genaueren Betrachtung des schon in (27) aufgeführten Textabschnitts jedoch fällt auf, daß bei einer Übersetzung ins Deutsche die NP *le vin* mit *der Wein* wiedergegeben werden kann – ja sogar wiedergegeben werden muß, wenn der im Französischen eindeutig vorhandene Individuencharakter nicht verloren gehen soll:

(27) Comme **le vin**, le bifteck est, en France, élément de base, nationalisé plus encore que socialisé; il figure dans tous les décors de la vie alimentaire ...

(27') Wie **der Wein** ist das Beefsteak in Frankreich ein Basiselement, mehr noch nationalisiert als sozialisiert; es tritt in allen Bereichen des Essens und der Mahlzeiten auf ...

(27") ? Wie **Wein** ist das Beefsteak in Frankreich ein Basiselement, mehr noch nationalisiert als sozialisiert; es tritt in allen Bereichen des Essens und der Mahlzeiten auf ...

Auch Sätze wie

(84) Le pain et le vin jouent un rôle important dans la liturgie chrétienne.

finden nur dann eine adäquate Übersetzung, wenn *le pain* und *le vin* durch *das Brot* und *der Wein*, nicht aber durch *Brot* und *Wein* ersetzt werden:

(84') Das Brot und der Wein spielen in der christlichen Liturgie eine wichtige Rolle.

(84") ? Brot und Wein spielen in der christlichen Liturgie eine wichtige Rolle.

Selbst in weniger eindeutigen Fällen wird der bestimmte Artikel Singular oft als Determinans für generisch verwendete Kontinuativa gebraucht, ohne daß aus dem Kontext heraus eine Notwendigkeit dafür bestünde:

(85) Wein, ein alkoholhaltiges Getränk, das aus Weintraubensaft hergestellt wird. [...] **Der Wein** ist gegorener Traubensaft und enthält in 1 Liter etwa 100g Alkohol, ... (BUL: 965; Hervorhebung SvF)

Die hervorgehobene NP könnte ebensogut einen *bare singular* enthalten; die Gattung WEIN würde dann allerdings neutral und nicht mehr wie ein Individuum bezeichnet werden:

(85') Wein, ein alkoholhaltiges Getränk, das aus Weintraubensaft hergestellt wird. [...] **Wein** ist gegorener Traubensaft und enthält in 1 Liter etwa 100g Alkohol, ...

Je nach verfolgtem rhetorischen Ziel des Sprechers können demzufolge generisch verwendete Kontinuativa sowohl mit dem *bare singular* als auch mit dem bestimmten Artikel eingeführt werden; die Determination der Kontinuativa mit einem bestimmten Artikel führt keinesfalls unweigerlich zu spezifischer Referenz.

Aus der oben geführten Diskussion läßt sich nunmehr ersehen, daß die französische Form *Le N* – trotz weitgehender Übereinstimmung im Bereich der Individuativa – hinsichtlich der Übersetzung ins Deutsche ambig ist. Der folgende Überblick beschreibt noch einmal in knapper Form die Einsatzmöglichkeiten der syntaktischen Formen *Der N* und *bare singular N* im Deutschen:

– Mit *Der N* in generischer Lesart kann im Gegensatz zu *bare plural N* und deutlicher noch als mit *Die N(pl)* eine Gattung wie ein Individuum bezeichnet werden, wenn *N* ein Individuativum ist (vgl. z. B. (69) *Der Mensch ist ein Säugetier* vs. *Menschen sind Säugetiere*).

- Die Individualisierung kann soweit forciert werden, daß *Der N* nahezu wie ein Eigenname für die mit *N* bezeichnete Gattung erscheint (vgl. z. B. *Der Sohn gewährleistet also die Rettung vom Tode, ...* aus (73)).
- In Zusammenhang mit projektiven Prädikaten wird *Der N* verwendet, um die Gattung *N* in ihrer Einmaligkeit zu bezeichnen. Ist diese Einmaligkeit nicht gegeben oder wird sie nicht als gegeben angesehen, führt die Verwendung von *Der N* zu ungrammatischen Ergebnissen (vgl. z. B. (77) *Der Mensch hat 1969 den Mond betreten* vs. (78) **Der Amerikaner hat 1969 den Mond betreten*).
- Ist *N* ein Kontinuativum, so erscheint *bare singular N* als Standard-Form für NPs mit generischer, *Der N* als Standard-Form für NPs mit spezifischer Referenz: Ähnlich wie bei den deutschen Syntagmen im Plural besteht die deutliche Tendenz, in spezifischen Kontexten die Form mit offenem Artikel *(Der N)*, in generischen Kontexten die Form ohne offenen Artikel *(bare singular N)* zu verwenden. Wie für das französische *Les N* wird damit im Bereich der Kontinuativa die für *Le N* bestehende Ambiguität hinsichtlich generischer und spezifischer Interpretation im Deutschen durch zwei verschiedene sprachliche Formen aufgefangen (vgl. z. B. (80) *Gold ist selten* (+g) vs. *Das Gold, das Sie gestern gekauft haben, ist im Tresor* (-g)).
- Auch im Deutschen können durch Kontinuativa bezeichnete Gattungen wie Individuen präsentiert werden. Dabei wird die Opposition *generische Referenz* → *bare singular N* vs. *spezifische Referenz* → *Der N* aufgehoben und die syntaktische Form *Der N* für generische Referenz verwendet (vgl. z. B. *Der Wein ist gegorener Traubensaft und enthält in 1 Liter etwa 100g Alkohol, ...* aus (85)).

2.3.1.2.2 Die Artikelform *ein*

Wie das französische *Un N* kann die deutsche Form *Ein N* in rhetorischen Definitionen verwendet werden und unterliegt dabei den gleichen Restriktionen: Die Verbalphrasen in Definitionen mit *Ein N* müssen zumindest ein spezifisches Merkmal des Basisnomens prädizieren, die Nennung der Gattung oder einer akzidentellen Eigenschaft allein reicht nicht aus (vgl. Kap. 2.2.1.3):

(86)   Ein Madrigal ist polyphon.
* Ein Madrigal ist populär.

(87)   Ein Hund ist ein Tier *(Gattung)*, das nur zwischen den Zehen und über die Atmung schwitzen kann *(spez. Merkmal)*.
? Ein Hund ist ein Tier *(Gattung)*.

Sätze wie *Ein Hund ist ein Säugetier*, die man oft in der Literatur zur Generizität findet (vgl. z.B. Chur 1993: 139f.), sind wohl deswegen akzeptabler als *?Ein Hund ist ein Tier*, weil in dem Nomen *Säugetier* gewissermaßen schon eine *differencia specifica* enthalten ist: *Ein Hund ist ein Tier, **das seine Jungen säugt**.*[24]
Auch die schon in Kap. 2.2.1.3 für das französische *Un N* festgestellte normative Kraft, die bei veränderlichen Sachverhalten wie (34) *Une société repose sur des valeurs* zu beobachten ist, wird in bezug auf generische Syntagmen der Form *Ein N* in der deutschen Literatur zur Generizität erwähnt (vgl. z.B. Oomen 1977; Chur 1993: 140), aber nicht immer systematisch als ein besonders herausragendes Merkmal dieser Konstruktion behandelt. So liefert Oomen (1977: 29) Beispiele für normative Aussagen, in deren generischen Subjekt-NPs auch andere Determinantien verwendet werden: *Die deutsche Frau raucht nicht, Brave Jungen helfen der Mutter beim Abtrocknen*, etc. Vergleicht man jedoch diese und andere generische Sätze mit Konstruktionen, in denen für die Subjekt-NP die Form *Ein N* verwendet wird, so wird die besondere "contrainte communicative" (Eggs 1994: 155), d.h. die besondere normative Kraft dieser Form auch für das Deutsche deutlich:

(88) Die deutsche Frau raucht nicht.
      Eine deutsche Frau raucht nicht.

(89) Brave Jungen helfen der Mutter beim Abtrocknen.
      Ein braver Junge hilft der Mutter beim Abtrocknen.

(90) Mädchen kauen nicht an den Fingernägeln.
      Ein Mädchen kaut nicht an den Fingernägeln.

(91) Jungen weinen nicht.
      Ein Junge weint nicht.

Entscheidend bei einem Vergleich von *Ein N* mit anderen Formen des Generischen ist die Konstruktion einer glaubhaften Sprechsituation. Geht man allein von der sprachlichen Form aus, scheinen Sätze wie *Jungen weinen nicht* und *Ein Junge weint nicht* auf den ersten Blick ähnliche normative Kraft zu haben. Die beiden Sätze sind jedoch nur schwer in der gleichen Sprechsituation vorstellbar: *Jungen weinen nicht* hat den Charakter einer Feststellung, eines Kommentars oder einer Aufklärung über bestimmte Tatbestände, die zwar durchaus normati-

---

[24] Das von Burton-Roberts (1976: 430) angeführte Beispiel *A whale is a mammal* wirkt etwas befremdlich, weil *mammal* im Gegensatz zu *Säugetier* nicht in die sinnbildenden Komponenten *Determiniertes* (*-tier*) und *Determinans* (*Säuge-*) zerlegt werden kann.

ven Charakter haben kann, aber nicht wie *Ein Junge weint nicht* als direkte Aufforderung verstanden werden kann. Chur (1993: 140) kritisiert anhand von Sätzen wie (90) und (91) und *Ein Student ist ein Faulenzer* die auch hier vertretene Auffassung, ein auf NPs der Form *Ein N* angewandtes Prädikat müsse eine essentielle Eigenschaft bzw. ein spezifisches Merkmal ausdrücken, damit der entsprechende Satz generisch interpretiert werden könne:

> Zwar wird es von manchen als essentiell für Jungen angesehen, daß sie nicht weinen, da sie sonst keine echten Jungen seien. Bei [*Ein Mädchen kaut nicht an den Fingernägeln*] ist dies schon nicht mehr so eindeutig. Ganz abwegig erscheint es bei [*Ein Student ist ein Faulenzer*]. [...] Faulenzen gehört sicher nicht zu den essentiellen Eigenschaften eines Studenten, dennoch ist hier eine indefinite NP im Singular möglich. Daher kann es sich bei der beobachteten Ungrammatikalität in [**Ein Madrigal ist populär*] nicht um die Unterscheidung in akzidentelle und essentielle Eigenschaften handeln.

Dieser zunächst durchaus berechtigt erscheinende Einwand läßt sich mit dem Hinweis darauf entkräften, daß eine prädizierte Eigenschaft nicht unbedingt allgemein als essentiell anerkannt sein muß (vgl. Kap. 2.2.1.3), sondern daß sie durch die sprachliche Handlung der generischen Referenz mit der Form *Ein N*, die normalerweise in rhetorischen Definitionen verwendet wird, nur *wie eine essentielle Eigenschaft präsentiert zu werden braucht*. Ausschlaggebend ist hier wieder einmal nicht die außersprachliche Wirklichkeit, sondern die Art, wie sie sprachlich dargestellt wird. Um nun aber eine Eigenschaft wie ein essentielles, spezifisches Merkmal darstellen zu können, muß es möglich sein, mit dem Prädikat die Gattung von anderen Gattungen abzugrenzen. Genau dies aber ist in bezug auf MADRIGAL mit *populär sein* nicht zu erreichen, da auch viele andere Musikgattungen populär sind. *Ein Junge* in (91) dagegen grenzt sich von der Gattung der MÄDCHEN ab, weil es eine Verhaltensnorm gibt, nach der Jungen nicht weinen, genauso wie die STUDENTEN von den ARBEITERN abgegrenzt werden können, weil sie nicht arbeiten gehen und kein Geld verdienen. In der Tat ist *nicht an den Fingernägeln kauen* objektiv betrachtet keine essentielle Eigenschaft von MÄDCHEN, sie wird aber mit der Verwendung der Form *Ein N* in (90) als ein spezifisches Merkmal, das die Gattung MÄDCHEN von der Gattung JUNGEN unterscheidet, präsentiert. Dies ist möglich, weil es tatsächlich eine gesellschaftliche Norm gibt, nach der Mädchen sich mehr als Jungen durch feines, korrektes Benehmen ('Damenhaftigkeit') auszeichnen müssen. Die Hypothese, daß die Verbalphrasen generischer Sätze mit *Ein N* eine essentielle Eigenschaft prädizieren müssen liefert daher durchaus eine Erklärung für die Ungrammatikalität sowohl von **Ein Madrigal ist populär* als auch von Sätzen wie **Ein Junge sieht nicht bis nach Mitternacht fern*: Die 'Eigenschaft' *nicht bis nach Mitternacht fernsehen* kann auch mit sprachlichen Mitteln beim besten Willen nicht als essentiell für die Gattung JUNGEN dargestellt werden und führt daher in diesem Kontext zu einem nicht akzeptablen Satz.

2.4 Deutsche und französische Syntagmen in generischer Lesart – eine Gegenüberstellung

Aus den Darstellungen der generischen Syntagmen im Französischen und Deutschen wird deutlich, daß sich die Übersetzung der Determinantien in Nominalphrasen mit grammatischer Subjekt-Funktion keinesfalls auf eine einfache Eins-zu-eins-Ersetzung beschränken läßt. Vielmehr müssen auf verschiedenen Ebenen hierarchisch strukturierte Entscheidungen getroffen werden, die nicht nur von morphosyntaktischen und wort- bzw. satzsemantischen, sondern zu einem großen Teil auch von kontextuellen und rhetorischen Kriterien abhängen. Gerade diese Kriterien aber brächten nun in einem maschinellen Verarbeitungssystem die größten Schwierigkeiten mit sich: Es sind genau diejenigen Aspekte der Sprache, die den Unterschied ausmachen zwischen dem statischen System der *langue*, mit dem formale Algorithmen relativ problemlos umgehen können, und der konkreten, zweckgerichteten Sprachverwendung in bestimmten Situationen, an der maschinelle Verarbeitungssysteme immer wieder scheitern.

Die nun folgenden Abschnitte stellen eine kurze Auswertung der bisherigen Diskussion deutscher und französischer Nominalsyntagmen dar und vermitteln gleichzeitig einen Eindruck der Schwierigkeiten, die bei einer Formalisierung der Übersetzungskriterien zu erwarten sind. Die bislang gewonnenen Erkenntnisse werden nunmehr in ein skizziertes Übersetzungsmodell integriert, das französischen Subjekt-NPs entsprechend ihrer Lesart und sprachlichen Funktion deutsche Übersetzungsäquivalente zuordnet. Wie in den vorangegangenen Kapiteln kommen nur solche Nominalsyntagmen zur Sprache, die sowohl spezifische als auch generische Referenz zulassen; Nominalsyntagmen, die aufgrund ihres Determinans' oder Basisnomens von vornherein eine spezifische Referenz erzwingen, bleiben angesichts ihrer vergleichsweise unproblematischen Übersetzung unberücksichtigt.

2.4.1 Die Übersetzung von *Les N*

Bei einer automatischen Übersetzung der Form *Les N* ins Deutsche muß an erster Stelle darüber entschieden werden, ob die betreffende NP in der Ausgangssprache generisch oder spezifisch interpretiert wird; von dieser grundlegenden Entscheidung hängt der gesamte verbleibende Übersetzungsprozeß ab. Den

Syntagmen der Form *Les N* steht im Falle der spezifischen Lesart nur das deutsche Äquivalent *Die N* gegenüber, bei generischer Interpretation müssen zur Entscheidung zwischen *Die N* und *bare plural N* weitere Kriterien herangezogen werden.

Wird die mit generischem *Les N* bezeichnete Gattung sprachlich wie eine eigenständige Größe, d.h. ähnlich wie ein Individuum behandelt, so kann dieser Sachverhalt im Deutschen nur durch eine syntaktische Form wiedergegeben werden, die ebenfalls einen Artikel enthält *(**Die** Katzen verfügen über einen dritten chemischen Sinn)*. Auch in Sätzen mit direkten Gattungsprädikaten, direkt existentiellen und projektiven Prädikaten kann die generische Lesart von *Les N* nur in der Form *Die N* aufrechterhalten werden; *bare plural N* dagegen würde wegen des Fehlens eines expliziten Artikels – eines deiktischen Elements also, mit dem direkt auf die Gattung 'gezeigt' werden kann – zu spezifischer Interpretation *(Amerikaner haben 1969 den Mond betreten)* oder gar zu ungrammatischen Sätzen führen *(*Heutige Säugetiere umfassen zwei Unterklassen)*. Selbst bei neutraler generischer Referenz kann zur Gewährleistung der Text- bzw. der Diskurskohärenz *Les N* mit *Die N* übersetzt werden, wenn mit *N* etwas schon vorher Genanntes oder allgemein Bekanntes bezeichnet wird. In allen anderen Fällen jedoch wird das Generische in seiner neutralen 'Standardform' *bare plural N* wiedergegeben – besonders dann, wenn der mit *N* bezeichnete Begriff nicht nur neu eingeführt wird, sondern zusätzlich für den Hörer/Leser zunächst definiert werden muß. Der beschriebene Entscheidungsablauf ist auf S. 62 in Abb. 2.3 noch einmal zusammenfassend dargestellt.

Zur Übersetzung von *Les N* ins Deutsche muß folglich ein Ausgangstext nach verschiedenen sprachlichen und außersprachlichen Kriterien, die so unterschiedliche Bereiche wie Satzsemantik, anaphorische Bezüge und Weltwissen betreffen, durchsucht werden können. Ein Übersetzer oder Übersetzungsalgorithmus muß entscheiden über spezifische und generische Interpretation, er muß die Art des Prädikats bestimmen und anhand des Kontextes erkennen können, auf welche Weise eine Gattung präsentiert wird und ob ein zu übersetzendes *Les N* in der jeweiligen Diskurswelt neu eingeführt wird oder schon bekannt ist.

Schon an dieser Stelle ist zu vermuten, daß die Verwirklichung des hier beschriebenen und in Abb. 2.3 recht übersichtlich wirkenden Übersetzungsalgorithmus' als automatisches Verarbeitungsprogramm beträchtliche Schwierigkeiten aufwerfen wird. Wie sich weiter unten in Kap. 3 und 4 zeigen wird, ist allein die Entscheidung für oder wider generische Interpretation einer NP in der Ausgangssprache von einem komplexen Zusammenspiel vieler verschiedener Faktoren abhängig, deren automatische Erkennung nicht nur eine detaillierte Textanalyse, sondern auch den Rückgriff auf eine umfangreiche Wissensbasis erfordern wird.

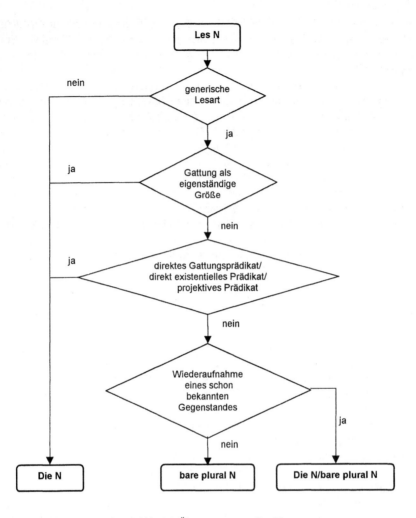

Abb. 2.3 Übersetzung von *Les N*

2.4.2 Die Übersetzung von *Le N*

Die Kriterien zur Entscheidung für *bare singular N* oder *Der N* als Übersetzungsäquivalent von *Le N* sind zum größten Teil anderer Natur als bei der Übersetzung von *Les N* zu *bare plural N* oder *Die N*. Im gleichen Maße ausschlaggebend indes ist für beide Syntagmen die grundlegende Entscheidung zwischen generischer und spezifischer Interpretation: Bei spezifischer Interpretation wird *Le N* ausschließlich mit *Der N* übersetzt,[25] bei generischer Interpretation muß der Ausgangstext auf weitere Anhaltspunkte untersucht werden.

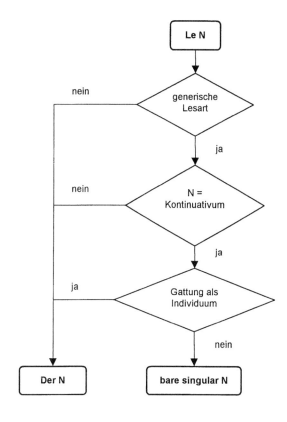

Abb. 2.4: Übersetzung von *Le N*

Ein generisches Syntagma, dessen Basisnomen ein Individuativum ist, kann wie spezifische Syntagmen nur mit *Der N* übersetzt werden (*Der Mensch ist ein*

---

[25] Anders als bei der Übersetzung von *Les N* muß für deutsche Übersetzungsäquivalente von *Le/La N* natürlich der Genus des deutschen Basisnomens bekannt sein, damit unter *Der/Die/Das* die entsprechende Artikelform gewählt werden kann. Wir verwenden der Einfachheit halber weiterhin *Der* als Platzhalter für den 'bestimmten Artikel Singular'.

Säugetier). Wird dagegen eine Gattung mit einem Kontinuativum bezeichnet, so ist *bare singular N* die neutrale 'Standardform' des Generischen *(Gold ist wertvoll).* Aber wie bei den Individuativa lassen sich auch mit Kontinuativa bezeichnete Gattungen wie Individuen präsentieren und werden dann von einem Artikel begleitet *(Das Gold übt auf Menschen eine fast mystische Faszination aus).* Die für *Le N* skizzierte Übersetzungsstrategie ist in Abb. 2.4 auf S. 63 im Überblick dargestellt.

Die Übersetzung generischer *Le N* präsentiert sich damit etwas weniger komplex als die der Form *Les N*. Zum einen sind für *Le N* statt vier nur drei wichtige Entscheidungsstufen zu überwinden, zum anderen läßt sich die Entscheidungsstufe *Ist N Kontinuativum?* selbst in einem automatischen Verarbeitungssystem ohne großen Aufwand bewältigen, indem die Nomina im Lexikon mit Merkmalen wie [+/-individuativ] oder [+/-kontinuativ] versehen werden – wobei natürlich die Transkategorisierungen im Text zunächst unberücksichtigt bleiben würden.

2.4.3 Die Übersetzung von *Un N*

In Hinblick auf eine Übersetzung ins Deutsche scheint die Konstruktion *Un N* unproblematisch zu sein: Sowohl mit spezifischer als auch mit generischer Interpretation kann sie im Deutschen mit *Ein N* wiedergegeben werden. In generischer Interpretation deckt sich die Verwendung von *Un N* und *Ein N*, beide grenzen sich von anderen generischen Konstruktionen dadurch ab, daß sie einen bevorzugten Rahmen für rhetorische Definitionen und normative Regeln darstellen (vgl. Abschnitte 2.2.1.3 und 2.3.1.2.2).

Da *Un N* offensichtlich nicht übersetzungsambig ist und im Deutschen mit *Ein N* ein Gegenstück findet, das seiner Bedeutung und rhetorischen Funktion weitgehend entspricht, ist eine Untersuchung auf generische oder spezifische Interpretation streng genommen nicht notwendig. Der Vollständigkeit halber und in Hinblick auf eine eventuelle Nutzung für eine andere Zielsprache als Deutsch werden wir im weiteren Verlauf dennoch auch für die Vorkommen von *Un N* untersuchen, ob generische oder spezifische Referenz vorliegt.

3 Generische und spezifische Lesart französischer Syntagmen

Bei einer Übersetzung französischer Subjekt-Nominalphrasen ins Deutsche muß, wie sich im vorangegangenen Abschnitt gezeigt hat, grundsätzlich über die generische oder spezifische Referenz des zu übersetzenden Syntagmas entschieden werden. Erst nach dieser Entscheidung kann in der Generierungsphase für die Zielsprache Deutsch ein Artikel als Übersetzungsäquivalent gewählt werden, der neben der jeweiligen Art der Referenz möglichst auch die rhetorischen Funktionen der Ausgangssprache aufrechterhält. Das für die grundlegende Entscheidung über Spezifizität oder Generizität notwendige 'Verständnis' des Ausgangstextes ist der Dreh- und Angelpunkt der hier vorgestellten Übersetzungsstrategie und zugleich ihre schwierigste Aufgabe – ganz gleich, ob die Übersetzung von einem menschlichen Übersetzer oder einem maschinellen Sprachverarbeitungssystem vorgenommen werden soll. Welche Kriterien entscheiden über die richtige Interpretation, und wie sind diese Kriterien aus einer bloßen sprachlichen Oberfläche verläßlich zu extrahieren? Welche Bereiche des sprachlichen Wissens müssen evtl. einem maschinellen System zugänglich gemacht werden und wie soll dieses Wissen eingesetzt werden? Wo liegt bei dieser speziellen Problematik die Grenze zwischen sprachlichen Erscheinungen, die noch maschinell erfaßt werden können, und denen, die sich der automatischen Verarbeitung entziehen? Solcherart Fragen können zwar hier nicht endgültig beantwortet werden, es soll jedoch versucht werden, möglichst umfassende linguistische Grundlagen für Lösungsvorschläge zu bieten.

Um die Ergebnisse der vorliegenden sprachwissenschaftlichen Untersuchung auch für die Linguistische Datenverarbeitung nutzbar zu machen, sollten die Kriterien, die eine generische Interpretation auslösen oder verhindern, deutlich herausgearbeitet werden und soweit wie möglich anhand formaler Anhaltspunkte erkennbar sein – eine Forderung, die nicht immer einzulösen ist. Wie sich im folgenden zeigen wird, sind bei der Formulierung der Kriterien verschiedene sprachliche Ebenen zu berücksichtigen: Sie reichen von der lexikalischen bzw. wortsemantischen über die syntagmatische und syntaktische zur satzsemantischen, textuellen und selbst der argumentativen Ebene. Das komplexe Spiel der verschiedenen Kriterien, die nach bestimmten Mustern interagieren, sich gegenseitig verstärken oder neutralisieren, ist Gegenstand der in diesem und dem folgenden Kapitel vorgenommenen Untersuchung.

Erschwert wird diese Untersuchung dadurch, daß entgegen einer immer noch weit verbreiteten Auffassung, nach der "[...] die auf den hierarchisch jeweils tieferen Stufen gültigen Beschränkungen immer auch auf den hierarchisch jeweils höheren Stufen gültig sind, das umgekehrte jedoch nicht der Fall ist" (Harweg 1969:

302), ein lineares Vorgehen von 'tieferen' zu 'höheren' sprachlichen Ebenen nicht immer einzuhalten ist. Als Beispiel hierfür mag an dieser Stelle der schon weiter oben in Kap. 2 angeführte Satz *Les chats attendent devant la porte* genügen: Obwohl auf der satzsemantischen Ebene die Prädikation *...attendent devant la porte* auf eine spezifische Auslegung der NP *Les chats* hinweist (*nos chats, les chats dont nous parlons*), kann sie in bestimmten Kontexten durchaus generisch verstanden werden (vgl. Kap. 2.2.1.2). So sind die folgenden Ausführungen auch als Plädoyer dafür zu verstehen, daß sich Sprache und Sprachverwendung einer rigorosen Einteilung in hierarchisch geordnete, von einander weitgehend unabhängige Ebenen (Morphologie, Syntax, Semantik, 'Pragmatik') widersetzen und eher als etwas Ganzheitliches anzusehen sind, in dem morphologische, syntaktische, semantische und 'pragmatische' Aspekte gleichberechtigt partizipieren und voneinander abhängig sind.

3.1 Einflüsse der semantischen Ebene auf die Generizität

Wie im Abschnitt 2.2 dargelegt, kommen für eine generische Interpretation von vornherein nur Nomina in Betracht, deren Extension mehrere zählbare Einheiten umfaßt (Individuativa) oder sich auf etwas Kontinuierliches, nicht Zählbares beschränkt (Kontinuativa). Eigennamen und Unika können wegen der Einmaligkeit ihrer Referenten keine Gattungen bezeichnen und sind daher immer spezifisch zu verstehen, es sei denn sie werden durch Transkategorisierung in eine andere Kategorie überführt.

Auf eine andere Einschränkung generischer Interpretation von Individuativa, deren Ursprung im Bereich der Semantik liegt, weist Kleiber (1990) im Rahmen seiner Besprechung der Protoypensemantik hin. Die aus den Arbeiten von Eleanor Rosch (vgl. Rosch 1978) zur kognitiven Prototypentheorie hervorgegangene Prototypensemantik geht davon aus, daß Bedeutungen nicht vollständig in distinktive Merkmale zerlegt werden können, sondern eher als mentale, holistische Gestalten anzusehen sind. Nicht das Vorhandensein oder das Fehlen eines Merkmals bestimmt über die Zugehörigkeit eines Gegenstandes oder Begriffs zu einer Kategorie, sondern seine Ähnlichkeit mit 'prototypischen' Vertretern einer Kategorie. Durch die Abkehr von fest umrissenen Bündeln distinktiver Merkmale zur Bedeutungsbeschreibung verlangt die Prototypensemantik auch keine eindeutige Zugehörigkeitsbestimmung mehr, sondern läßt unscharfe Grenzen zwischen Kategorien zu. So ist ein Wal weder ein typisches Säugetier noch ein typischer Fisch, obwohl einerseits Ähnlichkeit mit Säugetieren (Lungenatmung, säugt seine Jungen), andererseits aber auch mit Fischen besteht (Lebensraum, Gestalt, Fortbewegung). Eine Taube ist sicher ein 'besserer' Vogel als ein Strauß, ein sattes Königsblau ist ein typischeres Blau als ein Stahlblau oder gar türkis – oder gehört türkis schon zu grün? Gerade angesichts der Farbadjektive wird immer wieder darauf hingewiesen, daß sich bestimmte Konzepte vollständig der semantischen Komponentenanalyse entziehen: Wie soll *blau* beschrieben werden, wenn nicht mit Hilfe der wenig aussagekräftigen Merkmale [+Farbe], [+blau]? Allerdings werden in der Praxis (vgl. z. B. Putnam 1978) auch Prototypen mit Hilfe prototypischer bzw. stereotypischer[1] Eigenschaften beschrieben, so daß selbst in der Prototypensemantik das eigentlich zu überwindende Verfahren des Zerlegens von Wortbedeutungen weiterlebt.

Der für die generische Interpretation interessante Aspekt der Prototypensemantik ist jedoch die unterschiedliche Gewichtung der Ebenen in der hierarchischen Struktur des Wortschatzes. Man geht davon aus, daß innerhalb hierarchisch strukturierter Kategorien wie *Tier - Hund - Boxer* oder *Sitz - Stuhl - Klappstuhl* Begriffe der mittleren Ebene wie *Hund* und *Stuhl* diejenigen sind, die spontan am ehesten gewählt werden, die die meisten Informationen in sich vereinen und den geringsten kognitiven Aufwand verlangen (vgl. Rosch 1978, Kleiber 1990: 78ff., Clauß 1990). Diese Ebene wird daher als *Basisebene* bezeichnet (vgl. Dubois 1991: 37ff.), Begriffe wie *Tier* und *Sitz* gehören zur übergeordneten, *Boxer* und *Klappstuhl* zur untergeordneten Ebene. Auf der Basisebene werden bevorzugt Kategorisierungen vorgenommen, die entstandenen Kategorien sind die sog. volkstümlichen Gattungen (*folk genera*) die mit Begriffen wie *Hund, Stuhl, Baum* etc. bezeichnet werden. Die Basisebene ist die höchste Ebene, die noch eine einheitliche 'Vorstellung' der auf ihr angesiedelten Kategorien zuläßt (vgl. auch Martin 1991: 153f.; Taylor 1989: 48ff.). Kleiber (1990: 84) beschreibt die Begriffsbildung auf den verschiedenen Kategorisierungsebenen wie folgt:

> Niveau de base et niveau subordonné s'opposent au niveau superordonné en ce que les membres de leurs catégories sont perçus comme ayant une *Gestalt* semblable. Il n'y a pas, en effet, de forme générale qui corresponde à *animal*, alors qu'on en perçoit une pour *chien* et pour *boxer*. Le niveau de base est en conséquence le niveau le plus élevé (le plus abstrait) où les membres des catégories ont des formes globales perçues de façon similaire. [...] les catégories des niveaux basiques et subordonnés peuvent donner lieu à une image [...] qui représente toute la catégorie, alors que semblable représentation est refusée aux catégories superordonnées. On peut imaginer (ou dessiner) un chien ou un épagneul, sans que notre image mentale (ou dessin) représente un chien particulier ou un épagneul particulier. En tentant la même opération pour la catégorie des animaux, on obtient toujours l'image (ou le dessin) d'un type d'animal particulier, soit du niveau basique, soit du niveau subordonné.

---

[1] Zur Unterscheidung zwischen prototypischen und stereotypischen Eigenschaften vgl. Martin (1991).

Aus diesen Überlegungen leitet Kleiber Auswirkungen auf die generische Verwendung des Artikels *Le* mit zählbaren Nomina[2] ab. Im Gegensatz zu den Artikel *Les* und *Un* ließe sich *Le* nur mit gewisser Härte mit Ausdrücken der übergeordneten Ebene kombinieren (vgl. Kleiber 1990: 114ff.):

(1) Les mammifères sont des animaux.
(2) Un mammifère est un animal.
(3) ? Le mammifère est un animal.

Sätze (1) und (2) sind ohne weiteres auch mit dem Nomen *mammifère* der übergeordneten Ebene akzeptabel, während (3) aufgrund des Artikels *Le* im Vergleich abweichend erscheint. Verwendet man nun *Le* mit Nomina verschiedener Ebenen, so bestätigt sich auch hier, daß der bestimmte Artikel Singular mit Nomina der übergeordneten Ebene in generischer Lesart vergleichsweise befremdlich wirkt:

(4) La chaise est faite pour s'asseoir. (Basisebene)
(5) La chaise pliante est faite pour s'asseoir. (untergeordnete Ebene)
(6) ? Le siège est fait pour s'asseoir. (übergeordnete Ebene)

Da das generische *Le* Gattungen wie Individuen bezeichnet, ihnen gewissermaßen eine Art Eigennamen zukommen läßt,[3] muß das Bezeichnete auch als Individuum vorstellbar und identifizierbar sein. Gerade dies, so argumentiert Kleiber, ist jedoch für Begriffe der übergeordneten Ebene nicht mehr der Fall. Diese recht einsichtige Darstellung läßt sich leicht durch weitere Beispiele untermauern: So sind Ermahnungen an ein auf Nudeln und Pommes frites fixiertes Kind der Art *Mange des pommes! La pomme contient beaucoup de vitamines!* mit generischer Referenz von *la pomme* vorstellbar, während *le fruit* in *Mange donc des fruits! ?Le fruit contient beaucoup de vitamines!* eher befremdlich anmutet. Gleiches gilt auch für das Gespann *outil - scie - scie à métaux* in (7)-(9):

(7) ? L'outil sert à travailler la matière.
(8) La scie sert à couper le bois. (Basisebene)

---

[2] Für Kontinuativa sind die hier angeführten Überlegungen irrelevant, da für sie ein anderes Paradigma generischer Artikel gilt.
[3] Die Beschreibung des Denotatums generischer Syntagmen der Form *Le N* weicht bei Eggs (1994) und Kleiber (1989a) deutlich voneinander ab (s. Kap. 2.3.1.2.1). Während Kleiber von einem "individu générique" spricht, geht Eggs (1994: 147) davon aus, daß diese Syntagmen Gattungen bezeichnen "comme si elles étaient des individus". In dem hier dargestellten Zusammenhang ist jedoch nur die Übereinstimmung darüber ausschlaggebend, daß *Le N* der bezeichneten Gattung einen wie auch immer gearteten 'Individuenstatus' zukommen läßt.

(9) La scie à métaux sert à couper le métal.

Im Hinblick auf eine Entscheidung über generische oder spezifische Referenz bestünde hier eine Möglichkeit, bestimmte Nomina in Verbindung mit *Le* von vornherein für eine generische Lesart auszuschließen. Es stellt sich nun aber die Frage, ob die Basisebene etwas in allen Kontexten und Situationen Unverrückbares ist, oder ob die taxonomische Einteilung in Gattung, Art und Unterart nicht auch in Abhängigkeit vom Kontext, vom Thema eines Textes (einer Konversation) oder ganz allgemein je nach *univers de discours* variieren kann. Im Rahmen einer maschinellen Verarbeitung muß geklärt werden, ob – wie Kleiber (1990) es anzunehmen scheint – bestimmte zählbare Nomina von ihrer Natur her in die übergeordnete Ebene fallen, ob sie unverrückbar mit einem entsprechenden Merkmal versehen werden können und so für eine generische Interpretation mit dem Artikel *Le* nicht mehr in Frage kommen. Ein erstes Indiz gegen die Zweckmäßigkeit einer solchen Vorgehensweise liefert der folgende Textauszug:

(10) L'outil et la machine
Qu'est-ce qu'une machine? Quand l'outil disparaît-il pour faire place à la machine? [...]
L'outil apparaît comme un prolongement, un complément de l'être humain, un membre supplémentaire. Bien qu'il ne soit pas moins "artificiel" que la machine, il bénéficie d'un préjugé favorable. (AnnaBAC 92: 56)

Schon an der Titelsequenz dieses Textes läßt sich eindeutig erkennen, daß die Individuativa *outil* und *machine* in Verbindung mit dem Artikel *Le* generisch verwendet werden, und dies obwohl sie beide eigentlich zur übergeordneten Ebene gehören. Offensichtlich gibt es weder eine "globale Form", die man dem Begriff *outil* zuordnen kann, noch kann man sich "outil" vorstellen oder zeichnen, ohne sich ein bestimmtes Werkzeug wie eine Säge oder einen Hammer vorzustellen oder zu zeichnen, und dennoch bezeichnet hier *l'outil* die Gattung OUTIL.
Stellt das angeführte Beispiel nun generell das Postulat einer Basisebene, oder etwa die von Kleiber (1990: 84f.) oder auch von Martin (1991: 153f.) vertretene These über die höchstmögliche Ebene, auf der man sich noch ein einheitliches Bild der Begriffe machen kann, in Frage? Oder nur die Annahme, daß *Le* mit Begriffen der übergeordneten Ebene nicht mehr generisch verwendet werden kann? Keines ist u.E. der Fall. So ist das Postulat einer natürlichen Basisebene, einer 'kognitiv herausragenden' Ebene, zur der z.B. *scie* gehört, durchaus schlüssig. In der Mehrzahl der Situationen ist *scie* tatsächlich der Begriff, der die meisten Informationen mit dem geringsten kognitiven Aufwand vermittelt, vgl. *Tu as oublié de ranger la scie* vs. ?*Tu as oublié de ranger l'outil/la scie à métaux* oder *Regarde, il y a une scie parmi les marteaux* vs. ?*Regarde, il y a un outil/une scie à métaux parmi les marteaux*. Ebenfalls einsichtig ist die Vorstellung einer

globalen Form, die man mit Begriffen der Basis- und der untergeordneten Ebene, nicht aber mit denen der übergordneten Ebene verbinden kann. Gerade diese einheitliche Gestalt, die auf der übergeordneten Ebene nicht mehr gegeben ist, in Verbindung mit einer im Vergleich zu untergeordneten Ebenen weitaus größeren Extension macht die Basisebene aus. Auch die Annahme, daß *Le* mit einem Nomen nur dann generisch verwendbar ist, wenn das Bezeichnete als Individuum vorstellbar ist, scheint begründet.

Allerdings ist die Auffassung von einer fast bildlichen Vorstellung eines Individuums zu relativieren. Müßte ein Begriff, um ihn sprachlich als Individuum behandeln zu können, tatsächlich einheitlich und bildhaft repräsentierbar sein, dann könnte *l'outil* in dem obigen Textauszug gewiß nicht generisch interpretiert werden. Sicherlich muß das durch *Le N* generisch Bezeichnete einen wie auch immer gearteten Individuenstatus, der der Erfahrung oder dem Kontext im weitesten Sinne nicht widersprechen darf, annehmen können. Die Beispielsätze (6) ?*Le siège est fait pour s'asseoir* und (7) ?*L'outil sert à travailler la matière* haben dies deutlich gemacht: Ohne entsprechenden Kontext sind *le siège* und *l'outil* von sich aus nicht als Individuen vorstellbar, daher rührt ihr zweifelhafter Status in den genannten Sätzen. Es ist jedoch möglich, einen Individuenstatus auch mit Hilfe des Kontextes und einem gezielten Einsatz sprachlicher Mittel zu erreichen. So wird im weiteren Verlauf des unter (10) aufgeführten Textes *L'outil et la machine* die *machine* explizit durch eine Aufzählung der Eigenschaften umrissen, die sie in den 'Individuenstand' heben und sie von anderen Individuen abgrenzen:

(11) Trois traits me semblent la caractériser [= la machine] et expliquer la méfiance de l'homme, notamment du technicien à son endroit. Ce sont l'articulation, la répétition et la présence d'une source de force autonome. L'articulation, cela veut dire...

Zudem wird in (11) *la machine*, repräsentiert durch das Pronomen *la*, in einem Atemzug und auf gleicher Ebene mit den individualisierten Gattungen bzw. Arten L'HOMME und LE TECHNICIEN genannt und auch dadurch wie ein Individuum präsentiert. Zusätzlich findet schon in (10) mit dem Satz *Quand l'outil disparaît-il pour faire place à la machine?* eine Personifizierung von *l'outil* und *la machine* statt, indem sie dort wie zwei belebte Kontrahenten oder Konkurrenten dargestellt werden – ein Eindruck, der noch dadurch verstärkt wird, daß *l'outil* die Rolle des Agens von *faire place* einnimmt.

Wir gehen nunmehr davon aus, daß in Texten durch sprachliche Mittel eine Diskurswelt geschaffen werden kann, in der die 'natürliche' Basisebene nach unten oder oben verschoben wird. Durch den Titel *L'outil et la machine* wird diese Diskurswelt eröffnet und im Text systematisch auf- und ausgebaut. Die Taxonomie in dieser Welt ist nun nicht mehr *outil - scie - scie à métaux*, sondern so etwas wie *artefact/invention technique - outil - scie*. Damit kann das nunmehr zur

Basisebene gehörende *outil* oder *machine* sehr gut generisch mit *Le* verwendet werden, weil es – auch ohne bildlich repräsentierbar zu sein – in dieser Umgebung eine konzeptuelle Einheit bildet. Umgekehrt ließe sich behaupten, daß durch die generische Verwendung von *Le* in der Titelsequenz die Basisebene bestimmt und der Leser auf eine neue Diskurswelt vorbereitet wird, in dem die 'natürliche' bzw. vorgegebene Taxonomie durch eine willentlich konstruierte zu ersetzen ist.

Kleibers Überlegungen zur generischen Verwendung des Artikels *Le* mit Individuativa sind in jedem Fall durchaus begründet und liefern ein relevantes Kriterium für die Entscheidung über generische oder spezifische Interpretation: Von *Le* determinierte Individuativa werden eher spezifisch interpretiert, wenn sie der übergeordneten Ebene angehören. Gleichwohl ist dieses Kriterium nicht rein semantischer Natur, sondern wird von Faktoren aus dem Bereich der Sprachverwendung beeinflußt. Es gilt nämlich für den jeweiligen Text festzulegen, in welcher Weise der verwendete Wortschatz hierarchisch strukturiert ist und welcher Begriffsebene die Basisebene entspricht. Dies wiederum bedeutet, daß die Nomina nicht unverrückbar mit einer der vertikalen Ebenen der Prototypentheorie verbunden sein dürfen (z.B. in einem elektronischen Wörterbuch eines automatischen Verarbeitungssystems), sondern im Laufe einer Textanalyse evtl. in die der jeweiligen Diskurswelt entsprechende Hierarchie eingeordnet werden müssen.

Die Beobachtungen, die hier in Anlehnung an Kleiber (1990) in bezug auf die Form *Le N* gemacht wurden, lassen sich im übrigen auch auf die Interpretation der NPs der Form *Les N* ausdehnen – allerdings mit umgekehrten Ergebnissen. Während für *Le N* eine generische Interpretation behindert wird, wenn *N* der übergeordneten Ebene angehört, ist für die Form *Les N* mit bestimmten Nomina der übergeordneten Ebene ein starker Hang zum Generischen erkennbar und eine spezifische Interpretation erscheint eher unwahrscheinlich. Dieses Phänomen ist dadurch erklärbar, daß beispielsweise auf ein Rudel spezifischer Hunde, also eine Menge von Individuen, nicht mit einem in der Hierarchie der Ebenen zu hoch stehenden Begriff referiert werden kann. So sind die Sätze

(12) Les chiens traversent la rivière. (-g)
(13) Les mammifères allaitent leurs petits. (++g)

vollkommen grammatisch; ein Austausch der Basisnomen dagegen führt für (12) zu einem abweichenden Ergebnis, weil die starke Tendenz des Subjekts zu generischer Lesart in Widerspruch zu dem auf spezifische Lesart hinweisenden Prädikat steht. Zusätzlich ist in (13') mit einem Subjekt der Basisebene der Hang zur Generizität deutlich schwächer als in (13), dessen Subjekt zur übergeordneten Ebene gehört:

(12') ? Les mammifères traversent la rivière. (-g)

(13')   Les chiens allaitent leurs petits. (+g)

Wir kommen auf diese Problematik noch genauer in Kap. 3.3.6 zurück, halten aber jetzt schon fest, daß bestimmte Nomina der übergeordneten Ebene nahezu ausschließlich zur Bildung von Gattungen und Arten verwendet werden und sich daher nur schlecht zur Referenz auf individuelle, spezifische Gruppen eignen.

3.2 Die syntagmatische Ebene: Modifikatoren des Nomens

Neben den oben beschriebenen Einflüsssen aus dem Bereich der Semantik hat auch die innere Struktur eines Syntagmas Auswirkungen auf eine mögliche generische Interpretation. Auf der syntagmatischen Ebene ist zwischen Syntagmen zu unterscheiden, deren Basisnomen allein von einem – möglicherweise generischen – Artikel begleitet werden und Syntagmen, deren Extension durch modifizierende Elemente, seien es Adjektive, Präpositionalphrasen oder Relativsätze, eingeschränkt wird. Zunächst läßt sich die ganz allgemeine Tendenz feststellen, daß eine generische Interpretation umso unwahrscheinlicher ist, desto mehr die Extension eines Syntagmas eingeschränkt wird und sich sein Denotatum damit einer definiten Kennzeichnung nähert (vgl. Eggs 1994: 136ff.; 148f.). Dies sei hier kurz anhand der Form *Les N*, dem 'Passepartout' des Generischen, verdeutlicht:

(14)   Les gâteaux font grossir. (+g)
Les gâteaux sucrés font grossir. (+g)
Les gâteaux allemands font grossir. (+g)
Les gâteaux du Sud de l'Allemagne font grossir. (+/-g)
Les gâteaux d'ici/qu'on trouve ici font grossir. (+/-g)
Les gâteaux de notre pâtissier font grossir. (-g)
Les gâteaux que tu as achetés ce matin font grossir. (-g)

Es muß davon ausgegangen werden, daß die sprachlichen Formen *Adjektiv*, *Präpositionalphrase* und *Relativsatz* das Basisnomen eines Syntagmas auf verschiedene Weise modifizieren und in Hinblick auf Generizität nicht gleich behandelt werden können, obwohl sie unter manchen Gesichtspunkten austauschbar sind: *Les gâteaux allemands/Les gâteaux d'Allemagne/Les gâteaux que l'on fait en Allemagne*. Dieser Annahme liegt die Überlegung zugrunde, daß unterschiedliche sprachliche Formen auch unterschiedliche Bedeutungen haben oder jeweils nur in unterschiedlichen Kontexten vorkommen, daß vollständig äquivalente Formen immer dem Ökonomiebestreben der Sprache zum Opfer fallen und – wenn überhaupt – nur sehr kurze Zeit nebeneinander existieren. Im folgenden soll diskutiert werden, welchen Einfluß die verschiedenen Modifikatoren auf eine mögliche generische Lesart von Subjekt-NPs haben können.

3.2.1 Adjektive

Zu den Adjektiven, die direkt das Basisnomen einer NP modifizieren und deren Rolle hier untersucht werden soll, gehören allein die attributiven Adjektive (*adjectifs épithète*). In Apposition stehende Adjektive finden sich zwar auch in unmittelbarer Umgebung des Basisnomens, haben aber eher prädikative Funktion und betreffen die gesamte NP, vgl. die unterschiedliche Reichweite von *fatigués* in *Les petits enfants fatigués allaient dormir* vs. *Les petits enfants, fatigués, allaient dormir*.

Adjektive haben die Eigenschaft, durch zusätzliche Informationen den semantischen Gehalt von Nomina zu präzisieren und damit ihre Extension einzuschränken. So hat *voiture* eine größere Extension als *vieille voiture*, sein Referenzfeld umfaßt sowohl alle neuen Autos als auch das Referenzfeld von *vieille voiture*; gleiches gilt natürlich auch für Kontinuativa wie z.B. *eau* und *eau trouble*. Prinzipiell jedoch reicht diese Einschränkung nicht aus, generische Referenz auszuschließen oder zu behindern, denn wenn auch die Anzahl der mit *vieille voiture* beschreibbaren Objekte kleiner ist als bei *voiture* allein, so ist *vieille voiture* immer noch unbestimmt genug, um als Art bzw. als Unterart von *voiture* verstanden zu werden:

(15) Les vieilles voitures ne sont pas chères/belles/sont rares/très appréciées /... (+g)
(16) L'eau trouble est mauvaise pour la santé/se rencontre surtout dans les étangs/... (+g)

Dies wird besonders einsichtig, wenn man berücksichtigt, daß semantische Inhalte nicht immer in einem 1:1 Verhältnis zu Lexemen stehen; man denke z.B. an lexikalische Lücken im Wortschatz, die mit Hilfe mehrerer Lexeme oder mit Komposita 'gefüllt' werden müssen (vgl. etwa das Hyperonym *deux-roues* für *vélos, motos, scooters* etc.). Auch werden in einer Sprache oft mehrere Lexeme verwendet werden, wenn in einer anderen ein ungefähr gleicher Bedeutungsinhalt mit einem Lexem umfaßt werden kann: So besteht bspw. *cheval blanc* aus zwei Lexemen, sein Äquivalent *Schimmel* nur aus einem. Sowohl mit *Schimmel* als mit *cheval blanc* kann man auf die Art (bzw. die Unterart von PFERD) SCHIMMEL/CHEVAL BLANC referieren; ob das betreffende Konzept durch ein Lexem allein oder durch ein von einem Adjektiv modifiziertes Lexem sprachlich realisiert wird, macht keinerlei Unterschied. Aus der Sicht der semantischen Komponentenanalyse werden dem Basisnomen in einem Syntagma der Form *Art (Adj) N*

(Adj) weitere Seme hinzugefügt, Adjektive erhöhen die Anzahl der Seme des modifizierten Nomens. Nun ist es aber sicher nicht haltbar, die generische Interpretierbarkeit von der Anzahl der Seme eines Begriffes, also auch vom (Nicht-) Vorhandensein eines Adjektivs, abhängig zu machen. Erst wenn die Referenz des Nomens mit Hilfe eines deiktischen Ausdrucks im Ich - Hier - Jetzt des Sprechers verankert wird, kann das Syntagma zu einer definiten Kennzeichnung werden; ein qualifikatives Adjektiv allein bildet nur eine Unterart und hat prinzipiell keinen Einfluß auf die potentielle Generizität. Aus einem Werk mit dem Titel *Manuel à l'usage des enfants qui ont des parents difficiles* seien hier als Beleg noch einige mit Adjektiven unterschiedene Arten der Gattung PARENT aufgeführt: "Citons tout de suite [quelques] catégories pour donner une idée de l'énorme variété de notre champ d'études: - le parent immature, - le parent menteur, - le parent timide, - le parent riche (ou pauvre), ..., - le parent jaloux, - le parent délinquant, ..." (Manuel: 47).

Eine andere Art der extensionalen Einschränkung liegt bei relationalen Adjektiven vor. Relationale Adjektive erweitern ein Nomen nicht um zusätzliche Eigenschaften *(la voiture rouge, la belle voiture)*, sondern setzen es mit einem anderen Begriff in Beziehung. Das so modifizierte Nomen hat gegenüber seinem alleinstehenden Gegenstück eine begrenztere Extension, vgl. *la viande* vs. *la viande bovine, la navigation* vs. *la navigation fluviale, le guide* vs. *le guide touristique, la transfusion* vs. *la transfusion sanguine*, etc. Der besondere Status dieser Adjektive spiegelt sich deutlich auf der syntaktischen Ebene wider: Sie sind nicht mit qualifikativen Adjektiven kombinierbar (**une transfusion sanguine et douloureuse*), sind immer nachgestellt, können nicht prädikativ gebraucht werden (**la viande est bovine*) und lassen keine Adverbien zu, die eine Intensität ausdrücken (**le guide très touristique*). Aber wie die folgenden Beispiele zeigen läßt sich auch bei relationalen Adjektiven kaum ein allgemeingültiger Einfluß auf die generische Interpretierbarkeit ausmachen:

(17) La viande bovine vient en grande partie d'Angleterre/est bonne pour la santé/... (+g)
(18) Le(s) guide(s) touristique(s) fait (font) une large place à la culture/est (sont) mis à jour tous les ans/... (+g)
(19) Un guide touristique doit être complet. (+g)

Wie qualifikative Adjektive bringen die relationalen Adjektive Unterkategorien hervor, auf die generisch als Art oder Gattung referiert werden kann. Auch sie fügen dem modifizierten Nomen letztendlich nur ein weiteres Sem hinzu ([pour touristes], [d'origine bovine]); daß sich dieses Sem nicht auf eine Eigenschaft, sondern auf eine Relation bezieht, hat keine Auswirkungen auf die Generizität des Syntagmas.

Wenn Harweg (1969: 303ff.) nun bei seiner recht kurz gefaßten Betrachtung deutscher Syntagmen mit attributiven Adjektiven zu der Annahme gelangt, bestimmte Adjektive schränkten den generischen Gebrauch von NPs der Form *Der Adj N_{ind} ein*, so liegt dies u.E. an seiner Auswahl irrelevanter Beispielsätze. Zwar sind die von ihm angeführten Beispiele

(20) Das alte Haus ist weniger wert als das neue.
(21) Das blaue Auto ist schon immer mein Schwarm gewesen.

ebenso wie ihre französischen Übersetzungen

(22) La vieille maison a moins de valeur que la nouvelle.
(23) La voiture bleue a toujours été mon rêve.

tatsächlich "nur dann akzeptabel, wenn die in Rede stehenden Sequenzen partikulär verstanden werden" (Harweg 1969: 303); sie können jedoch nicht als Argument gegen die generische Verwendbarkeit der Form *Der Adj N_{ind}* dienen, da auch die entsprechend angepaßten Sätze ohne Adjektiv nicht generisch interpretierbar sind:

(20') Das Haus ist weniger wert als die Villa. (-g)
(22') La maison a moins de valeur que la villa. (-g)

(21') Das Auto ist schon immer mein Schwarm gewesen. (-g)
(23') La voiture a toujours été mon rêve. (-g)

Wahrscheinlicher als Harwegs Annahme ist, daß die mögliche generische Referenz von NPs mit bestimmtem Artikel Singular nicht vom Vorhandensein eines Adjektives, sondern vorrangig von der Art des Basisnomens oder dem Prädikat des Satzes abhängt. So kann das Nomen *lion*, das eine natürliche Art[4] bezeichnet, ohne weiteres mit mehreren Adjektiven kombiniert werden und bleibt dennoch potentiell generisch, solange die Prädikate diese generische Lesart zulassen:

(24) Le jeune lion grand et fort est un animal qui a une épaisse crinière ocre/a une crinière abondante/est très beau/... (+g)

---

[4] Carlson (1991: 370) liefert eine kurze Übersicht über die Klasse von Nomina, die natürliche Arten bezeichnen: "The central cases of natural kinds are generally taken to include species of plants and animals such as lemon-trees and tigers, chemical substances such as gold or quarks, diseases such as the measles and polio and perhaps phenomena like heat and pain."

Alles scheint darauf hinzuweisen, daß natürliche Arten in der Sprache eine größere 'generische Kraft' haben, sich sozusagen für die Referenz auf die ganze Art geradezu anbieten. Ihre Existenz als generische Größe ist soweit und so fest etabliert, daß die generische Referenz der Nomina, die sie bezeichnen, sich nahezu von selbst einstellt. Natürliche Arten sind nämlich, so schreibt Carlson (1991: 370), "real causal powers that order the world in which we live." Bei anderen Nomina wie *maison, ordinateur, lampe, pneu* gewinnt der deiktische Aspekt des bestimmten Artikels Singular leicht die Oberhand und läßt oft nur die spezifische Lesart zu. Allein in Kombination mit bestimmten Prädikaten (z.B. analytische und definitorische) können diese Nomina generisch verwendet werden, vgl. *La lampe est un dispositif qui sert à diffuser de la lumière artificielle* (+g) vs. *La lampe éclaire l'appartement* (-g).[5]

Bei genauerer Betrachtung zeigt sich nun auch, daß ein Adjektiv in einer NP der Form *Le Adj N* mit einem Basisnomen, das keine natürliche Art oder eine wohl etablierte generische Größe bezeichnet, tatsächlich auf eine spezifische Interpretation hinweist. In NPs dieser Art entscheidet das sprachliche bzw. das semantische Wissen zugunsten der spezifischen Interpretation. Bezeichnet nämlich ein Nomen üblicherweise keine Gattung oder, wie Harweg (1969) es nennt, einen allgemein akzeptierten "Typ", und wird es zusätzlich vom Artikel *Le* begleitet, so hat auch das Adjektiv determinierende Funktion und wird wie in (25) als Hilfe zur Selektion eines bestimmten Objektes in einer spezifischen Situation verstanden, nicht aber als Beschreibung einer Unterart:

(25)   La vieille maison est un bâtiment de taille moyenne. (-g)

Der gleiche Satz ohne Adjektiv dagegen ist durchaus generisch interpretierbar (vgl. (26)); ebenso können die Sätze (27) und (28) mit einem Adjektiv und einer anderen Artikelform generisch gelesen werden:

(26)   La maison est un bâtiment de taille moyenne. (+g)

(27)   Les vieilles maisons sont des bâtiments de taille moyenne. (+g)
(28)   Une vieille maison est un bâtiment de taille moyenne. (+g)

An dieser Stelle tritt nun die erste Interferenz verschiedener sprachlicher Ebenen zutage: Innerhalb einer Nominalphrase wird die das Basisnomen betreffende semantische Unterscheidung "natürliche Art/keine natürliche Art" erst dann zu einem Kriterium für oder wider die generische Lesart, wenn ein Adjektiv das Basisnomen modifiziert.

---

[5]   Zur systematischen Untersuchung der Einflüsse verschiedener Prädikate auf die Lesart der Subjekt-NP s. Kap. 3.3

Der Einfluß von Adjektiven auf die generische Interpretation von Subjekt-NPs läßt sich nach der obenstehenden Diskussion vorläufig wie folgt zusammenfassen: (i) Das Vorhandensein eines Adjektivs, sei es qualifikativ oder relational, schränkt eine mögliche generische Lesart prinzipiell nicht ein, (ii) NPs der Form *Le (Adj) N (Adj)*, deren Basisnomen keine 'natürliche Art' oder eine von der Sprachgemeinschaft fest etablierte Gattung bezeichnet, weisen eher auf eine spezifische Lesart hin.

Die in (ii) beschriebene Tendenz muß jedoch gleich wieder eingeschränkt werden, da sie nur für qualifikative, nicht aber für relationale Adjektive zu gelten scheint. So findet sich z.B. in einem Artikel des *Evénement du Jeudi* über Kinderprostitution die in (29) hervorgehobene Subjekt-NP, deren modifiziertes Basisnomen gewiß keine natürliche Art bezeichnet und dennoch eindeutig generisch ist:

(29) *Le touriste pédophile* vient des Etats-Unis, d'Europe de l'Ouest ou d'Australie, sans omettre les clients locaux qui sont bien souvent les plus nombreux. (EDJ 618: 18)

Auch Kontinuativa, die ja immer von einem bestimmten Artikel Singular begleitet werden, können natürlich prinzipiell immer generisch gelesen werden:

(30) En outre, *la prostitution enfantine* se conjugue avec la traite et la vente des enfants. (EDJ 618: 19)

Abgesehen vom Kontext – der gesamte Artikel fordert über seinen Aufbau und seine Argumentation generische Interpretation geradezu heraus – sind es im ersten Satz schon satzinterne Kriterien, die der in (ii) genannten Tendenz zuwiderlaufen: Nur wenn *le touriste pédophile* eine Gattung und keinen spezifischen Touristen bezeichnet, ist die NP mit dem Prädikat vereinbar; ein spezifischer Tourist kann nicht gleichzeitig aus den Vereinigten Staaten, Europa und Australien kommen.

Selbst die Bildung von immer eingeschränkteren Unterarten durch mehrfache Kombination von relationalen Adjektiven ist kein Hindernis für generische Interpretation. In dem folgenden Beispiel aus dem oben erwähnten Artikel wird sogar dem Leser überlassen, ob er von innerhalb der vorgegebenen Unterart *touriste sexuel* die weitere Unterart *touriste sexuel pédophile*, *touriste sexuel occasionnel* oder gar *touriste sexuel, pédophile et occasionnel* konstruieren möchte:

(31) *Le touriste sexuel, pédophile ou occasionnel*, préférera, lui, des destinations où les déséquilibres économiques sont tels qu'une grande partie de la population survit dans un univers miséreux et souvent de grande solitude.

3.2.2 Präpositionalphrasen

Anders als der Wortklasse *Adjektiv* kann der syntaktischen Kategorie *Präpositionalphrase* (PP) in Hinblick auf generische Interpretation kein ähnlich einheitliches Verhalten zugewiesen werden. Eine Untersuchung dieser Konstruktion als homogene Ausdrucksform erweist sich deswegen als schwierig, weil sehr unterschiedliche Arten der Modifizierung ihren Ausdruck in PPs finden können, vgl. etwa *le T-shirt à manches longues, les vaches de la Beauce, le lion devant l'arbre, les médicaments contre la toux, les chiens du voisin* etc. PPs lassen nahezu jede Art der Modifizierung eines Nomens zu; die Spannweite reicht von der Bildung einer Unterart (*Les médicaments contre la toux sont chers*) über eine deutliche Einschränkung der Extension (*Les gâteaux d'Allemagne font grossir*) bis zu eindeutig deiktischen Identifikationshilfen (*Le livre sur l'étagère en face est cher*). Während bei Adjektiven davon ausgegangen werden kann, daß ihr Auftreten in einer NP grundsätzlich kaum einen Einfluß auf spezifische oder generische Lesart hat, ist eine solche allgemeine Annahme für die syntaktische Form *Präpositionalphrase* nicht haltbar. Erscheint also in einer Subjekt-NP eine das Basisnomen modifizierende PP, so muß in jedem Fall ihr Einfluß auf die Lesart der NP genauer untersucht werden.

3.2.2.1 Allgemeine Beobachtungen

Vergleicht man nun die Modifizierungsarten von PPs und Adjektiven, so fällt auf, daß gewisse PPs ähnliche Funktion wie qualifikative oder relationale Adjektive besitzen. Sie fügen nämlich dem semantischen Gehalt des modifizierten Nomens ein weiteres Sem hinzu, das eine Eigenschaft (*chemise à manches longues*) oder eine Relation oder Funktion (*huile d'olive, tuyau à gaz*) ausdrückt. Derlei PPs lassen sich z.B. immer dann einsetzen, wenn ein entsprechendes Adjektiv nicht existiert (*chemise à manches longues* ⇒ Ø, *farine de blé* ⇒ Ø vs. *viande de bœuf* ⇒ *viande bovine*) oder einer anderen Sprachebene bzw. einer Fachsprache angehört (*médicaments contre la migraine/la douleur* ⇒ *médicaments antimigraineux/analgésiques*).

Ganz besonders zahlreich sind hier Präpositionalkonstruktionen der Form PP[Präp NP[Ø N]] oder PP[Präp [INF]] aus dem technischen oder fachsprachlichen aber auch aus dem alltagssprachlichen Bereich, die eine NP ohne Determinans oder eine Infinitivkonstruktion regieren und – unabhängig von der Präposition – die Funktion eines relationalen Adjektivs oder eines Relativsatzes erfüllen: *filtre à essence, tuyau à gaz, clé à molette, chaussures de sport, lunettes de soleil, huile d'olive, sucre en poudre, train à grande vitesse, patin à roulettes, service d'entretien, poudre à récurer, produit pour nettoyer les sols, photo sous verre* etc. Das Fehlen eines Determinans in der von der Präposition regierten NP weist darauf hin, daß das Nomen nicht aktualisiert bzw. nicht räumlich oder zeitlich in der Realität verankert ist und somit nur eine rein semantische Charakterisierung darstellt. Für PPs dieser Art, im Französischen als *compléments de caractérisation* (vgl. z.B. Grevisse 1986: 565f.) bezeichnet, gilt denn auch in gleichem Maße wie für Adjektive, daß sie prinzipiell nur Unterarten bilden und eine generische Interpretation nicht von vornherein einschränken (s. 3.1.2.1).

Aber auch NPs mit Determinans können innerhalb einer PP als *complément de caractérisation* auftreten; dies gilt sogar als nahezu feste Regel bei der Beschreibung von Gerichten, Getränken, Süßigkeiten und Gebäck, vgl. *tarte à l'oignon, sandwich au jambon, couscous aux légumes, bonbon à la fraise, sirop à la menthe, croissant au beurre* etc. Diese Konstruktion – in der die Bedeutung der Präposition *à* ungefähr "mit" oder "zubereitet mit" entspricht – wird immer dann angewendet, wenn der charakteristische Hauptbestandteil der Zubereitung gleich bleibt (*tarte, couscous, sirop*), die Geschmacksrichtung aber verändert werden kann (*à l'oignon, aux légumes, à la menthe*)[6]. Neben Geschmacksrichtungen werden außerdem auch Zubereitungsarten (*endives à l'étouffée, poulet à la vapeur, pommes de terre au four, haricots à l'italienne, lentilles à la dijonnaise*) als eine Art lexikalisierte Ellipse konstruiert (*...cuites au four, ...préparé à la façon/selon la recette italienne*).

Um diese eindeutigen Fälle, in denen das Vorhandensein einer Präpositionalphrase in der Subjekt-NP keinen Einfluß auf eine eventuelle generische Interpretation hat, von vornherein identifizieren zu können und so von der weiteren Analyse auszuschließen, würde ein recht einfaches syntaktisch-semantisches Analyseverfahren genügen. Wenn eine NP der Form $_{NP}$[Det N $_{PP}$[Präp $_{NP}$[Ø N]]] vorliegt (*les patins à roulettes*), dann kann bei der weiteren Untersuchung auf generische oder spezifische Lesart die modifizierende PP immer ausgeklammert werden. Auch wenn in der untergeordneten NP ein Determinans erscheint (*le sandwich au jambon*), die Präpostition *à* verwendet wird und beide Nomina zum semantischen Feld der Lebensmittel gehören, sollte der Algorithmus zum gleichen Ergebnis kommen. Die Nomina in PPs wie *à la vapeur, au four, à l'italienne* sind nur schwer einem bestimmten semantischen Feld zuzuordnen und kommen in Zusammenhang mit Gerichten nur in begrenzter Anzahl vor. Um langwierige syntaktisch-semantische Analysen zu vermeiden, sollten lexikalisierte Ellipsen wie *poulet à la vapeur* daher als zusammenhängende lexikalische Einträge behandelt werden.

---

[6] Ändert sich hingegen bei bestimmten Gerichten die gesamte Grundzusammensetzung, dann wird wiederum der 'normale' *complément de caractérisation* verwendet: *salade de tomates, gratin de pommes de terre, curry d'aubergines*. Die Präposition hat hier die Bedeutung "hergestellt/zubereitet aus...".

Eine andere Kategorie von Präpositionalphrasen dient nun nicht zur Bildung von Unterarten, sondern stellt eine Selektionshilfe für bestimmte Exemplare von Arten oder Gattungen dar. Mit ihrer Hilfe 'verankert' ein Sprecher/Autor einen Begriff relativ zu seinem Ich-Hier-Jetzt und gibt dem Hörer/Leser Mittel zur Hand, ein bestimmtes Exemplar unter mehreren möglichen zu identifizieren. Präpositionalphrasen mit Possessivpronomen wie *les chiens de ma voisine* oder Demonstrativpronomen[7] wie *le sucre dans ce placard* sind – in welchem Kontext auch immer – spezifisch zu verstehen. Auch Konstruktionen mit anderen deiktischen Elementen wie *le sucre dans le placard à gauche* oder *le lait de la semaine dernière* schließen eine generische Lesart der regierenden NP *le sucre* bzw. *le lait* eindeutig aus.

Ob eine bestimmte PP der Form PP[Präp NP[Det N]] ein modifiziertes Nomen im Ich-Hier-Jetzt des Sprechers/Autors verankert und damit von generischer Interpretation ausschließt, hängt von mehreren Faktoren ab. Dies sind zum einen die Präpositionen selbst, von denen sich im übrigen nur eine bestimmte Auswahl zur Einführung von Nominalattributen eignet: Während einige wenige, i.a. die am häufigsten verwendeten wie *à* und *de*, eine Vielzahl von Relationen und Funktionen ausdrücken bzw. übernehmen können und daher für sich allein keinen Hinweis auf eine Beschränkung generischer Interpretation liefern, eignen sich andere wiederum besonders zur räumlichen Verankerung[8] und weisen damit auf spezifische Interpretation hin. Zum anderen können auch die von der Präposition regierten NPs die generische Lesart ausschließen, z.B. dann, wenn sie als genaue Ortsbestimmungen auftreten. Da eine genaue Untersuchung aller rund 40 Präpositionen und über 80 Präpositionalkonstruktionen den Rahmen dieser Arbeit sprengen würde, werden im folgenden nur einige der am häufigsten anzutreffenden Präpositionen behandelt, anhand derer die Problematik repräsentativ beurteilt werden kann.

3.2.2.2 Die Präposition *à*

Weiter oben wurde in Zusammenhang mit Beispielen wie *tuyau à gaz, poulet à la vapeur* festgestellt, daß die Präposition *à* allein keinerlei Einfluß auf die Lesart

---

[7] Wir verwenden hier die im Deutschen übliche, wenn auch diskutable Bezeichnung Possessiv- und Demonstrativ*pronomen*. Statt *pronom* wird in französischen Grammatiken meist die ebenso diskutable Bezeichchnung *adjectif possessif* und *adjectif démonstratif* verwendet.
[8] Zeitliche Verankerung mit Hilfe von Präpositionen wie *après, avant, pendant* ist im allgemeinen nur mit Nomina möglich, die Vorgänge oder Ereignisse bezeichnen: **Les maisons après le tremblement de terre sont endommagées*. Bei Sätzen wie *La cigarette avant le petit déjeuner est dégoûtante* referiert *la cigarette* eher auf "fumer une cigarette"; eine Gattung wie CIGARETTES AVANT LE PETIT DEJEUNER ist kaum vorstellbar.

hat. Ihre Einsatzmöglichkeiten sind so vielfältig, daß ihr zumindest in bezug auf die Lesart einer von ihr modifizierten NP keine einheitliche Funktion zuzuschreiben ist. Auch Subjektsyntagmen aus ganz anderen als den weiter oben untersuchten Bereichen können je nach Kontext generisch oder spezifisch gelesen werden:

(32) La femme *au foyer* est en voie de disparition. (+g)
(33) La femme *au foyer* est tombée malade. (-g)
(34) Les tapis *au mur* rendent une pièce plus agréable. (+g)
(35) Les tapis *au mur* perdent leur forme. (+/-g)
(36) Les tapis *au mur* ont perdu leur forme. (-g)

Neben den in 3.2.2.1 genannten Funktionen oder Bedeutungen kann die Präposition *à* z.B. wie in (32)-(36) auch der räumlichen Zuordnung dienen. Diese räumliche Zuordnung wiederum muß jedoch nicht zwangsläufig wie in (36) zu spezifischer Interpretation führen *(les tapis que nous avons mis au mur il y a un an ont perdu leur forme)*, sie kann auch wie in (32)-(34) und evtl. (35) genereller Natur sein *(le genre de tapis que l'on met au mur)* und damit den Weg zur generischen Interpretation offen lassen.

Eine weitere, wenn auch seltener anzutreffende Funktion der Präposition *à* ist die Einleitung der Zugehörigkeit oder des Besitzes. Während im Standardfranzösisch die Besitzanzeige mit *de* verknüpft wird *(la voiture de Pierre)*, trifft man im familiären Sprachgebrauch – der nur selten geschrieben vorkommt – auch die Präposition *à* gefolgt von einem Eigennamen an *(la voiture à Pierre)*. Die modifizierte NP ist dann selbstverständlich immer spezifisch zu interpretieren:

(37) La voiture à Pierre peut rouler vite. (-g)

Mit Ausnahme dieses eindeutigen, aber in geschriebenen Texten seltenen Falles lassen sich für Syntagmen, deren Basisnomen von einer PP mit *à* modifiziert wird, keine allgemeingültigen Aussagen in Hinblick auf die Unterstützung und Behinderung generischer oder spezifischer Interpretation treffen. Sie können daher wie einfache, nicht modifizierte Syntagmen behandelt werden, deren Lesart anhand anderer Kriterien bestimmt werden muß.

3.2.2.3 Die Präposition *de*

Mit *de* eingeleitete Eigennamen weisen nicht immer auf eine spezifische Lesart der übergeordneten NP hin. Hier ist zunächst zwischen Personen- und Ortsnamen zu unterscheiden. Im Falle der Besitzanzeige mit Personennamen liegt ausnahmslos spezifische Lesart vor; sie führt bei Subjekten der Form *Un N* gar zu ungrammatischen Ergebnissen:

(38)   Les voitures de Pierre sont des moyens de transport. (-g)
(39)   La voiture de Pierre est un moyen de transport. (-g)
(40)   * Une voiture de Pierre est un moyen de transport.

Bei Ortsnamen ist entscheidend, inwieweit das Referenzfeld durch die Präpositonalphrase eingeschränkt wird, d.h. bei welchen Ortsnamen die Extension so begrenzt ist, daß eine generische Interpretation nicht mehr möglich ist. Folgende Tendenz läßt sich erkennen:

(41)   Les ours d'Europe ont disparu. (+g)
(42)   Les ours de France ont disparu. (+g)
(43)   Les ours des Pyrénées ont disparu. (+/-g)
(44)   Les ours du Bois de Boulogne ont disparu. (-g)

Offensichtlich lassen Ortsnamen bzw. geographische Namen hinunter bis zu einer Größe von Landstrichen (*les Pyrénées, la vallée de la Loire*) noch generische Interpretation zu, dagegen wird sie von Nomina, die kleinere geographische Einheiten bezeichnen (Städte-, Berg- oder Waldnamen etc.), ausgeschlossen. Dabei ist allerdings darauf zu achten, daß lexikalisierte Konstruktionen – meist ohne Artikel in der untergeordneten NP, selbst wenn er zulässig wäre – auch mit Städte- und Dorfnamen die evozierte Gattung bezeichnen können. Der folgende Auszug aus einem Artikel zeigt eine bunte Artenmischung, in der sowohl Namen von Regionen als auch Städte- und Dorfnamen vorkommen:

(45)   Un souvenir que nous avaient laissé nos ancêtres les Gaulois et qui aurait pu disparaître si l'on ne s'était pas soucié de sauver les derniers spécimens qui picoraient du côté de Saint-Epain, entre Sainte-Maure et Chinon. *La géline de Touraine* est l'une des dernières volailles françaises, avec *le coucou de Rennes, la poularde de Houdan* et *le très variable poulet de Bresse*, à avoir pu survivre aux ravages de l'agriculture du fric. (EDJ 618: 80)

Eine Besonderheit der präpositionalen Modifizierung mit *de* offenbart sich in Teile-Ganzes-Beziehungen der Form $_{NP}[\text{Det N }_{PP}[de\ _{NP}[\text{ Det N}]]]$ wie z.B. *les pages d'un livre*. Teilweise wird in diesen Konstruktionen die Lesart nicht von der PP beeinflußt, teilweise aber wird auch generische Lesart entweder ausgeschlossen oder unterstützt. Die unterschiedlichen Lesarten sind jeweils das Resultat eines recht komplexen Zusammenspiels verschiedener Faktoren. Sie hängen zum einen vom Artikelgebrauch sowohl in der über- als auch der untergeordneten

NP, zum anderen von der der Zählbarkeit der Nomina (Individuativum oder Kontinuativum) ab. Zudem spielt auch die semantische Beziehung zwischen über- und untergeordnetem Nomen und die semantische Natur eines jeden Nomens eine Rolle. Für eine bessere Übersicht ist die folgende Darstellung in zunächst einmal grob in eine Untersuchung der Individuativa und der Kontinuativa unterteilt.

Ist in einer Konstruktion der Form *Art N_1 de Art N_2* das Nomen N_1 ein Individuativum, dann hat der Gebrauch bzw. die Kombination von Artikeln verschiedene Auswirkungen, je nachdem, ob die von N_1 bezeichnete Sache einmal oder mehrmals in N_2 enthalten ist. So kommt in der NP *l'écran d'un ordinateur* der Teil N_1 (*l'écran*) nur einmal innerhalb des Ganzen N_2 vor (*un ordinateur* → *un écran*), in *les pages d'un livre* ist N_1 mehr als einmal in N_2 vertreten (*un livre* → *plusieurs pages*). Im folgenden wird als erstes die 1/1-Konstruktion diskutiert, wobei nur semantisch sinnvolle, also auch in einem zu übersetzenden Text tatsächlich anzutreffende Kombinationen in Betracht gezogen werden.

(46)   Les écrans des ordinateurs
(47)   L'écran de l'ordinateur
(48)   L'écran d'un ordinateur
(49)   ? Un écran d'un ordinateur

Anhand der NPs (46)-(49) läßt sich unmittelbar erkennen, daß in Konstruktionen wie *Art N_1 de Art N_2* die NP *Art N_1* nur dann generisch interpretiert werden kann, wenn auch *Art N_2* generisch ist. In (46) erlaubt das Vorkommen zweier bestimmter Artikel Plural (*les N_1 de les N_2*) auch weiterhin eine generische Lesart von *les écrans*:

(46') a) Les écrans des ordinateurs sont des tubes-image à haute résolution.(+g)
     b) Les écrans des ordinateurs émettent des rayons radioactifs. (+/-g)
     c) Les écrans des ordinateurs ont été achetés séparément. (-g)

Nun könnte man für (47) das gleiche Verhalten erwarten, weil hier wie in (46) zwei möglicherweise generische bestimmte Artikel verwendet werden. Es zeigt sich aber, daß die Kombination zweier bestimmter Artikel **Singular** (*le N_1 de le N_2*) eine generische Lesart nahezu ausschließt und sogar in Kombination mit einem definitorischen Prädikat[9] nur mit viel Vorstellungskraft generisch interpretierbar ist:

(47') a)   ? L'écran de l'ordinateur est un tube-image à haute résolution. (-g/+g)

---

[9] Da definitorische Prädikate normalerweise die generische Lesart erzwingen (s. Kap. 3.3.1), die Form der Subjekt-NP diese Lesart hier aber verhindert, entsteht in (47') a) ein grammatisch abweichender Satz.

83

b) L'écran de l'ordinateur émet des rayons radioactifs. (-g/+g)
c) L'écran de l'ordinateur a été acheté séparément. (-g).

Obwohl für sich allein *l'écran* wie auch die untergeordnete NP $Art_2\ N_2$ potentiell generisch ist, wird das Verständnis zum Spezifischen gelenkt. Allem Anschein nach ist die selektive Kraft, das deiktische Element des bestimmten Artikels Singular – anders als beim bestimmten Artikel Plural – zu groß, um bei der Verwendung im untergeordneten Syntagma noch generische Lesart zuzulassen. Die hier vorgenommene Gegenüberstellung von *les* und *le* liefert im übrigen ein weiteres Argument für die schon in Kap. 2 erwähnte Einschätzung, die Form *Les N* zeige sich gegenüber *Le N* allgemein offener für Generizität.

In bestimmten Fällen jedoch zeigt der bestimmte Artikel Singular trotz seines deiktischen Aspekts keine Wirkung und läßt der generischen Interpretation weiterhin freien Lauf. Schon in Zusammenhang mit attributiven Adjektiven wurde darauf hingewiesen, das generische Interpretation von NPs der Form *Le (Adj) N (Adj)* nur dann problemlos möglich ist, wenn *N* eine natürliche Art bezeichnet. Nun läßt sich leicht zeigen, daß ein ähnliches Phänomen auch im aktuellen Zusammenhang auftritt: Konstruktionen der Form *Le N_1 de le N_2*, in denen N_2 eine natürliche Art bezeichnet, können ohne Schwierigkeiten generische Lesart annehmen.

(50) Le museau du chien est allongé. (+g)
(51) La crinière du lion n'apparaît qu'à l'âge adulte. (+g)
(52) Le tronc du chêne peut atteindre un diamètre de 2 mètres. (+g)

Offenbar gibt es wie bei den generischen Artikeln, unter denen *les* der offenste für generische Interpretation ist, auch unter den Nomina bestimmte Bezeichnungen, die für Generizität offener als andere sind und sich von ihrer semantischen Natur her geradezu für generische Referenz anbieten. Diese 'Offenheit' für generische Interpretation bedeutet allerdings nur, daß eine Kombination des Artikels *les* mit einem eine natürliche Art bezeichnenden Nomen wie *les chiens* oder *les lions* der Generizität keinerlei Widerstand entgegensetzt, nicht aber, daß allein durch diese Form eine generische Referenz gefördert oder gar erzwungen wird.

In (48) lenkt zwar *L'écran d'un ordinateur* wegen des Artikels *un* in $Art\ N_2$ zunächst die Lektüre zum Generischen, kann aber mit entsprechendem Prädikat auch spezifisch verwendet werden:

(48') a) L'écran d'un ordinateur est un tube-image à haute résolution. (++g)
b) L'écran d'un ordinateur émet des rayons radioactifs. (+g)

c) L'écran d'un ordinateur renvoyait une lumière diffuse contre la fenêtre. (-g)

Zwei unbestimmte Artikel wie in (49) ?*Un écran d'un ordinateur* favorisieren – wenn denn eine solche Konstruktion überhaupt benutzt wird – eindeutig die generische Lesart. Obgleich NP (49) grammatisch durchaus möglich ist und hier zunächst der Vollständigkeit halber mit in das Beispielparadigma aufgenommen wurde, scheint es doch so, als würde sie im aktuellen Sprachgebrauch zugunsten der Konstruktionen *un écran d'ordinateur* und *l'écran d'un ordinateur* übergangen. Anscheinend sträubt sich das Französische dagegen, unbestimmte NPs (*un écran*) wiederum durch Ergänzungen mit der Präposition *de* und unbestimmtem Artikel (*d'un ordinateur*) zu modifizieren. Während Sätze mit generischer Subjekt-NP wie

(49') a) ? Un écran d'un ordinateur coûte plus cher qu'une télé de la même taille. (++g)

mit gewisser Härte gerade noch akzeptabel erscheinen, sind Sätze mit spezifischer Lesart wie

(49') b) ?? Un écran d'un ordinateur renvoyait une lumière diffuse contre la fenêtre. (-g)

kaum noch vorstellbar. In einem konkreten spezifischen Kontext wird man in einem Satz wie (49') b) anstatt *un écran d'un ordinateur* eher *l'écran d'un ordinateur* oder *Un écran d'ordinateur* finden:

(49") b) Sans faire de bruit, il ouvra la porte du bureau et passa la tête. L'écran d'un ordinateur renvoyait une lumière diffuse contre la fenêtre.

Noch komplexere Verhältnisse trifft man aufgrund der größeren Zahl der möglichen Artikelkombinationen bei den hier als '1/x(x>1) Konstruktionen' bezeichneten Nominalphrasen der Form *Art N_1 de Art N_2* an, bei denen N_1 mehr als einmal in N_2 enthalten ist:

(53) Les pages des livres
(54) Les pages du livre
(55) Les pages d'un livre
(56) La page du livre
(57) La page d'un livre
(58) Une page du livre
(59) ? Une page d'un livre

Les pages des livres in (53) verhält sich gegenüber dem Generischen ebenso offen wie (46):

(53') Les pages des livres sont des feuilles de papier. (+g)
 Les pages des livres sont blanches. (+g)
 Les pages des livres sont rongées sur les bords. (-g)

Ebenso wie (47) *L'écran de l'ordinateur* lenkt auch die Kombination *les+le* in (54) die Lektüre auf das Spezifische, während (55), ähnlich wie (48), eher auf generische Interpretation hinweist:

(54') a) Les pages du livre sont des feuilles de papier. (-g)/(+g)
 b) Les pages du livre sont blanches. (-g)
 c) Les pages du livre sont rongées sur les bords. (-g)

(55') a) Les pages d'un livre sont des feuilles de papier. (+g)
 b) Les pages d'un livre sont blanches. (+g)
 c) Les pages d'un livre traînaient par terre. (-g)

Aber auch im Falle von (54) gilt wie in (47), daß *Les N_1 de le N_2* sehr wohl generisch interpretiert werden kann, wenn N_2 eine natürliche Art bezeichnet:

(60) Les pattes du chien sont très sensibles. (+g)
(61) Les dents du lion atteignent leur taille définitive avant l'âge adulte. (+g)
(62) Les branches du chêne peuvent se casser sous leur propre poids. (+g)

In (57) erscheint zwar die gleiche Artikelkombination wie in (48), *La page d'un livre* kann aber im Gegensatz zu *L'écran d'un ordinateur* in keinem Fall generisch interpretiert werden. Der bestimmte Artikel Singular in (57) schließt die generische Lesart aus semantischen Gründen aus, weil zu einem Buch mehrere Seiten gehören und sie daher generisch mit einem Kollektivum wie **Les pages** *d'un livre* bezeichnet werden müssen. **La page** *d'un livre* kann nur eine bestimmte, spezifische Buchseite selektieren, nicht aber die Gattung PAGE DE LIVRE bezeichnen (vgl. auch *Le joueur d'une équipe/Les joueurs d'une équipe, Le pneu d'une voiture/Les pneus d'une voiture*). So wirken denn auch definitorische und prototypische Prädikate, deren Verwendung die generische Lesart der Subjekt-NP erzwingt, in Verbindung mit einem Subjekt wie (57) abweichend:

(57') a) ??La page d'un livre est une feuille de papier reliée qui porte un texte.(++g)
 b) ? La page d'un livre est blanche. (++g)
 c) La page d'un livre traînait par terre. (-g)

Dies gilt umso mehr für die NP (56), in der das Nomen N_2 noch zusätzlich von einen bestimmten Artikel Singular determiniert wird:

(56') a) ??La page du livre est une feuille de papier reliée qui porte un texte. (++g)
        b) ??La page du livre est blanche.
        c)   La page du livre trainait par terre. (-g)

Liegt jedoch in NPs der Form (56) oder (57) das modifizierende N_2 wiederum als natürliche Art vor, dann ist auch in 1/x (x>1) Konstruktionen generische Lesart denkbar:

(63)   La patte d'un chat est un membre très souple/est pourvue de griffes. (+g)
(64)   La patte du chat est un membre très souple/est pourvue de griffes. (+g)

Anders als im Falle von *la page du/d'un livre* kann in mit *la patte du/d'un chat* auf eine Gattung bzw. Art referiert werden (hier PATTE DE CHAT); eine Kollektivbezeichnung mit Pluralartikel wie *les pattes du/d'un chat* ist nicht mehr unbedingt erforderlich.

Generische Interpretation der NP (58) scheitert am bestimmten Artikel Singular in der untergeordneten NP. Es ist kein Kontext vorstellbar, in dem *du livre* nicht spezifisch zu verstehen wäre und so auch die spezifische Lesart der gesamten NP *Une page du livre* mit sich zieht. Selbst die Kombination mit einem analytischen Prädikat, das eigentlich notwendig die generische Lesart des Subjekts nach sich ziehen müßte, führt im besten Fall zu einem gerade noch akzeptablen Satz mit spezifischem Subjekt:

(58') ?? Une page du livre est une feuille de papier. (-g)

Satz (58') ist nur so zu verstehen, daß die anderen Seiten dieses spezifischen Buches aus einem anderen Material als Papier bestehen oder schlechthin keine Blätter sind. Will man aber derart weit hergeholte Interpretationen nicht zulassen, dann ist eine Subjekt-NP wie (58) nur in spezifischen Kontexten mit entsprechenden Prädikaten mit gutem Gewissen einsetzbar:

(65)   Une page du livre était froissée. (-g)

Une page d'un livre aus (59) verhält sich in Hinblick auf generische Lesart ähnlich wie *Un écran d'un ordinateur* aus (49): Das Syntagma wirkt ungewöhnlich, ohne jedoch ganz inakzeptabel zu sein. Allerdings schließt (59) spezifische Lesart nicht wie (49) aus, sondern ist – mit entsprechendem Prädikat – durchaus für bestimmte spezifische Ereignisse oder Zustände einsetzbar:

(59') a) ? Une page d'un livre est une feuille de papier. (+g)
　　　b) ? Une page d'un livre doit être en papier. (+g)
　　　c) ? Une page d'un livre est blanche. (+g)
　　　d) 　Une page d'un livre traînait par terre. (-g)

Faßt man die Ergebnisse der bis hierher geführten Untersuchung zusammen, so läßt sich zumindest eine feste, übergreifende Gesetzmäßigkeit erkennen, die für Teile-Ganzes-Beziehungen der Art 1/1 und 1/x (x > 1) gleichermaßen gilt. Sie ist unten als Regel Ia einmal vollständig ausformuliert aufgeführt:

Regel Ia
Eine Teile-Ganzes-Beziehung der Form *Art₁ N₁ de Art₂ N₂* kann nicht generisch interpretiert werden, wenn *Art₂* ein bestimmter Artikel Singular ist und *N₂* keine natürliche Art bezeichnet.

Anders als für die Individuativa stellen sich nun die Auswirkungen der Artikelkombination dar, wenn das übergeordnete Nomen N_1 ein Kontinuativum ist. Soll in diesen Fällen generische Interpretation überhaupt möglich sein, dann muß *Art₁* selbstverständlich ein bestimmter Artikel Singular, der einzige potentiell generische Artikel für Kontinuativa, sein. In Konstruktionen *Art₁ $N_{1(kont)}$ de Art₂ N_2* kann also nur *Art₂* variiert werden:

(66) 　Le sable des plages, la peinture des voitures
(67) 　Le sable d'une plage, la peinture d'une voiture
(68) 　Le sable de la plage, la peinture de la voiture

(69) 　Le sucre des pommes, le sang des chiens
(70) 　Le sucre d'une pomme, le sang d'un chien
(71) 　Le sucre de la pomme, le sang du chien

Die Beispielreihen (66)-(68) und (69)-(71) unterscheiden sich allein dadurch, daß in (69)-(71) das Nomen N_2 der untergeordneten NP eine natürliche Art bezeichnet. Hinsichtlich der Generizität zeigen die NPs in (66)-(67) und (69)-(70) identisches Verhalten; sowohl *le N_1 de les N_2* als auch *le N_1 de une N_2* können ohne weiteres generisch interpretiert werden:

(66') 　Le sable des plages peut être plus ou moins fin. (+g)
(67') 　Le sable d'une plage doit être fin. (+g)

(69') 　Le sucre des pommes se digère plus facilement que le sucre
　　　　industriel. (+g)
(70') 　Le sucre d'une pomme est bon pour la santé. (+g)

Es zeigt sich dann aber ein Unterschied zwischen den NPs (68) und (71), in denen Art_2 ein bestimmter Artikel Singular ist:

(68') a) Le sable de la plage peut être plus ou moins fin. (-g)
b) La peinture de la voiture brille au soleil. (-g)

(71') a) Le sucre de la pomme est bon pour la santé. (+g)
b) Le sang du chien a une autre composition que celui du chat. (+g)

Wie bei der Untersuchung der Individuativa stellt sich damit auch für die Kontinuativa heraus, daß eine generische Lesart prinzipiell von einem bestimmten Artikel Singular in der untergeordneten, modifizierenden NP verhindert wird (Sätze (68') a) und b)). Bezeichnet jedoch das Basisnomen der modifizierenden NP eine natürliche Art (*la pomme, le chien* in (71') a) und b)), so verliert der bestimmte Artikel Singular seinen deiktischen Aspekt und die oben genannte Einschränkung der generischen Lesart wird unwirksam – die gesamte Subjekt-NP kann weiterhin generisch interpretiert werden. Damit läßt sich die oben formulierte Regel Ia nun zur Regel I erweitern:

Regel I
Eine Nominalphrase der Form Art_1 N_1 de Art_2 N_2 in Subjektposition kann nicht generisch interpretiert werden, wenn Art_2 ein bestimmter Artikel Singular ist und N_2 keine natürliche Art bezeichnet.

3.2.2.4 Die Präpositionen *devant, derrière, dans, sur, sous*

Hauptsächlicher Aspekt dieser fünf Präpositionen ist die deiktische Funktion in einer bestimmten Sprechsituation, die immer mit spezifischer Interpretation der jeweiligen NP einhergeht (*La farine dans le placard est blanche, les fleurs devant la maison sentent bon, les oiseaux sur le toit chantent*). Es gibt jedoch Fälle, in denen sich eine PP mit diesen Präpositionen als *caractérisant* präsentiert und damit neutral in Hinblick auf generische oder spezifische Referenz der modifizierten NP verhält. Auch hier entscheidet teilweise wieder die Artikelkombination in der Konstruktion Art_1 N_1 Präp Art_2 N_2, vor allem aber auch die semantische und die sich aus der Sprachverwendung ergebende pragmatische Beziehung zwischen N_1 und N_2. So müssen, wenn eine modifizierte NP generisch interpretierbar sein soll, die beiden Nomina N_1 und N_2 demselben Wortfeld entspringen und zudem 'Gegenstände' bezeichnen, die in einer festen, bekannten Konstellation vorkommen. So lassen sich die Subjekte in

(72) Les wagons derrière la locomotive déraillent généralement en premier. (+g)
(73) Les parkings devant les hypermarchés sont immenses. (+g)
(74) Une antenne sur le toit assure un bon captage de la télévision. (++g)

generisch interpretieren, weil die Paare *wagon* (N_1)/*locomotive* (N_2), *parking* (N_1)/*hypermarché* (N_2), *antenne* (N_1)/*toit* (N_2) jeweils dem gleichen Wortfeld entnommen sind und aufgrund enzyklöpadischen Wissens als 'zusammengehörig' erkennbar sind: Zugwaggons fahren immer hinter der Lokomotive, vor Hypermärkten befinden sich Parkplätze und Antennen werden üblicherweise auf dem Dach montiert.

Allerdings ist das gemeinsame Wortfeld von N_1 und N_2 und das Vorkommen in einer semantisch fixierten Konstellation der von beiden Nomina bezeichneten Gegenstände nicht immer unbedingte Voraussetzung für generische Referenz. Oft ist es schon ausreichend, wenn in einer Subjekt-NP N_1 und N_2 in einer aufgrund von Alltagswissen oder -erfahrung als typisch oder bekannt oder als immer wiederkehrend empfundenen Situation vorkommen:

(75) Une épine dans le pied constitue un risque d'infection. (+g)
(76) La saleté sous les ongles est un vrai nid de microbes. (+g)
(77) Les chiures d'oiseaux sur les pare-brise sont une véritable plaie. (+g)

Generische Interpretation ist hier möglich, weil die in den Subjekt-NPs beschriebenen Situationen bekannte Alltagssituationen oder -konstellationen aus einem allen gemeinsamen Erfahrungsschatz sind, die in dieser Konstellation immer wieder auftreten können. Dagegen haben N_1 und N_2 in NPs wie *le livre sous la table, les chats derrière les voitures, un ours devant la maison* weder semantisch noch pragmatisch etwas miteinander gemein und erscheinen auch nicht typischerweise in bestimmten Situationen zusammen. Anders als WAGONS DERRIERE LA LOCOMOTIVE oder SALETE SOUS LES ONGLES kann *livre sous la table* oder *chat derrière la voiture* daher auch keine Art, Unterart oder ein sonstiges generisches Objekt darstellen. Selbst mit viel gutem Willen ist z.B. für *les chats derrière les voitures* kein Prädikat und kein Kontext vorstellbar, in dem diese NP generisch interpretierbar wäre:

(78) a) ?? Les chats derrière les voitures se font souvent écraser. (-g)
b) * Les chats derrière les voitures sont des animaux.

Der Versuch, mit entsprechenden Prädikaten generische Lesart zu erzwingen, führt wie schon mehrmals gezeigt (vgl. Kap. 3.2.2.3) für ausschließlich spezifisch interpretierbare Subjekt-NPs nur zu kaum akzeptablen oder gar vollkommen abweichenden Sätzen.

Trotz der vornehmlich deiktischen Funktion der hier untersuchten Präpositionen gibt es also durchaus Fälle, in denen Subjekt-Konstruktionen mit diesen Präpositionen generisch interpretiert werden können. Als problematisch wird sich allerdings die Abgrenzung zwischen noch generisch interpretierbaren und keinesfalls generischen NPs erweisen, die auf den oben beschriebenen Gesetzmäßigkeiten 'N_1 und N_2 gehören dem gleichen Wortfeld an' bzw. 'N_1 und N_2 stehen in einer semantisch begründbaren oder alltäglich-typischen Relation zueinander' basieren muß. Wie weit beispielsweise muß eine bisher letztendlich nur intuitiv definierte Größe wie 'Wortfeld' gefaßt werden, damit ein angemessen zuverlässiges Kriterium für oder gegen generische Referenz der Subjekt-NP erkennbar ist? Gehört neben *consigne*, *guichet* und *chariot* auch die *station de taxi*, die sich in der Regel vor jedem Bahnhof befindet, zum Wortfeld von *gare*? Und wenn *gare* zum Wortfeld vom *chemin de fer* gehört, gilt das dann auch für *station de taxi*? Auch die Frage, ob zwischen N_1 und N_2 evtl. eine alltäglich-typische Beziehung besteht, wird zumindest für ein automatisches Verarbeitungssystem kaum zuverlässig beantwortbar sein.

Erschwerend kommt noch hinzu, daß wie im Falle der anderen bisher untersuchten Präpositionen auch bei den Konstruktionen mit *devant, derrière, dans, sur, sous* die Kombination der Artikel Art_1 und Art_2 eine wichtige Rolle für die mögliche Lesart der NP spielt. Wegen der Vielzahl der semantischen und pragmatischen Relationen, die zwischen N_1 und N_2 bestehen können, ist es jedoch nahezu unmöglich, allgemeingültige Gesetzmäßigkeiten auszumachen. Allein die NPs in den oben unter (72)-(77) aufgeführten Beispielen zeigen bei identischer Artikelkombination sehr unterschiedliches Verhalten (in (76') findet durch die Verwendung des Pluralartikels als Determinans von *saleté* Transkategorisierung vom Kontinuativum zum Individuativum statt):

(72') Les wagons derrière les locomotives déraillent généralement en premier. (+/-g)
(73) Les parkings devant les hypermarchés sont immenses. (+g)
(74') Les antennes sur les toits assurent un bon captage de la télévision. (-g)
(75') Les épines dans les pieds constituent un risque d'infection/des risques d'infection. (-g)
(76') Les saletés sous les ongles sont de vrais nids de microbes. (+g)
(77') Les chiures d'oiseaux sur les pare-brise sont une véritable plaie. (+g)

Satz (72') scheint im Gegensatz zu (72) *Les wagons derrière **la** locomotive déraillent généralement en premier* wohl deshalb nicht mehr generisch interpretierbar zu sein, weil mit der Verwendung des zweiten Pluralartikels *(**les** locomotives)* das typische Verhältnis *mehrere Waggons/eine Lokomotive* aufgebrochen wird.

Satz (73) mit der Artikelkombination *les/les* ist problemlos generisch interpretierbar, würde aber mit einem bestimmten Artikel Singular als Determinans von N_1 oder N_2 oder gar N_1 und N_2 meist nur noch spezifische Lesart annehmen können:

(73') a) Le parking devant les hypermarchés est immense. (+/-g)
b) Les parkings devant l'hypermarché sont immenses. (-g)
c) Le parking devant l'hypermarché est immense. (-g)

Les antennes sur les toits aus (74') lenkt das Verständnis aufgrund des bestimmten Artikels in der untergeordneten NP eher auf spezifische, in einer gegebenen Situation identifizierbare Antennen, zumal auch die generische Lesart eine etwas absurd erscheinende Art 'ANTENNE SUR LE TOIT' voraussetzen würde. *Une antenne sur le toit* aus (74) dagegen hat den Status einer Regel oder eines Ratschlags inne und verweist trotz der untergeordneten PP *sur le toit* eher ganz einfach auf die generische ANTENNE, weil der Satz wie

(74") Une antenne, qui doit être installée sur le toit, assure un bon captage de la télévision.

verstanden werden kann. Ähnlich wie die Subjekt-NP aus (74') verhält sich auch *Les épines dans le pied* aus (75'). Eine Art oder Gattung wie 'EPINE DANS LE PIED' erscheint ebenfalls kaum haltbar; es ist eher anzunehmen, daß bestenfalls auf den Zustand oder den Vorfall AVOIR UNE EPINE DANS LE PIED generisch mit *une épine dans le pied* referiert werden kann.
Anders als (73) läßt die Subjekt-NP in (77) wegen des Mengenverhältnisses zwischen N_1 und N_2 neben der Artikelkombination *les/les* auch *les/la, une/la* und unter Umständen sogar *la/la* zu:

(77") La chiure d'oiseau sur le pare-brise peut être une véritable plaie. (+g)

Die hier nur angerissene Diskussion der möglichen Artikelkombinationen in den Beispielsätzen (72)-(77) zeigt die Komplexität der semantisch-pragmatischen Relationen, die in den betreffenden NPs zwischen N_1 und N_2 bestehen können. Es sind diese vielen unterschiedlichen Relationen, die eine übergreifende Aussage zur Auswirkung der Artikelkombination Art_1/Art_2 auf mögliche generische Lesart, wie sie in bezug auf die Präposition *de* gemacht werden konnte, verhindern. Ob eine NP, die eine der hier besprochenen Präpositionen enthält, tatsächlich generisch interpretiert werden kann, muß daher in jedem Fall einzeln und evtl. unter Rückgriff auf andere, weiter unten in diesem Kapitel beschriebene Kriterien entschieden werden.

3.2.2.5 Die Präpositionen *contre* und *pour*

Als Modifikatoren von Nominalphrasen treten PPs mit *contre* und *pour* häufig als *caractérisant* auf und sind dann ohne weiteres generisch interpretierbar. Dies ist typischerweise bei Medikamenten und kosmetischen Produkten der Fall; die untergeordneten PPs können oft durch ein relationales Adjektiv ersetzt werden:

(79) Les médicaments contre le paludisme/antipaludéens
(80) Les cachets contre la douleur/analgésiques
(81) Les masques contre les rides/antirides
(82) Les crèmes pour la peau/dermatologiques
(83) Les lotions pour les cheveux/capillaires

Zur Erkennung von Subjektsyntagmen der Art (79)-(83), die eine generische Lesart nicht behindern, ließen sich wieder Wortfelder oder sachlich Begriffsbereiche einsetzen. Den NPs unter (79)-(83) ist gemeinsam, daß das Nomen N_1 der regierenden NP eine wie auch immer geartete Darreichungsform bezeichnet und daß N_2 aus der regierten NP sich auf eine Krankheit, ein Körperteil oder eine körperliche Erscheinung (*rides, boutons* etc.) bezieht.

Aber auch in anderen Zusammenhängen sind *pour* und *contre* in modifizierenden PPs anzutreffen, und auch in diesen Fällen ist generische Lesart der gesamten NP prinzipiell denkbar:

(84) Les manifestations contre le chômage doivent rassembler tous les syndicats. (+g)
(85) Les manifestations pour la paix sont généralement organisées par de jeunes drogués d'extrême gauche. (+g)
(86) Les attaques contre les demandeurs d'asile sont une chose abjecte. (+g)

Wenn in Subjekt-Konstruktionen wie denen der letzten Beispiele jedoch ein spezifischer Bezug zu einem bestimmten, gerade aktuellen Ereignis hergestellt wird, ist die generische Interpretation nicht mehr möglich:

(87) Les manifestations contre la privatisation de la SNCF doivent rassembler tous les syndicats. (-g)

Die Entscheidung darüber, ob mit der Subjekt-NP auf ein spezifisches Ereignis oder eine Art Ereignisse Bezug genommen wird, hängt bei den obigen Beispielen vom jeweiligen Weltgeschehen ab und ist für die Sätze allein nicht zu treffen. Denn ob in einem Satz wie (86) allgemein auf ATTAQUE CONTRE LES DEMANDEURS D'ASILE oder vor dem Hintergrund aktueller Ereignisse auf gerade geschehene Vorfälle Bezug genommen wird, ist eine Frage, die nur mit Hilfe von Welt- und Kontextwissen beantwortet werden kann und die in keinem systematischen Zusammenhang mit dem Gebrauch der Präpositionen *pour* oder *contre* steht. Als einziges Ergebnis läßt sich somit festhalten, daß sich allein aus der Verwendung der Präpositionen *pour* und *contre* in Subjektsyntagmen der Form *Art₁ N₁ Präp Art₂ N₂* keinerlei Hinweise auf generische oder spezifische Lesart ergeben.

3.2.3 Relativsätze

Relativsätze als Ergänzungen von Nomina können ähnlich wie manche Präpositionalphrasen einen räumlichen oder zeitlichen Bezug herstellen und so die Extension eines Nomens soweit einschränken, daß eine generische Interpretation der NP nicht mehr möglich ist. Es gibt jedoch verschiedene Kategorien von Relativsätzen, von denen nicht alle auf eine eventuelle Einschränkung des Referenzfeldes und damit auf eine eventuelle Behinderung der generischen Referenz untersucht werden müssen.

3.2.3.1 Explikative und determinative Relativsätze

Eine erste wichtige Kategorisierung, die bei der Untersuchung des Einflusses von Relativsätzen auf die Lesart einer NP vorgenommen werden muß, betrifft die Anbindung des Relativsatzes an das übergeordnete Nomen. Man unterscheidet i.a. zwischen *determinativen* und *explikativen* Relativsätzen – auch *restriktive* und *appositive* Relativsätze genannt (Soutet 1989: 97ff.; Eisenberg 1989: 228f.) – die sich jeweils ganz unterschiedlich auf die Interpretation des modifizierten Nomens auswirken.[10] Determinative Relativsätze wie

---

[10] Kleiber (1987) wendet sich gegen die 'klassische' Darstellung der Relativsätze als eine in die beiden Gruppen *restriktiv* und *appositiv* unterteilbare sprachliche Erscheinung. Er nimmt eine detaillierte Untersuchung von Relativkonstruktionen vor und kommt zu dem Schluß, daß eine Unterteilung in spezifizierende (*relatives spécifiantes*) und nicht-spezifizierende Relativsätze (*relatives non spécifiantes*) den unterschiedlichen semantisch-pragmatischen Auswirkungen auf das modifizierte Nomen besser gerecht werden. Dabei schließen spezifizierende Relativsätze eine generische Lesart immer aus, während nicht-spezifizierende von sich aus die generische Lesart weder fördern noch behindern. Wir übernehmen zwar diese Einteilung nicht und halten an der "présentation standard" (Kleiber 1987: 34) der Relativsätze fest, Kleibers Ideen finden sich aber dennoch indirekt bei uns darin wieder, daß die generische Interpretationsmöglichkeit die Grenzen zwischen explikativen und determinativen Relativsätzen überspringt und auch im determinativen Bereich 'nicht-spezifizierende' Relativsätze zu finden sind (s. Kap. 3.2.3.2).

(88) Les enfants qui travaillent mal ne seront pas récompensés. (Baylon/Fabre 1978: 229)

werden im allgemeinen ohne Kommata an das Nomen gefügt; die Ergänzung ist "...essentielle pour le sens parce qu'elle est indispensable **pour réduire l'extension** du terme *enfants* à ceux des enfants qui travaillent mal" (Baylon/Fabre 1978: 229, Fettschrift SvF). Determinative Relativsätze haben demnach die Aufgabe, über eine Restriktion des Referenzfeldes eine genauere Determination des modifizierten Nomens zu erreichen. Explikative Relativsätze dagegen haben keine determinierende, sondern erklärende Funktion und werden meist durch Kommata abgetrennt; die Extension des modifizierten Nomens wird nicht verändert:[11]

(89) Les enfants, qui travaillent mal, doivent être aidés par leurs parents.

Im Vergleich ist deutlich zu sehen, daß in (88) die Extension von *les enfants* auf *les enfants qui travaillent mal* eingeschränkt wird, während sie in (89) ganz erhalten bleibt und *les enfants* nur intensional durch die Information "ils travaillent mal" bereichert wird. Der gleiche Effekt ist auch in (90) und (91) zu beobachten:

(90) Les touristes qui se comportent comme des conquérants sont mal vus.
(91) Les touristes, qui se comportent comme des conquérants, sont mal vus.

In Satz (90) sind diejenigen Touristen gemeint, die sich wie Eroberer aufführen, in (91) wird auf Touristen – seien es bestimmte oder TOURISTEN allgemein – Bezug genommen, die sich im übrigen wie Eroberer aufführen. Abb. 3.1 auf S. 97 zeigt die unterschiedliche Anbindung des Relativsatzes an die Subjekt-NP für die Sätze (90) und (91).
Neben der Komma-Abtrennung der explikativen Relativsätze findet man vereinzelt auch Gedankenstriche; im gesprochenen Französisch entspricht die Abtrennung einer kurzen Pause (vgl. z.B. Grévisse 1986: 1609f.).[12]
Der Vollständigkeit halber sei hier darauf hingewiesen, daß es neben den 'echten', durch ein Relativpronomen gekennzeichneten Relativsätzen weitere mo-

---

[11] Eisenberg (1989: 228ff.) kommt für das Deutsche zum gleichen Schluß: "Die Relativsätze in [z.B. *Diejenigen Bäume, die morsch sind, werden gefällt*] werden *restriktiv* genannt, weil die NGr [= Nominalgruppe] mit Relativsatz extensional eingeschränkt ist gegenüber der ohne Relativsatz. [...] Die Relativsätze in [z.B. *Seine Eltern, die wohlhabende Leute sind, ließen ihn verkommen*] werden *appositiv* genannt, weil der Relativsatz nichts an der Extension der NGr, in der er enthalten ist, ändert."

[12] Im Deutschen sind aufgrund der grammatischen Kommasetzung explikative und determinative Relativsätze formal nicht unterscheidbar, weil hier alle Relativsätze durch Kommata abgetrennt werden.

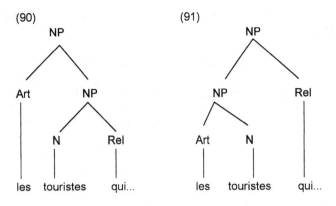

Abb. 3.1: Nominalphrase mit determinativem und mit explikativem Relativsatz

difizierende Konstruktionen gibt, die trotz des Fehlens eines Relativpronomens die gleiche Funktion wie Relativsätze haben und ebenso wie sie nach determinativen und explikativen Konstruktionen unterschieden werden müssen. Den explikativen Relativsätzen entsprechen die *Appositionen*, die gleichermaßen durch Kommata aus dem Kernsatz herausgehoben werden. In den folgenden Beispielen sind die jeweils entsprechenden Relativsätze in Klammern mit aufgeführt:

(92) La mode a ses habitudes. *Le blouson, **bel exemple de continuité**, fait des allers et retours dans ce milieu depuis les années 1930.* (MC 523: 168)
(*Le blouson, qui est un bel exemple de continuité, fait...*)

(93) *Les plantes médicinales, **inépuisables de vertus et de bienfaits**, sont à l'origine des travaux de recherche et d'innovation des Laboratoires Klorane.* (Anzeige, MC 523: 249)
(*Les plantes médicinales, qui sont inépuisables de vertus et de bienfaits, sont...*)

Den determinativen Relativsätzen entsprechen die recht häufig anzutreffenden Partizip-Konstruktionen, die dann ebenfalls ohne Kommata stehen:

(94) *Les abats de boucherie **mis à la consommation sur le marché français** sont sains, contrôlés, garantis par les Services Vétérinaires Français.* (Anzeige, FA 613: 83).

(*Les abats de boucherie qui sont mis à la consommation sur le marché français* sont...)

(95) *Les premières planètes* **découvertes hors du système** *solaire* ne sont pas des répliques de notre bonne Terre, [...]. (EDJ 614: 48)
(*Les premières planètes qui ont été découvertes hors du système solaire ne sont pas*...)

Ohne diese Relativkonstruktionen ganz aus den Augen zu verlieren, beschränken wir unsere Untersuchung im weiteren Verlauf auf die tatsächlichen Relativsätze. Wir gehen dabei davon aus, daß eine gesonderte Behandlung der Appositionen und Partizip-Konstruktionen im Rahmen unserer Übersetzungsstrategie nicht notwendig ist, da die sich in bezug auf die Relativsätze ergebenden Gesetzmäßigkeiten auch auf die anderen Relativkonstruktionen ausgedehnt werden können.

Für die generische Interpretation ist die Unterscheidung von determinativen und explikativen Relativsätzen von großer Bedeutung: Explikative Relativsätze, die aufgrund der Komma-Abtrennung gerade auch für ein Computerprogramm leicht zu erkennen sind, haben keinerlei Einfluß auf die Lesart der modifizierten NP und brauchen daher nicht weiter untersucht werden. Dies bedeutet selbstverständlich nicht, daß NPs mit explikativem Relativsatz notwendigerweise generisch sind, sondern nur, daß sie wie NPs ohne Modifikator behandelt werden können:

(96) *L'intellectuel libéral, de gauche, anticommuniste,* **qui connut son heure de gloire à la fin des années 70**, *avait retrouvé tout son lustre à la fin des années 80, apprécié qu'il était par la droite, par le PS, ...* (EDJ 618: 60) (+g)

(97) *Les chercheurs*[13], **qui sont par ailleurs bien démunis pour documenter l'histoire du Sahara**, *trouvent dans les gravures rupestres une source importante d'informations.* (angepaßt aus EDJ 618: 49) (+g)

---

[13] *Les chercheurs* ist in dem gegebenen Text eindeutig generisch zu verstehen, weil in dem gesamten Artikel nur an dieser Stelle von Forschern die Rede ist, ein anaphorischer Bezug also nicht in Frage kommt. In diesem Zusammenhang wird im übrigen deutlich, daß die genaue Art oder Gattung, auf die mit einer generischen NP referiert wird, nicht immer geradeheraus anhand von expliziten Hinweisen zu bestimmen ist. *Les chercheurs* in diesem Beispiel bezeichnet nicht ganz allgemein die Gattung der Forscher (CHERCHEUR), wie es z.B. in einem isolierten Satz wie *Les chercheurs sont des gens très instruits* der Fall wäre, sondern nur die etwa mit CHERCHEUR QUI S'OCCUPE DE L'HISTOIRE DU SAHARA zu umschreibende Untergattung.

(98) La Direction antiterroriste de la DGSE travaille sérieusement sur l'hypothèse qu'un tir de missile ait été à l'origine de l'explosion en vol du Boeing de la TWA le 17 juillet dernier, [...]. *Les spécialistes français – qui se plaignent de la rareté des informations fournies par les Américains sur le déroulement de l'enquête –* font observer que [...]. (EDJ 618: 8) (-g)

Bei determinativen Relativsätzen muß in jedem einzelnen Fall geprüft werden, ob die nunmehr eingeschränkte Extension des Basisnomens eine generische Interpretation überhaupt noch zuläßt:

(99) Les hommes *qui vivent pour leur vigne* ont toujours quelque chose d'attachant. (EDJ 618: 80) (+g)

(100) Avec l'âge, les fibres d'élastine et de collagène *qui assurent le soutien de la peau* s'altèrent et le visage montre des signes de relâchement. (FA 613: 40) (+g)

(101) L'enfant *qui se dispose à adopter un parent* doit bien garder à l'esprit qu'il va prendre en charge un être anxieux et insécurisé par son inaptitude à être parent [...]. (Manuel: 75) (+g)

(102) Les connexions neuronales *qui gouvernent le langage ou l'orientation* ne seraient pas réparties de la même manière entre les deux hémisphères cérébraux chez les hommes et chez les femmes. (EDJ 614: 54) (+g)

(103) Les scientifiques *qui s'y sont essayés* s'y sont cassé le nez. (EDJ 614: 54) (-g)

(104) Les recherches *que les sociologues ont poursuivies depuis les années 70* nous permettent d'y voir un peu plus clair aujourd'hui sur la manière dont les familles et les enseignants façonnent les enfants en fonction d'un modèle sexué que nous avons tous dans la tête. (EDJ 614: 54) (-g)

In den Sätzen (99)-(102) werden die NPs *les hommes, l'enfant* etc. zwar extensional eingeschränkt, jedoch treten aus dieser Einschränkung nur Unterarten hervor, die weiterhin generische Lesart zulassen. *Les scientifiques* und *les recherches* aus (103) und (104) sind dagegen in ihrer Extension soweit beengt, daß sie nur als definite Kennzeichnungen gelesen und spezifisch interpretiert werden können. Es sei hier noch einmal darauf hingewiesen, daß die Fähigkeit zur Bildung von Unterarten wie in (99)-(102) allein den determinativen Relativsätzen vorbehalten ist; explikative Relativsätze berühren die ursprüngliche Extension nicht. Wenn daher Eggs (1994: 136) annimmt, die Subjekt-NP des Satzes *Les chats, qui ont le poil doux, sont amusants* mit explikativem Relativsatz und seiner deutschen Übersetzung *Katzen, die ein weiches Fell haben, sind amüsant* bezeichne die Unterart CHAT A POIL DOUX bzw. KATZE MIT WEICHEM FELL, so können wir dieser Einschätzung nicht folgen und meinen, daß hier weiterhin auf die Art CHAT bzw. KATZE referiert wird. Wahrscheinlich ist die Annahme einer Unterart von der Übersetzung beeinflußt, deren Relativsatz wegen des Fehlens eines im Deutschen für explikative Relativsätze typischen Abtönungspartikels tatsächlich eher determinativ erscheint: "Häufig wird der nichtrestriktive [= explikative] Relativsatz durch eine Pause vom Kern getrennt und durch eine Partikel oder ein Adverb abgetönt (**Die Kirche, die wir ja/übrigens/zufälligerweise... gestern noch besucht haben, ist abgebrannt)**" (Eisenberg 1989: 229). Eine Übersetzung wie z.B. *Katzen, die ja ein weiches Fell haben, sind amüsant* würde den rein explikativen Charakter des Relativsatzes *qui ont le poil doux* eindeutiger wiedergeben und damit deutlich machen, daß mit den NPs *Les chats* und *Katzen* auf die Gattung CHAT/KATZE referiert wird.

Die bisherigen Ergebnisse zur Untersuchung der explikativen und determinativen Relativsätze können nunmehr in der unten aufgeführten Regel IIa zusammengefaßt werden:

Regel IIa
Nominalphrasen der Form *Art N Rel* können bei der automatischen Analyse zur Festlegung der Lesart wie Nominalphrasen der Form *Art N* ohne modifizierendes Element behandelt werden, wenn *Rel* explikativ ist.

Weiter oben wurde darauf hingewiesen, daß explikative Relativsätze leicht für ein Computerprogramm zu erkennen sind, weil ihr appositiver Charakter im Französischen an der Satzoberfläche durch Kommata gekennzeichnet sei. Wenn dies auch meistens der Fall ist, so gibt es doch hin und wieder Ausnahmen. Während Baylon/Fabre (1978: 229) meinen: "La subordonnée adjective dont le sens est **accessoire** est dite *explicative*: elle se met toujours entre virgules [...]", schreibt Grévisse (1989: 1609) vorsichtiger: "La relative non déterminative est souvent séparée de l'antécédent par une pause dans l'oral et une virgule dans l'écrit." Auch Kleiber (1987: 19) weist ganz zu recht darauf hin, daß das formale Kriterium der Kommaabtrennung leider keinen unbedingt zuverlässigen Anhaltspunkt für die Entscheidung über restriktiven oder explikativen Relativsatz liefert: "Il est vrai [...] que l'usage de la virgule tend à disparaître: le fonctionnement de ce critère n'a jamais été impeccable."

Bei näherer Betrachtung eines Satzes wie (100) *Avec l'âge, les fibres d'élastine et de collagène qui assurent le soutien de la peau s'altèrent et le visage montre des signes de relâchement* zeigt sich die eingeschränkte Zuverlässigkeit des 'Komma-Kriteriums': Obgleich wir *qui assurent le soutien de la peau* zunächst den determinativen Relativsätzen zugerechnet haben, lassen sich auch Argumente für eine gegenteilige Einschätzung finden. Einerseits kann der Satz so verstanden werden, daß die Extension von *les fibres d'élastine et de collagène* hier absichtlich auf *les fibres... qui assurent le soutien de la peau* eingeschränkt wird, weil man von der Existenz weiterer Collagenfasern, die andere Funktionen als den straffen Halt der Haut haben, ausgeht. Meint man allerdings zu wissen, daß die COLLAGENFASERN im menschlichen Körper allgemein für den straffen Halt der Haut zuständig sind, dann präsentiert sich *qui assurent le soutien de la peau* auch ohne Kommata als explikativer Relativsatz, der das schon vorhandene (Welt-) Wissen noch einmal in Erinnerung ruft. Wenn die Autorin oder der Autor des Satzes nun davon ausgeht, daß dieses Weltwissen bei den Lesern vorhanden und die Extension der Subjekt-NP *a priori* festgelegt ist, dann empfindet er die Kommasetzung, also die explizite Markierung des Relativsatzes als explikativ, evtl. als überflüssig oder gar dem Leser gegenüber als unnötig belehrend. Noch deutlicher explikativ als (100) ist der Relativsatz in dem folgenden Beispiel aus dem *Manuel à l'usage des enfants qui ont des parents difficiles*:

(105) L'enfant qui se rend généralement compte que le parent agit avec une parfaite innocence finit par entreprendre de le réconforter plutôt que de s'occuper de ses propres affaires, pourtant en péril. (Manuel: 87)

Weil im dem vorausgehenden Kontext wiederholt mit *l'enfant* auf die Gattung L'ENFANT Bezug genommen wird, ist die Extension der Subjekt-NP von vornherein derart klar umrissen, daß eine Einschränkung auf eine eventuelle Gattung L'ENFANT QUI SE REND GENERALEMENT COMPTE... gar nicht in Frage kommt und sich die Autorin eine etwas nachlässige Zeichensetzung erlauben kann. Zusätzlich weist auch noch das Adverb *généralement* auf eine habituelle, nicht-determinative Funktion des Relativsatzes hin; er ist hier somit eindeutig explikativ zu verstehen. Das Fehlen der Kommata zu Beginn und am Ende eines Relativsatzes läßt also keinesfalls automatisch auf einen determinativen Relativsatz schließen.

Für Behandlung von Relativsätzen in einer automatischen Analyse bedeuten diese Ergebnisse nun, daß im Falle einer Kommasetzung automatisch Regel IIa angewendet werden kann, da der Relativsatz in jedem Falle explikativ sein wird. Dadurch, daß nicht alle explikativen Relativsätze durch Kommata markiert werden, geht für manche diese einfache Erkennungsmöglichkeit verloren und es muß auf jeden Fall auf eine eventuelle Behinderung der generischen Lesart (z.B. durch Einschränkung der Extension des Subjekts) untersucht werden, da sowohl ein explikativer als auch ein determinativer Relativsatz vorliegen kann.

3.2.3.2 Determinative Relativsätze

Nachdem sich gezeigt hat, daß explikative Relativsätze und appositive Konstruktionen die Lesart einer Subjekt-NP weder in Richtung des Generischen noch des Spezifischen lenken, bleibt das entscheidende Problem des Einflusses determinativer Relativsätze und Partizipkonstruktionen. Auch die determinativen Relativsätze divergieren wieder in einem wichtigen, die generische Lesart betreffenden Punkt. Sie sind danach zu unterscheiden, ob sie in bezug auf die modifizierte NP als internes (Sätze (106)-(108)) oder externes Prädikat (Sätze (109)-(111)) erscheinen:

(106) Les chiens qui ont une patte tordue courent sur trois pattes. (+g)
(107) Les voitures qui sont munies d'un airbag coûtent cher. (+g)
(108) Les hommes qui ronflent bruyamment ont des problèmes respiratoires. (+g)

(109) Les chiens qui vivent en Angleterre sont vaccinés contre la rage. (+g)
(110) Les voitures qui ont été fabriquées dans les années 60 sont très solides. (+g)
(111) Les hommes qui jouent de la guitare dans la rue en face sont des SDF. (-g)

Unter internen Prädikaten verstehen wir mit Kleiber (1987: 37) Aussagen ohne zeitlichen oder räumlichen Bezug: "Ils n'impliquent aucune localisation externe, aucun point de référence spatio-temporel, ou, si l'on préfère, leur sens ne requiert pas le recours au *hic et nunc* de l'énonciation." Sie erweitern den semantischen Gehalt eines Begriffes und fügen ihm ähnlich wie ein Adjektiv ein weiteres semantisches Merkmal, das in der Grundbedeutung bzw. der prototypischen Bedeutung des Begriffes nicht vorkommt, hinzu. Ein solches Merkmal kann, ganz wie Adjektive, eine Eigenschaft *(les enfants qui ne peuvent pas voir loin/les enfants myopes)* oder eine Relation ausdrücken *(les guides qui sont conçu pour le tourisme/les guides touristiques).* Im Gegensatz zu den nur in beschränkter Anzahl vorliegenden Adjektiven allerdings können Relativsätze mit internem Prädikat einem modifizierten Nomen beliebige semantische Merkmale zuweisen und müssen daher nicht immer in einem Adjektiv ihre lexikalisierte Entsprechung finden. Es sei noch darauf hingewiesen, daß der Begriff *internes Prädikat* nicht mit *inhärente Eigenschaft* gleichzusetzen ist: *Intern* bedeutet hier nur, daß mit dem Prädikat der 'innere' semantische Gehalt des regierenden Nomens, seine Intension, verändert wird. So liegt in

(112) Les chiens qui ont des tiques se grattent souvent. (+g)

ein Satz mit internem Prädikat vor, obwohl *avoir des tiques* ganz sicher keine inhärente, sondern eine akzidentelle Eigenschaft von *chien* ist. Relativsätze mit externem Prädikat wie in (109)-(111) modifizieren anders als die internen Prädikate nicht die Intension, sondern direkt die Extension des regierenden Nomens und können daher auch die generische Lesart des Subjekts behindern. Dabei wird über eine räumliche oder zeitliche Verankerung eine Determination von 'außen' vorgenommen, mit der die Extension eines Nomens bis auf einige wenige Exemplare eingeschränkt werden kann (vgl. auch Kleiber 1987: 38f.). So haben externe Prädikate wie *vivre en Angleterre, être fabriqué dans les années 60* und *jouer de la guitare dans la rue en face* aus (109)-(111) keinerlei Einfluß auf die Bedeutung der jeweils übergeordneten NP *les chiens, les voitures* und *les hommes*, sondern begrenzen die Menge der Individuen, auf die mit der NP verwiesen werden kann. Ob diese Begrenzung wie in (109) noch weit genug gefaßt ist, um weiterhin generische Lesart zuzulassen, oder ob sie wie in (111) zu einer definiten Kennzeichnung mit notwendig spezifischer Lesart führt, muß von Fall zu Fall einzeln entschieden werden. Nur wenn in einem Relativsatz mit externem Prädikat ein Personenname erscheint, ist in jedem Fall ohne weitere Prüfung von spezifischer Lesart des Subjekts auszugehen:

(113) Les chats que Pierre a vus ont le poil doux. (-g)
(114) Les voitures qui appartiennent à Marie ont des moteurs puissants. (-g)

Wenn nun Relativsätze mit internem Prädikat eine mit den Adjektiven vergleichbare sprachliche Funktion haben, lassen sie wie diese grundsätzlich die Möglichkeit zur generischen Interpretation offen – Kleiber (1987: 35ff.) spricht in eben diesem Zusammenhang auch von "nicht-spezifizierenden Prädikaten" (*prédicats non spécifiants*). Da anders als bei externer Determination die extensionale Einschränkung nicht von außen bestimmt wird, bleibt die NP in ihrer Extension in jedem Fall unscharf und kann als Unterart verstanden werden. So findet bei *les chiens qui vivent en Angleterre* oder *les chiens qui sont passés ce matin* deutlich eine äußere extensionale Beschränkung statt, während die mögliche Referenz von *les chiens qui ont une patte tordue* oder *les chiens qui ont deux dents cassées* trotz des determinativen Relativsatzes nicht fest umrissen ist und ebensogut die Gattung CHIEN-QUI-A-UNE-PATTE-TORDUE beinhalten kann. Bei externer Determination dagegen ist die mögliche Extension so stark begrenzt, daß wie in (111) nur noch eine Lesart als definite Kennzeichnung in Frage kommt.

Es scheint damit an dieser Stelle so, als könnten neben den explikativen Relativsätzen auch die determinativen Relativsätze mit internem Prädikat von der Untersuchung auf einen möglichen Einfluß auf die generische Interpretation von Subjekt-NPs ausgenommen werden. Auch Eggs (1994: 138), der von intrinsischen und extrinsischen statt von internen und externen Prädikaten spricht, schreibt als Kommentar zu seinen Beispielsätzen *Les chats qui ont le poil noir sont amusants, les chats qui ont une queue d'une longueur d'au moins 28 centimètres sont amusants, les chats qui courent lentement sont amusants*: "Ces prédicats intrinsèques sont – par opposition aux prédicats extrinsèques comme *vivre en Alsace* ou *avoir vu hier* – apparemment applicables à des espèces ou à des genres dans tous les temps et tous les lieux." Indes ergeben sich hier weitere Komplikationen, denn wenn Eggs auch gleich im Anschluß schreibt "Pour cette raison on pourrait aussi remplacer *Les chats* par *Le/Un chat* sans aucune difficulté", so meinen wir doch, daß auf jeden Fall die generische Verwendung des bestimmten Artikels Singular nicht ohne Schwierigkeiten möglich ist. Zwar ist für einen isolierten Satz wie *Le chat qui a le poil noir est amusant* unter Umständen generische Lesart vorstellbar, jeder Leser wird jedoch automatisch zuerst den Kontext nach einem *Exemplar* "chat avec le poil noir" durchsuchen. In einem auf generische Lesart angelegten Text wird man daher immer nur *les chiens/les chats* oder *un chien/un chat* finden. Dies erklärt sich u.E. daraus, daß die ohnehin eingeschränkte Fähigkeit zur generischen Interpretation von *Le N* einer zusätzlichen Determination nicht immer standhält, ein Phänomen, das auch schon bezüglich der Modifikatoren Adjektiv und Präpositionalphrase zutage getreten ist. In Zusammenhang mit dem bestimmten Artikel Singular stellt die determinative Relativphrase mit internem Prädikat keine Möglichkeit zur Bildung einer Unterart mehr dar, sondern präsentiert sich wie eine Hilfe zur Selektion eines spezifischen Objekts in einem bestimmten Kontext:

(115) Le chien qui a une patte tordue court sur trois pattes. (Celui-là...) (-g)
(116) La voiture qui est munie d'un airbag coûte cher. (Celle-là...) (-g)
(117) L'homme qui ronfle bruyamment a des problèmes respiratoires. (Celui-là...) (-g)

Un N Rel$_{intern}$ dagegen läßt wie *Les N Rel$_{intern}$* generische Interpretation in jedem Fall weiterhin zu und kann wie eine NP ohne modifizierenden Relativsatz behandelt werden:

(118) Un chien qui a une patte tordue court sur trois pattes. (+g)
(119) Une voiture qui est munie d'un airbag coûte cher. (+g)
(120) Un homme qui ronfle bruyamment a des problèmes respiratoires. (+g)

Bei der Untersuchung der determinativen Relativsätze ist also unbedingt zwischen Relativsätzen mit internem und mit externem Prädikat zu unterscheiden. Dabei scheinen interne Prädikate die Lesart der gesamten NP nicht zu beeinflussen, Relativsätze mit externem Prädikat dagegen müssen weiter analysiert werden. Diese Gesetzmäßigkeit aber wird von einer Ausnahme durchbrochen: *Le N Rel$_{intern}$* ist nicht nur nicht neutral gegenüber einer eventuell generischen Lesart, sondern verhindert sie sogar. Diese Ausnahme bezieht sich aber nur auf Relativsätze mit internem Prädikat, *Le N Rel$_{extern}$* kann wie auch *Les N Rel$_{extern}$* und *Un N Rel$_{extern}$* bei genügend weit gefaßter Extension generisch interpretiert werden:

(121) L'éléphant qui vit en Asie est relativement petit. (+g)

Die neu erworbenen Kenntnisse sind auf Seite 107 in der erweiterten Regel II zusammengefaßt, die nun die oben aufgestellte Regel IIa ersetzt.

Obwohl durch den Ausschluß der explikativen und einem Teil der determinativen Relativsätze die Analyse zur Entscheidung über generische oder spezifische Lesart zum Teil um einen Arbeitsschritt erleichtert wird, bleibt das immer noch weite Feld der determinativen Relativsätze mit externem Prädikat. Für jedes Vorkommen ist zu klären, wie weit die Extension der modifizierten NP eingeschränkt wird und ob eine generische Interpretation weiterhin möglich ist.

Regel II
Nominalphrasen der Form *Art N Rel* in Subjektposition können bei der Analyse zur Festlegung der Lesart wie Nominalphrasen der Form *Art N* ohne modifizierendes Element behandelt werden, wenn
(i)   Rel explikativ ist
(ii) Rel determinativ ist, ein das Basisnomen *N* betreffendes internes Prädikat enthält und die Bedingung *Art = Les, Un* erfüllt ist.
Determinative Relativsätze mit externem Prädikat lassen generische Lesart weiterhin zu, wenn sie die Extension der Nominalphrase nicht zu sehr einschränken.
Nominalphrasen der Form *Le N Rel$_{intern}$* sind nur spezifisch interpretierbar.

Dabei stellt sich natürlich die Frage, bis zu welcher Grenze die Extension zeitlich oder räumlich reduziert werden kann und ob diese Grenze für alle Arten von modifizierten Nomina gleich ist. Es ist zu vermuten, daß ein solch fester Bezugspunkt mit für generische Interpretation genügend großer Extension auf der einen und zu eng gefaßter auf der anderen Seite eine nicht zu erreichende Idealisierung bleiben wird. Der Umfang des Referenzfeldes einer NP kann durch Relativsätze unendlich fein nuanciert werden, so daß in einem mehr oder minder großen Bereich um diesen idealen Bezugspunkt eine Entscheidung für oder wider generische Lesart nicht allein aufgrund des Extensionskriteriums getroffen werden kann, sondern wahrscheinlich weitere Kriterien aus dem näheren und weiteren Kontext herangezogen werden müssen (vgl. Abb. 3.2 auf S. 106).

Vermutlich ist nur der Einfluß solcher Relativsätze eindeutig zu bestimmen, die die Extension der NP in die Nähe des spezifischen oder generischen Endpunktes der in Abb. 3.2 dargestellten Skala verlegen. Der spezifische Endpunkt entspricht dabei einer auf ein bestimmtes Exemplar oder eine bestimmte Gruppe von Exemplaren reduzierten Extension, der generische Endpunkt der ursprünglichen Extension der modifizierten NP (vgl. (122) und (123), S. 106).

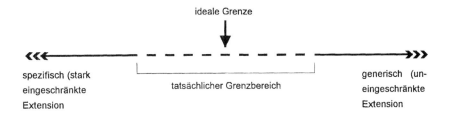

Abb. 3.2 Grenze zwischen generischer und spezifischer Lesart

(122) Les chats que nous avons vus hier appartiennent au voisin d'en face. (-g)
(123) Les chats qui chassent la nuit ont une vue exceptionnelle. (+g)

Im Grenzbereich zwischen generischer und spezifischer Lesart liegen dagegen Subjektsyntagmen wie *Les vaches qui vivent en Angleterre*, deren determinativer Relativsatz mit externem Prädikat die Extension zwar schon deutlich einschränkt und wie in

(124) Les vaches qui vivent en Angleterre doivent être abattues à cause de la maladie de la vache folle. (-g)

eher auf spezifische Interpretation hinweist, die aber auch eine generische Lesart keineswegs völlig ausschließen:

(125) Les vaches qui vivent en Angleterre sont bien nourries. (+g)

Der Grund für die unterschiedliche Lesart des Subjekts in (124) und (125) ist nun nicht mehr im ja unveränderten Relativsatz, sondern eher im Prädikat des gesamten Satzes zu suchen. Auf welche Weise und in welchem Maße die Satzprädikate auf die Generizität des Subjektes Einfluß nehmen können ist Thema des nun folgenden Abschnitts.

3.3 Aussagen über das Subjekt: Prädikate generischer Sätze

Bei der Untersuchung referierender Nominalsyntagmen in Hinblick auf ihre mögliche Generizität stellt sich früher oder später die Frage, welche Art Prädikation auf die betrachteten Syntagmen angewendet wird. Ganz allgemein muß geklärt werden, ob beliebige Aussagen jederzeit auf Individuen und Arten oder Gattungen gleichermaßen anwendbar sind, oder ob etwa bestimmte Aussagen nur in Verbindung mit Arten und Gattungen oder nur mit Individuen (bzw. Gruppen von Individuen) einen Sinn ergeben. An dieses Ziel eng gekoppelt ist die Notwendigkeit, die Prädikate in Klassen bzw. Typen zu unterteilen, die für die Entscheidung für oder wider generische Interpretation einer Subjekt-NP von Bedeutung sind. Entgegen der in der traditionellen Grammatik üblichen Verwendungsweise verwenden wir hier den Begriff *Prädikat* im Sinne von "Prädikation", von "Aussage über das Subjekt". Das *Prädikat* umfaßt in dieser Verwendungsweise neben dem Verb (der Verbkonstruktion) auch seine gesamten Ergänzungen und freien Angaben, das Subjekt natürlich ausgenommen.

Obwohl sich in der Literatur zur Generizität ein Bewußtsein dafür zeigt, daß die Prädikate im komplexen Zusammenspiel der über die Lesart einer Subjekt-NP entscheidenden Faktoren einen zentralen Platz einnehmen, ist ihr Einfluß bisher meist nur am Rande oder recht oberflächlich behandelt worden (z.B. in Chur (1993), Kleiber (1988, 1989a, 1989b), Galmiche (1985), Carlson (1982), Harweg (1969)). Eine erste Ausnahme stellt Eggs (1994) mit seiner Diskussion der möglichen Interferenzen zwischen verschiedenen Prädikatstypen und potentiell generischen Artikeln dar. Im folgenden soll nun versucht werden, die Beziehung zwischen der Interpretation des Subjekts und dem Prädikat zu systematisieren, um so in einem Übersetzungsprozeß anhand der Prädikatstypen entscheiden zu können, ob ihre Kombination mit den möglicherweise generischen Nominalsyntagmen *Les N, Le N* und *Un N* deren Lesart zum Generischen oder Spezifischen lenkt.

3.3.1 Definitorische Prädikate

Wie schon in weiter oben (Kap. 2.2.1.3) kurz angesprochen, werden im Prädikat einer vollständigen Definition die dem Definiendum (D) direkt übergeordnete Gattung (G) sowie eine oder mehrere seiner spezifischen Eigenschaften (SE) genannt. Da Definitionen gerade den Zweck haben, über typische Merkmale und äußere Einschränkungen Bedeutungsinhalt und Extension eines Begriffes festzulegen oder zu vermitteln, sind die meist in Subjektposition stehenden Definienda immer generisch: Die im Prädikat vorgenommene Kombination einer Gattung mit bestimmten Merkmalen führt unwillkürlich zur Bildung einer weiteren generischen Größe; die Subjekt-NPs definitorischer Sätze bezeichnen somit die Art, deren Exemplare anhand der Definition identifizierbar sein sollen. In den unten aufgeführten Beispielsätzen zeigt sich nun, daß alle drei Formen des potentiell generischen Artikels für die Subjekt-NPs definitorischer Sätze geeignet sind:

(126) Les pumas [D] sont des prédateurs [G] qui chassent seuls [SE_1] et qui vivent dans des régions montagneuses [SE_2]. (++g)

(127) La chaise [D] est un siège [G] qui a un dossier [SE$_1$] et pas de bras [SE$_2$]. (++g)
(128) Une clé à molette [D] est un outil [G] à mâchoires mobiles [SE$_1$] qui sert à serrer ou démonter des pièces métalliques [SE$_2$]. (++g)

Als Determinans von Kontinuativa ist wie beschrieben nur der bestimmte Artikel Singular zulässig; auch hier führt ein definitorisches Prädikat notwendigerweise zu generischer Interpretation des Subjekts:

(129) Le beurre [D] est une substance alimentaire [G] grasse [SE$_1$] et onctueuse [SE$_2$] que l'on obtient en battant la crème du lait [SE$_3$]. (++g)

Da Definitionen immer Arten oder Gattungen und niemals einzelne Individuen oder Klassen von Individuen betreffen, wirkt eine räumliche oder zeitliche Verankerung eines Definiendums, die seine generische Lesart ausschließt, in einem sonst definitorischen Satz semantisch abweichend:

(126') ??Les pumas que nous avons vus hier sont des prédateurs qui chassent seuls et qui vivent dans des régions montagneuses.
(127') ??La chaise que je vais réparer dans mon atelier est un siège qui a un dossier et pas de bras.
(128') * Une clé à molette qu'il a achetée la semaine dernière est un outil à mâchoires mobiles qui sert à serrer ou démonter des pièces métalliques.

Definitorische Sätze wie (126)-(129) bilden gewissermaßen den Ursprung der Generizität: In ihnen wird die Fähigkeit, mit Hilfe der Sprache nicht nur auf einzelne Gegenstände, sondern auch auf 'Typen' oder Gestalten von Gegenständen oder Vorstellungen Bezug zu nehmen, offenbar. Definitionen sind *per se* generisch, denn durch sie wird die Menge der sprachlich zu erfassenden Gegenstände überhaupt erst in Kategorien, d.h. in Gattungen und Arten, unterteilt. Die Interpretationsmöglichkeiten der potentiell generischen Formen *Les N, Le N* und *Un N* als Subjekte definitorischer Sätze können somit in der folgenden, einfachen Regel zusammengefaßt werden:

Regel III
Die Formen *Les N, Le N* und *Un N* als Subjekt-NPs definitorischer Prädikate sind ausnahmslos generisch zu interpretieren.

3.3.2 Sprachinterne Wahrheiten und analytische Aussagen

Aufgrund ihrer universellen, in der Sprache selbst begründeten Gültigkeit werden neben den definitorischen Sätzen auch die analytischen Sätze gemeinhin als natürlicher Hort der Generizität angesehen. Wir verzichten hier auf eine eigene Definition des viel diskutierten Begriffs des 'analytischen Satzes' oder der 'analytischen Aussage'[14] und stellen stattdessen zunächst einmal mit Martin (1985: 40) fest: "Certaines phrases sont vraies en vertu de leur sens: leur vérité vient sans plus de la conformité aux règles du langage; elles n'ont pas à être confrontées avec le réel [...]. Indépendantes de toute vérification empirique, de telles phrases ne sauraient être fausses. On les appelle les "phrases analytiques"." Dieser Definition entsprechen die folgenden Beispielsätze, in denen das mit dem Subjekt Bezeichnete (z.B. *les chats* in (130)) einer übergeordneten Gattung (*animaux* in (130)) zugeordnet wird:

(130) Les chats sont des animaux.
(131) La chaise est un siège.
(132) Le fer est un métal.
(133) Les soldats sont des êtres humains.
(134) Les hommes préhistoriques étaient des êtres humains.

Diese Sätze zeigen deutlich, daß sich ihre Wahrheit unmittelbar aus dem sprachlichen Wissen selbst ergibt und nicht etwa in der außersprachlichen Welt überprüft werden muß. Anders verhält es sich bei dem Satz

(135) Les hommes ont une station verticale.

der zwar ebenfalls wahr ist, dessen Wahrheit aber nicht auf innersprachlichen Gesetzmäßigkeiten beruht, sondern sich erst aus Erfahrungen der außersprachlichen Welt ergibt.

Die strukturelle Semantik versucht seit langem, die in (130)-(134) zu beobachtende "conformité aux règles du langage" systematisch zu beschreiben. Geht man mit ihr von einer Zerlegbarkeit von Wortbedeutungen in distinktive semantische Merkmale, die Seme, aus, so läßt sich zunächst einmal ganz allgemein feststellen, daß alle Seme eines übergeordneten Begriffs oder Hyperonyms immer vollständig in der Bedeutung der ihm untergeordneten Begriffe (seiner Hyponyme) enthalten sind, wobei die hierarchische Entfernung zwischen Hyperonym

---

[14] Quine (1972b) bspw. ist ein erklärter Gegner der Unterscheidung von synthetischen und analytischen Wahrheiten, vermengt aber in seiner Argumentation u. E. zu sehr allgemeinsprachlich verwendete Begriffe und logische Operationen. Zu einer Kritik an Quine vgl. Grice/Strawson (1956).

und Hyponym keine Rolle spielt. Dies entspricht der etwas einfacher formulierten Feststellung, daß die Bedeutung der Gattung in der Bedeutung ihrer verschiedenen Arten enthalten ist. So enthält das Lexem *chat* zusätzlich zu seinen artspezifischen Semen alle Bedeutungsmerkmale des Lexems *félidé*, aber auch aller weiteren ihm übergeordneten Begriffe wie *animal, être vivant* etc.:

animal	**félidé**	**chat**
[+animé]	[+animé]	[+animé]
[-humain]	[-humain]	[-humain]
	[+félin]	[+félin]
		[+domestique]
		[...]

Da nun in (130)-(134) die Beziehung zwischen Subjekt und der im Prädikat enthaltenen Bezeichnung eben einer solchen hyponymischen Relation, d.h. einer innersprachlichen Gesetzmäßigkeit, entspricht, ergibt sich die Wahrheit dieser Sätze unabhängig von den Tatsachen aus ihrem Sinn: Es sind analytische Aussagen.[15]

Der Vollständigkeit halber sei jedoch darauf hingewiesen, daß die strukturelle Semantik hyponymische Relationen im Wortschatz nicht immer einheitlich behandelt, sondern teilweise in rein lexematische oder Wortfeldstrukturen und klassematische Strukturen unterteilt. Nach Coseriu (1978: 53) bestehen Wortfeldstrukturen "aus lexikalischen Einheiten, die in direkter Opposition zueinander stehen und unter sich eine gemeinsame Bedeutungszone aufteilen, die Wortfeld genannt wird." Ein solches Wortfeld wird von einem *Archilexem* bezeichnet: "Eine Einheit, die dem ganzen Inhalt eines Wortfeldes entspricht, ist ein Archilexem" (Coseriu 1967: 294). So ist in unserem Beispiel (134) das im Prädikat enthaltene *être humain* ein Archilexem[16] für ein Wortfeld, zu dem sowohl der im Subjekt genannte *homme préhistorique* als auch z.B. der neuzeitliche Mensch gehört. Dagegen ist eine Klasse "die Gesamtheit der Lexeme, die unabhängig von der Wortfeldstruktur durch einen gemeinsamen inhaltsunterscheidenden Zug zusammenhängen" (Coseriu 1967: 294); ein solcher inhaltsunterscheidender Zug wird *Klassem* genannt. In (133) beispielsweise muß *être humain* als Klassem verstanden werden, da "Wörter wie *Bauer, Soldat, Kaiser* usw. zwar zur Klasse

---

[15] Analytische Aussagen müssen zwar nicht zwangsläufig Art-Gattungsaussagen wie (130)-(134) sein, aber sie beinhalten doch immer eine Beziehung der Zugehörigkeit von etwas Speziellerem zu etwas Allgemeinerem, vgl. z. B. *Junggesellen sind nicht verheiratet* (Junggesellen – Unverheiratete), *Geschwister sind miteinander verwandt* (Geschwister – Verwandte).

[16] *Etre humain* ist zwar kein Lexem im eigentlichen Sinne, kann aber als Bezeichnung für ein Wortfeld dienen: "[...] die Sprache [hat] nicht notwendigerweise für jedes Archilexem eine besonderes Wort (Coseriu 1967: 294)".

'menschliche Wesen' gehören, kaum aber als Unterteilungen des Inhalts 'Mensch' betrachtet werden können" (Coseriu 1967: 295). Sowohl die Zugehörigkeit zu einer Klasse als auch die Zugehörigkeit zu einem Wortfeld sind jedoch innersprachliche Gesetzmäßigkeiten, so daß eine Unterscheidung zwischen klassematischen Relationen und Beziehungen innerhalb von Wortfeldern kaum einen Einfluß auf die Analyzität einer Aussage haben wird. Zudem sind Archilexeme und Klasseme in der Rede selten eindeutig zu trennen: *Animaux* in (130) *Les chats sont des animaux* kann beispielsweise einerseits als Archilexem des Wortfeldes *chat – chien – cheval – ...* verstanden werden; *chat* bezeichnet dann einen inhaltlichen Teil des Wortfeldes *animal*. Andererseits aber kann *animaux* auch auf das Klassem *animal* hinweisen, das in Opposition zum Klassem *être humain* steht; über *chat* würde dann ausgesagt, daß es zur Klasse der Tiere und nicht zur Klasse der menschlichen Wesen gehört. Welche Lesart man in (130) nun auch annehmen mag, der Satz bleibt aufgrund der innersprachlichen Regeln, die in ihm zum Ausdruck kommen, in jedem Fall analytisch.

Obgleich die Ergebnisse der strukturellen Semantik, insbesondere die Zerlegung der Wortbedeutung in distinktive semantische Merkmale, eine gewisse Erklärungskraft für analytische Aussagen liefern, sollte ihre Anwendbarkeit nicht überschätzt werden. So rechnet Martin (1985: 40) neben einem wohl eindeutigen Beispiel wie *Le triangle est une figure géométrique* auch den Satz

(136)   La chaise a un dossier et pas de bras.

zu den analytischen Aussagen. Diese Einschätzung läßt sich zunächst damit begründen, daß in (136) oder vergleichbaren Sätzen wie

(137)   L'oiseau a un bec et des ailes.
(138)   Les chiens ont quatre pattes et un museau allongé.

vor dem Hintergrund der semischen Analyse scheinbar ebenfalls sprachinterne Gesetzmäßigkeiten zum Ausdruck kommen: *Avoir un dossier* und *ne pas avoir de bras*, d.h. [+dossier] und [-bras], sind bedeutungskonstitutive, distinktive Merkmale des Lexems *chaise*, die es in dem Wortfeld *siège* von anderen Sitzgelegenheiten wie *fauteuil* oder *tabouret* unterscheiden. Wie in (130)-(134) die im Prädikat ausgedrückte Gattungszugehörigkeit des Subjekts schon im Subjekt selbst mitgegeben ist, so ließe sich Martins Einschätzung rechtfertigen, so ist auch in (136)-(138) die im Prädikat beschriebene Bedeutung des Subjekts schon im Subjekt selbst enthalten.

Wenn auch die Wahrheitsbedingungen der Sätze (130)-(134) und (136)-(138) allesamt im sprachlichen System selbst zu suchen sind, so fällt doch auf, daß (136)-(138) im Vergleich zu (130)-(134) weniger gute Beispiele für Analyzität zu sein scheinen: Ihre Wahrheit wirkt nicht in gleichem Maße absolut bzw. unwiderlegbar wie die der Sätze (130)-(134). Für jede der in (136)-(138) getroffenen Aussagen können unter Umständen Gegenbeispiele gefunden werden, die jedoch nicht unbedingt die Allgemeingültigkeit dieser Aussagen in Frage stellen *("Bien que normalement, les chaises n'aient pas de bras, celle-ci en a")*. Fände man hingegen für (130)-(134) Gegenbeispiele, dann hätte dies die weitaus ernstere Folge, daß nicht nur die Aussage, sondern gar bestimmte Gesetzmäßigkeiten des sprachlichen Systems selbst in Frage gestellt würden *(??Cette chaise n'est pas un siège)*. Offenbar beruhen die in (136)-(138) enthaltenen Prädikate doch nicht ausschließlich auf sprachinternen Gesetzmäßigkeiten, sondern stützen sich zumindest teilweise auf Weltwissen. Martin selbst (1985: 43ff.) räumt ganz zu recht ein, daß analytische Sätze 'natürlicher' Sprachen, zu denen er ja auch Sätze wie (136)-(138) zählt, ihre universelle Wahrheit nicht immer allein aus dem sprachlichen System schöpfen: "Les langues naturelles n'ont pas le caractère *a priori* des langages construits. Si les phrases analytiques n'ont pas à être confrontées aux données du monde, il n'en demeure pas moins qu'elles sont vérifiées dans les faits: [...] le chimpanzé est effectivement un singe." Weiter schreibt er (1985: 44): "[...] le langage naturel est toujours en étroite connexion avec le réel. L'analycité y est donc a posteriori [...]: c'est une analycité seconde par rapport à l'expérience du monde et non pas fixée par quelque convention explicite et préalable."

Der unterschiedliche 'analytische Status' von (130)-(134) und (136)-(138) ist nun aber nicht allein damit zu erklären, daß in einem Satz wie (136) *Les chaises ont un dossier et pas de bras* die engere Verbindung zur Realität deutlicher hervortritt und der Abstand zu den internen Gesetzmäßigkeiten der Sprache größer ist als einem Satz wie (130) *Les chats sont des animaux*. Zwischen des Satztypen (130)-(134) und (136)-(138) besteht zudem auch ein systematischer Unterschied: Während (130)-(134) etwas über die interne Struktur der Sprache aussagen, führen die Prädikate der Sätze (136)-(138) *besonders kennzeichnende, spezifische* Eigenschaften an, die gewissermaßen das für eine Definition des jeweiligen Subjekt notwendige *Proprium* darstellen (vgl. Eggs 1989: 120ff.). Es sind dies im übrigen in (136)-(138) auch die Eigenschaften, die – evtl. in Kombination mit weiteren Merkmalen – zur Beschreibung der Prototypen von *chaise, oiseau* und *chien* angeführt werden können. Diese Eigenschaften aber werden prinzipiell erst "par rapport à l'expérience du monde" als prototypisch empfunden und stellen keine sprachinterne Gesetzmäßigkeit dar, während die in (130)-(134) wiedergegebenen hyponymischen Relationen prinzipiell sprachintern sind, auch wenn sie gegebenenfalls in der Wirklichkeit überprüft werden können.

Da, wie sich weiter unten zeigen wird, dieser systematische Unterschied zwischen den Subjekt-Prädikat Beziehungen für die Lesart der Subjekt-NPs von einiger Bedeutung ist, ziehen wir eine klare Trennlinie zwischen *analytischen Prädikaten* wie in (130)-(134) und den *prototypischen Prädikaten* in (136)-(138). Die Bezeichnungen *analytische* bzw. *prototypische Prädikate* beziehen sich selbstverständlich immer auf eine Prädikation, die auf ein bestimmtes Subjekt angewendet wird und erst dadurch ihren analytischen oder prototypischen Status erhält; ein Prädikat wie *être des animaux* erhält ja nicht in Bezug auf ein beliebiges Subjekt, sondern erst in einer analytischen Aussage seinen analytischen Charakter. Wir gebrauchen also den Begriff *analytisches Prädikat* im Sinne von "Prädikat, das in einem analytischen Satz verwendet wird." Trotz der Bezeichnung *analytisch* sollte jedoch immer im Auge behalten werden, daß auch in Sätzen wie (130) *Les chats sont des animaux* die Analyzität streng genommen nur eine relative ist und nicht unbedingt mit der der analytischen Prädikate künstlich konstruierter Sprachen gleichzusetzen ist. Die Bezeichnung *prototypisches Prädikat* soll hier nicht bedeuten, daß ein solches Prädikat einer vollständigen Beschreibung des Prototyps entspricht, sondern nur, daß es wesentliche, zur Beschreibung des Prototyps verwendbare Eigenschaften enthält.

Betrachtet man nun analytische Aussagen, so scheint – wie eingangs angedeutet – die Generizität in diesen Sätzen tatsächlich etwas 'Natürliches' zu sein; zumindest für *Les N* und *Le N* drängt sich die generische Lesart geradezu auf:

(130) Les chats sont des animaux. (++g)
(131) La chaise est un siège. (++g)

Bedeutet diese 'natürliche' Generizität in analytischen Sätzen aber, daß ihre Subjekt-NPs tatsächlich immer generisch interpretiert werden? Mit einiger Anstrengung ist es möglich, für analytische Sätze einen Kontext zu konstruieren, in dem auch eine spezifische Lesart der Subjekt-NP ihre Berechtigung haben könnte. Ein solcher Kontext wäre z.B. ein sich auf einem Stuhl hin- und herschwingender Schüler, zu dem der Lehrer bemerkt

(139) La chaise est un siège, non pas une balançoire.

Hier besteht immerhin die theoretische Möglichkeit, als Referenten für *la chaise* den spezifischen Stuhl, auf dem der Schüler sitzt, anzunehmen. Aufgrund der sprachlichen Form des ersten Satzteils jedoch, aufgrund der Tatsache, daß diese Form im allgemeinen für die Darstellung generischer Zusammenhänge benutzt wird, drängt sich für jeden Hörer sofort die generische Lesart der Subjekt-NP *la chaise* auf. Satz (139) wird nahezu automatisch als generische Prämisse, als Ausgangspunkt eines argumentativen Verfahrens verstanden; die dazugehörige Argumentation erscheint so selbstverständlich, daß sie implizit bleiben kann: *Puisqu'il en est ainsi, tu ne devrais pas te balancer, mais juste t'asseoir sur la chaise.* Die generische Kraft des analytischen Satzes ist im übrigen so stark, daß Sätze mit Subjekten, deren spezifische Lesart erzwungen wird, ungrammatisch oder semantisch abweichend wirken:

(140) ??Les chats que nous avons vus ce matin sont des animaux. (-g)

(141) ?? Les chaises sur lesquelles vous êtes assis sont des sièges.(-g)
(142) ?? Ce fer est un métal. (-g)
(143) ?? Ton chat est un animal. (-g)

Selbst in sorgfältig konstruierten Kontexten, in denen für die in Frage kommende NP im Vorfeld ein spezifischer Referent identifiziert wurde und somit alles auf die spezifische Lesart hinzuweisen scheint, genügt ein analytisches Prädikat, um vom Spezifischen in den Bereich des Generischen zu wechseln:

(144) J'ai ici un circuit électrique avec une petite ampoule qui nous signalera la présence d'un courant électrique. Le circuit n'est pas fermé. J'ai en outre un morceau de bois dans la main gauche et un morceau de fer dans la main droite. Quand j'utilise le bois pour fermer le circuit électrique, rien ne se produit. Quand j'utilise le fer, l'ampoule brille. C'est parce que *le fer est un métal.* (++g)

Obwohl sich *le fer* im vorletzten Satz des Beispiels (144) noch auf einen spezifischen Gegenstand bezieht, auf das zuvor genannte *morceau de fer dans la main droite*, ist die identische Subjekt-NP *le fer* des letzten Satzes aufgrund des analytischen Prädikats in eine generische Aussage eingebunden und kann daher nur generisch interpretiert werden. Wir schließen daraus, daß in einem Satz mit analytischem Prädikat eine zunächst ambige Subjekt-NP der Form *Les N* oder *Le N* prinzipiell generisch gelesen wird; eine spezifische Lesart ist in grammatischen Sätzen nicht anzutreffen.

Etwas anderen Bedingungen unterliegen Subjekt-NPs der Form *Un N*, die aus den in 2.2.1.3 genannten Gründen in analytischen Sätzen zu semantisch fragwürdigen Ergebnissen führen und daher im Grunde nicht direkt mit *Les N* und *Le N* verglichen werden können. Nimmt man aber diese Eigentümlichkeit[17] zu Demonstrationszwecken erst einmal in Kauf, so wird deutlich, daß auch für Sätze wie

(145) ? Un chat est un animal. (++g)
(146) ? Une baleine est un mammifère. (++g)
(147) ? Un Macintosh est un ordinateur. (++g)

kaum eine spezifische Lesart vorstellbar ist. Mit Hilfe einer in Kap. 3.4 noch genauer zu untersuchenden syntaktischen Konstruktion, der pronominalen Wiederaufnahme durch *ça* oder *c'(est)* einer nach links verschobenen Subjekt-NP, lassen sich zudem auch Subjekte der Form *Un N* in wohlgeformte, analytische Sätze in-

---

[17] Es gibt auch Hinweise darauf, daß ein Satz wie z.B. (146) *Une balaine est un mammifère* als vollkommen grammatisch angesehen wird (vgl. Danon-Boileau 1989: 61f.).

tegrieren. So beurteilen französische Muttersprachler zwar die Beispiele (145)-(147) als eigentümlich, empfinden (148)-(150) hingegen als vollkommen normal:

(148) Un chat, c'est un animal. (++g)
(149) Une baleine, c'est un mammifère. (++g)
(150) Un Macintosh, c'est un ordinateur. (++g)

Auch in den analytischen Sätzen (148)-(150), deren Grammatikalität durch die pronominale Wiederaufnahme gesichert ist, sind die Subjekt-NPs notwendig generisch zu interpretieren. Wie in den bisherigen Beispielen kann die spezifische Lesart nicht ohne Verzicht auf die Grammatikalität erzwungen werden:

(148') * Un chat de la voisine, c'est un animal.
(149') * Une baleine que nous avons vue ce matin, c'est un mammifère.
(150') * Un Macintosh dans notre bureau, c'est un ordinateur.

Wir fassen nun die Beobachtungen zu analytischen Prädikaten in der Regel IV zusammen:

Regel IV
Analytische Prädikate erzwingen eine generische Interpretation von Subjekt-NPs der Form *Les N* und *Le N*. Die Form *Un N* führt zunächst zu semantisch abweichenden Sätzen und ist nur in einer Konstruktion mit pronominaler Wiederaufnahme durch *ça* oder *c'(est)* mit analytischen Prädikaten kombinierbar; auch sie wird dann notwendig generisch gelesen.

3.3.3 Von der Analyzität zur Typizität: Prototypische und typische Prädikate

Anders als in den von uns untersuchten analytischen und definitorischen Aussagen wird in Sätzen mit prototypischen Prädikaten wie

(151) Les chaises ont un dossier et pas de bras. (+g)
(136) La chaise a un dossier et pas de bras. (+g)
(152) Une chaise a un dossier et pas de bras. (+g)

eine übergeordnete Gattung weder genannt noch auf sie indirekt Bezug genommen. Auch ergibt sich, wie in 3.3.2 festgestellt wurde, ihre Wahrheit trotz der Aufzählung bedeutungskonstitutiver Merkmale im Prädikat nicht aus sprachinternen Gesetzmäßigkeiten: Die Bedeutung von Begriffen ist ihnen nicht auf die gleiche Weise mitgegeben wie ihre Zugehörigkeit zu einer bestimmten Gattung oder

Art. So zeigt sich auch in (153) und (154) wieder, daß die Gattungszugehörigkeit eines Begriffs eindeutiger und selbstverständlicher erscheint als sein Bedeutungsinhalt:

(153) ? Cette chaise est un siège.
(154) Cette chaise a un dossier et pas de bras.

Während Satz (153), der eine Gattungszugehörigkeit wiedergibt, geradezu tautologisch anmutet, wirkt (154) eher normal und scheint in entsprechenden Situationen durchaus neue Informationen vermitteln zu können. Welches aber könnten diese neuen Informationen sein, wenn das Prädikat nur die Bedeutung des Subjekts vermittelt und man weiter annimmt, daß zwischen zwei Sprechern einer Sprachgemeinschaft weitgehende Einigkeit über die Bedeutung der benutzen Wörter herrscht? In den Ergebnissen der semantischen Forschung zur Beschreibung von Bedeutungsinhalten spiegelt sich wider, daß gerade diese Annahme nicht immer aufrechterhalten werden kann und daß der intensionale Gehalt sprachlicher Zeichen alles andere als eine Selbstverständlichkeit ist. Zwar sind die im Prädikat des Satzes (151) genannten semantischen Merkmale [+dossier] und [-bras] durchaus sinnvolle Bedeutungsangaben zum Begriff *chaise*, zumindest das Merkmal [-bras] aber hat keine absolute Gültigkeit, weil auch Stühle mit Armlehnen noch als *chaise* bezeichnet werden können. Um die Schwierigkeiten zu überwinden, die mit einer starren Bedeutungsbeschreibung mit Hilfe von Semen oder semantischen Merkmalen verbunden sind, beruft sich die Prototypensemantik auf sog. 'prototypische' Bedeutungen (vgl. Kap.3.1), in denen semantische Merkmale unterschiedlich gewichtet werden und zudem nur auf einen Prototypen, nicht aber unbedingt auf alle Exemplare einer beschriebenen Art oder Gattung zutreffen müssen. Das Prädikat eines Satzes wie (151) enthält also eher prototypische Merkmale von *chaise*, die aber nicht notwendigerweise an allen individuellen Stühlen verifizierbar sein müssen. Da die Merkmale [+dossier] und [-bras] nur einen prototypischen, besonders 'guten', nicht aber jeden möglichen Stuhl beschreiben, erreicht (151) auch nur eine geringeres Maß an sprachinterner Wahrheit als z.B. (130) *Les chats sont des animaux* und muß daher nicht mit absoluter Notwendigkeit generisch interpretiert werden:

(155) Ils sont comment, les meubles de cuisine que tu as achetés? – Eh bien, la table a des rallonges et **les chaises ont un dossier et pas de bras**. (-g)

Der Begriff *Prototyp* allein weist schon auf den engen Zusammenhang zwischen der Bedeutungsbeschreibung in der Prototypensemantik und der Typizität hin. Prototypische Prädikate sollen hier nun als eine Ansammlung inherenter, typischer Merkmale des in der Subjekt-NP genannten Begriffs gelten, deren Grad der durch sie vermittelten Typizität besonders hoch ist. Sätze mit prototypischem

Prädikat wie (136), (151) und (152) können auch als verkürzte, rhetorische Definitionen verstanden werden, in denen auf die explizite Nennung der Gattung verzichtet wird und nur die spezifischen Eigenschaften aufgeführt sind. Prototypische Prädikate werden aufgrund dieses 'definitorischen' Aspektes trotz möglicher Gegenbeispiele wie (155) fast immer in generischen Kontexten verwendet. Sie gehen jedoch fließend in typische Prädikate über; ihr besonderes Merkmal besteht darin, sich am oberen Ende der 'Typizitätsskala' zu befinden.

Betrachten wir nunmehr den Einfluß einer 'besseren' oder 'schlechteren' Typizität auf die Lesart von Subjekt-NPs und die Einsatzmöglichkeiten der potentiell generischen Artikel *Les*, *Le* und *Un*. Anhand der unten aufgeführten Sätze läßt sich deutlich erkennen, wie mit der geringer werdenden Typizität der Prädikate auch die Wahrscheinlichkeit einer generischen Lesart der Subjekte abnimmt:

(156) Les chats ont le poil doux et les oreilles pointues. (++g) [prototypisch]
(157) Les chats mangent des souris. (+g) [typisch]
(158) Les chats chassent la nuit. (+g) [typisch]
(159) *Les chats sont carnivores.* (+g) [typisch]
(160) Les chats mangent de la viande. (+g) [typisch]
(161) *Les chats miaulent.* (+g) [typisch]
(162) Les chats ont le poil doux. (+g) [typisch]
(163) Les chats sont très attachés à leurs maîtres. (+/-g) [bedingt typisch]
(164) Les chats jouent avec des pelotes de laine. (-/+g) [bedingt typisch]
(165) Les chats sont sur le toit. (-g) [nicht typisch]

Noch deutlicher wird diese Tendenz, wenn man die für das Generische besonders offene Form *Les N* durch das etwas rigorosere *Le N* ersetzt, das ja für generische Interpretation weniger empfänglich ist. In der folgenden Beispielreihe ist dann die generische Lesart schon früher zweifelhaft oder gar ausgeschlossen:

(166) Le chat a le poil doux et les oreilles pointues. (++g) [prototypisch]
(167) Le chat mange des souris. (+g) [typisch]
(168) Le chat chasse la nuit. (+g) [typisch]
(169) *Le chat est carnivore.* (+g) [typisch]
(170) Le chat mange de la viande. (+g) [typisch]
(171) *Le chat miaule.* (+/-g) [typisch]
(172) Le chat a le poil doux. (+/-g) [typisch]
(173) Le chat est très attaché à son maître. (+/-g) [bedingt typisch]
(174) Le chat joue avec des pelotes de laine. (-g) [bedingt typisch]
(175) Le chat est sur le toit. (-g) [nicht typisch]

Obgleich nun zwischen den von uns 'prototypisch' genannten Prädikaten und den 'einfachen' Typisierungen im Grunde nur ein gradueller Unterschied besteht, behalten wir die verschiedenen Bezeichnungen aufrecht. Immerhin bezeichnen prototypische Prädikate inhärente Eigenschaften, die von fast allen Sprechern einer Sprachgemeinschaft als besonders kennzeichnend angesehen werden oder über die zumindest im allgemeinen Einigkeit besteht; sie beschreiben den 'engeren Prototyp' einer Gattung und führen damit überwiegend zu generischer Lesart der beschriebenen Subjekt-NP. M.a.W.: Daß Katzen ein weiches Fell und spitz zulaufende Ohren haben ist so selbstverständlich, daß ein Satz wie (156) *Les chats ont le poil doux et les oreilles pointues* bei spezifischer Referenz von *les chats* sinnlos erscheint und nur als definitorische Aussage mit generischem *les chats* Sinn macht. Prototypische Sätze eignen sich somit in jedem Fall besser zur generischen Interpretation als Sätze mit 'nur' typischem Prädikat. Die folgenden Beispiele sollen dies noch einmal verdeutlichen:

(176) Les voitures ont quatre roues et sont faites en tôle. (++g) [prototypisch]
(177) Les voitures ont une roue de secours. (+g) [typisch]

(178) Les cochons sont roses et ont le nez plat. (++g) [prototypisch]
(179) Les cochons sentent mauvais. (+g) [typisch]

Damit die Unterscheidung zwischen prototypischen und typischen Prädikaten für einen Übersetzungsalgorithmus überhaupt von Nutzen ist, muß die Bezeichung für erstere auf die Wiedergabe möglichst unanfechtbarer semantischer Merkmale beschränkt bleiben. So enthält *Les chaises ont un dossier* ein besonders prototypisches Prädikat, weil *avoir un dossier* eine für einen Gegenstand zwingend notwendige Eigenschaft ist, damit er als *chaise* bezeichnet werden kann. *Les chaises n'ont pas de bras* dagegen ist eine einfache Typisierung, weil *ne pas avoir de bras* keine notwendige Eigenschaft ist und nicht mehr zum engeren Prototyp von *chaise* gehört.

Selbstverständlich ist unsere Bewertung der möglichen Lesart dieser Sätze höchst subjektiv und kann in den meisten Fällen sicherlich durch sorgfältig ausgesuchte Gegenbeispiele angefochten werden. Unser Anspruch beschränkt sich daher auch allein darauf, auf intuitiver Basis eine Gesetzmäßigkeit zu illustrieren, die sich in etwa wie folgt formulieren läßt:

Kriterium der Typizität
Je besser die im Prädikat eine Satzes ausgedrückten Eigenschaften dem semantischen Prototyp des Subjektes entsprechen, desto wahrscheinlicher ist eine generische Lesart der Subjekt-NP.

Der Grad der Typizität eines Prädikats läßt sich jedoch nur sehr approximativ festlegen und ist in hohem Maße kontextabhängig. Aller Voraussicht nach wird sich das Kriterium der Typizität daher zumindest für computerlinguistische

Zwecke nur schwer nutzbar machen lassen – zu viele sprachliche, kontextabhängige und im Weltwissen der Sprecher begründete Faktoren machen es für die automatische Sprachverarbeitung schwer greifbar. Ein Beispiel für die zu erwartenden Schwierigkeiten ist z.B. der oben kursiv gesetzte Satz (161) *Les chats miaulent*: Er enthält kein ausdrücklich auf eine habituelle Lesart hinweisendes Element und scheint sich daher weniger gut für eine generische Lesart zu eignen als (158) *Les chats chassent la nuit*, der mit *la nuit* ein solches Element enthält. Satz (161) kann sich somit ebenso wie etwa *Les hommes courent* in einem entsprechenden Kontext auf ein spezifisches, einmaliges Ereignis beziehen (*Je ne peux pas dormir, les chats miaulent*). Dennoch ist *miauler* etwas nur den Katzen Eigenes, also etwas besonders Typisches, während *courir* nichts Typisches über Menschen aussagt. Auch ist *miauler* eine für Katzen typischere, kennzeichnendere Eigenschaft als *chasser la nuit*, weil zwar viele Tierarten nachts jagen, aber nur Katzen miauen. In bestimmten Kontexten ist daher (161) gerade wegen der hohen Typizität des Prädikats unbedingt generisch zu interpretieren:

(180)   Quel bruit font les animaux domestiques? – Les chiens aboient, les chevaux hennissent, les chats miaulent et les ânes braient. (++g)

Trotz der besseren Typizität von *miauler* gegenüber *chasser la nuit* aber erscheint u.E. (158) *Les chats chassent la nuit* außerhalb jeden Kontextes aufgrund der Ergänzung *la nuit* offener für generische Lesart als (161). Das Kriterium der Typizität wird hier also von einem syntaktisch-semantischen Parameter, dem Vorhandensein des die habituelle Lesart fördernden Syntagmas *la nuit*, neutralisiert.

Eine weitere Schwierigkeit wird bei einem Vergleich des oben ebenfalls kursiv gesetzten Satzes (159) *Les chats sont carnivores* mit (160) *Les chats mangent de la viande* deutlich. Das Prädikat *être carnivore* ist von einem sprachinternen Blickwinkel aus nur ein semantisches Äquivalent, eine Paraphrase zu *manger de la viande*, die Prädikate beider Sätze sind daher in gleichem Maße typisch für Katzen. *Etre carnivore* aber ist ein fachsprachlicher Ausdruck und wird ausschließlich für allgemeingültige Charakterisierungen verwendet, *manger de la viande* hingegen kann ebenso eine alltagssprachliche Charakterisierung wie ein auf ein spezifisches Ereignis bezogenes Prädikat sein:

(181)   Regarde, le chat mange de la viande. (-g)
(182)   *Regarde, le chat est carnivore.

Wenn also der Grad der Typizität eines Prädikats zwar eine allgemeine Tendenz liefert, so ist er jedoch allein kein hinreichendes Kriterium zur Entscheidung für oder wider generische Interpretation.

Zudem stellt sich die grundsätzliche Frage, ob tatsächlich die Typizität des Prädikats bezogen auf das Subjekt eine generische Interpretation auslöst, oder ob die Generizität nicht durch andere Prozesse erreicht wird, in denen die Typizität des Prädikats nur eine sekundäre Rolle spielt. Bisher wurde auch von uns implizit ein Blickwinkel eingenommen, aus dem eine generische Interpretation einer Subjekt-NP nur dann möglich ist, wenn das Prädikat eine ausreichende Typizität erreicht. Diese Sichtweise läßt sich jedoch umkehren, wenn man annimmt, daß die Typizität des Prädikats nicht in jedem Fall von vornherein gegeben ist, sondern teilweise erst von der sprachlichen Form des Satzes bedingt wird. Anstatt, ausgehend von der Typizität des Prädikats, auf eine wahrscheinlich generische Lesart der Subjekt-NP zu schließen, ist es ebenso möglich, aus der generischen Lesart der Subjekt-NP eine Typizität des Prädikats abzuleiten. Kleiber (1988: 1f.) beispielsweise geht davon aus, daß ein generischer Satz wie

(183)   Les Alsaciens sont des buveurs de bière.

einen gewissen universellen Wert hat, der bestimmte standardisierte Verstehensprozesse und Inferenzen erlaubt: "En face d'un homme dont on sait uniquement qu'il est Alsacien, on est intuitivement tenté de conclure, en cas d'adhésion à l'assertion générique [(183)], que cet homme, parce qu'il s'agit d'un Alsacien, est un buveur de bière." Eine solche Inferenz ist immer dann möglich, wenn in einem gegebenen Fall keine gegenteiligen Informationen vorliegen; Satz (183) erlaubt also aufgrund seiner syntaktischen Form eine Standard- oder *Default-Interpretation (raisonnement par défaut)* der Art

(183')   Si x est un Alsacien, et s'il n'y a pas d'information contraire, alors on peut inférer que x est un buveur de bière. (vgl. Kleiber 1988: 2f.)

Die hier vorgestellte Default-Interpretation[18] folgt dem argumentativen Schema des *Modus ponens*: Satz (183) legt die generische Prämisse (183') (Wenn p, dann q) fest, nach der im Einzelfall geschlossen werden kann (Paul ist Elsässer (p_1), also ist er Biertrinker (q_1)):

Si on est Alsacien, on est buveur de bière (Wenn p, dann q)
Paul est Alsacien (p_1)
$\Rightarrow$ Donc, Paul est un buveur de bière (q_1)

---

[18] Kleiber (1988) untersucht die Anwendbarkeit der Default-Interpretation auf generische Sätze im allgemeinen, unterscheidet dabei aber nicht systematisch zwischen verschiedenen Prädikatstypen. Nach unseren Ergebnissen ist die Default-Interpretation nur für Sätze mit typischem Prädikat bzw. mit Prädikaten, die im weitesten Sinne eine Typizität ausdrücken, relevant.

Diese Betrachtung eines Satzes wie (183) als Default-Interpretation läßt sich nun noch etwas ausweiten: Wenn (183) einen Standardschluß nach dem oben dargestellten Schema erlaubt, dann doch nur deshalb, weil die sprachliche Form des Satzes, d.h. *Les N Prädikat* oder *Le N Prädikat*, eine generische Prämisse, eine Aussage mit universellem Wert, suggeriert. Dies bedeutet wiederum, daß ein Sprecher, der einen Satz wie (183) äußert, willentlich die Form *Les/Le N Prädikat* wählt, weil er das Prädikat als etwas für das Subjekt Typisches darstellen möchte und daher auch eine generische Interpretation der Subjekt-NP *Les N* oder *Le N* voraussetzt. Als Beispiel für eine solche Vorgehensweise stelle man sich vor, daß ein Satz wie

(184)   Les pays africains exportent des bois précieux.

in einer Unterrichtssituation vor Schülern geäußert wird, denen über den Außenhandel afrikanischer Länder nichts bekannt ist und die daher *exporter des bois précieux* nicht typischerweise mit afrikanischen Ländern verbinden. Allein über die Form *Les N Prädikat* wird hier die Typizität des Prädikats *exporter des bois précieux* hergestellt, so daß die Schüler von nun an auf der Grundlage des Satzes (184) in Einzelfällen eine Default-Interpretation anwenden können: *Si le Congo est un pays africain, et s'il n'y a pas d'information contraire, je peux inférer que le Congo exporte des bois précieux.*

Allerdings kann dies nur dann gelingen, wenn keine gegenteilige Information vorliegt, wenn also die Aussage des Prädikats nicht von vornherein im Widerspruch zu schon bestehendem semantischem oder enzyklopädischem Wissen steht. So mag zwar ein Hörer oder Leser eine Typisierung wie (183) oder (184) auch dann akzeptieren, wenn er selbst zuvor nicht festgestellt hat, daß Elsässer üblicherweise Bier trinken oder afrikanische Länder wertvolle Harthölzer exportieren; einen Satz wie

(185)   Les Alsaciens parlent avec l'accent toulousain.

dagegen kann er aufgrund seines Weltwissens nicht als allgemeine Typisierung und daher auch nicht als generische Prämisse, die Default-Interpretationen ermöglicht, zulassen, sondern wird nach einer spezifischen Gruppe von Elsässern als Referent von *les Alsaciens* suchen.

Vom Standpunkt der Default-Interpretation betrachtet ist nun in einem Satz wie (162) *Les chats ont le poil doux* die Subjekt-NP nicht dadurch generisch, daß *avoir le poil doux* eine typische Eigenschaft von *les chats* ist, sondern dadurch, daß im Standardfall die Subjekt-NP *Les N* in der sprachlichen Form *Les N Prädikat* ganz einfach generisch gelesen und somit die mit dem Prädikat getroffene Aussage als etwas für das Subjekt Typisches dargestellt wird, wenn keine gegenteilige Information eine derartige Interpretation verhindert. In (165) *Les chats sont sur le toit* dagegen liegt nun wie in (185) eine solche gegenteilige Information vor: *Etre sur le toit* kann nicht als typisch für Katzen angesehen werden, weil eine solche Annahme unserer Erfahrung von der Welt widerspricht. Der Grad der Typizität eines Prädikats ist daher auch weiterhin, wenn auch gewissermaßen nur durch die Hintertür, für die Entscheidung über generische oder spezifische Lesart des Subjektes von Bedeutung: Die von generischen Sätzen ermöglichten Default-Interpretationen sind immer dann besonders selbstverständlich, wenn die Prädikate – bezogen auf das jeweilige Subjekt – eine schon innersprachlich begründete oder auf Weltwissen basierende Typizität *a priori* wiedergeben. Unser oben aufgestelltes Kriterium der Typizität läßt sich nunmehr wie folgt umformulieren:

Kriterium der Typizität
Je besser die im Prädikat eine Satzes ausgedrückten Eigenschaften dem semantischen Prototyp des Subjektes entsprechen, desto weniger wird die Default-Interpretation von Sätzen der Form *Les/Le N Prädikat* als Typisierungen mit notwendig generischem Subjekt behindert.

Aus der Darstellung generischer Sätze mit typischem Prädikat als generische Prämissen für Default-Interpretationen nach dem *Modus ponens* ergibt sich nebenbei eine interessante Schlußfolgerung: Aus diesem Blickwinkel ist die generische Interpretation einer Form wie *Les N* oder *Le N* nun kein Sonderfall mehr, der als 'Ausnahme' neben der 'normalen', spezifischen Interpretation besteht, sondern stellt die grundlegende Lesart dieser Formen dar. Die spezifische Interpretation wird auf den Rang der Ausnahmen verdrängt; sie tritt nur dann ein, wenn die Default-Interpretation, also der Standard-Verstehensprozeß, nicht mehr greift.

Wie verhält sich nun *Un N* als Subjekt-NP in Sätzen mit prototypischen und typischen Prädikaten? Anders als die Syntagmen *Les N* und *Le N* hält *Un N* in Beispielreihen wie den weiter oben aufgeführten die generische Lesart solange aufrecht, wie es nur irgend möglich ist, dann aber findet ein abrupter Übergang zum Nicht-Generischen statt:

(186) Un chat a le poil doux et les oreilles pointues. (++g) [prototypisch]
(187) Un chat mange des souris. (++g) [typisch]
(188) Un chat chasse la nuit. (++g) [typisch]
(189) *Un chat est carnivore.* (++g) [typisch]
(190) Un chat mange de la viande. (++g) [typisch]
(191) *Un chat miaule.* (++g) [typisch]
(192) Un chat a le poil doux. (++g) [typisch]
(193) Un chat est très attaché à son maître. (++g) [bedingt typisch]
(194) ? Un chat joue avec des pelotes de laine. (-g) [bedingt typisch]
(195) Un chat est sur le toit. (-g) [nicht typisch]

Diese Tendenz des unbestimmten Artikels Singular, die Lesart einer NP grundsätzlich zum Generischen zu lenken, wenn nicht ein eindeutig spezifischer Kontext vorliegt, wird hier nicht zum ersten Mal sichtbar. Offenbar stellt die sprachliche Form *Un N Prädikat* eine besonders deutliche Aufforderung dar, die Default-Interpretation, d.h. die generische Lesart der Subjekt-NP solange aufrechtzuerhalten, bis ein wirklich eindeutig gegenteiliger Hinweis vorliegt. Aus diesem Grunde ist die generische Lesart von *Un N* auch dann noch plausibel, wenn in der Kombination mit identischen Prädikaten *Les N* und *Le N* schon eher auf spezifische Interpretation hinweisen. Ebenfalls aus diesem Grunde wirken Sätze wie (194) unnatürlich, weil die Form *Un N Prädikat* zwar die Generizität der Subjekt-NP fördert, das Prädikat aber weder für eine generische Lesart ausreichend typisch ist, noch eindeutig auf eine spezifische Lesart hinweist. Ein solch eindeutiger Hinweis liegt erst in (195) vor. Auch Galmiche (1985: 36) stellt anhand von Beispielen wie *Un plombier est grand, Un homme est chauve* fest, "que les phrases considérées comme douteuses [...] retrouvent immédiatement un caractère parfaitement naturel dès qu'on les fait basculer sur le versant spécifique ou sur le versant générique." So weisen die von Galmiche übernommenen Sätze

(196)   ? Un fauteuil est bancal.
(197)   ? Un verre est ébréché.
(198)   ? Une fourchette est sale.

aufgrund ihrer sprachlichen Form auf generische, aufgrund ihrer Prädikate, "... qui s'opposent radicalement au stéréotype du fauteuil, du verre, et de la fourchette, respectivement" (Galmiche 1985: 36) aber auf spezifische Lesart der Subjekt-NPs hin. Der fragwürdige grammatische Status der Sätze (196)-(198) beruht somit auf einem Konflikt zwischen der sprachlichen Form *Un N Prädikat* und dem Inhalt des Prädikats. Unterstützt man nun entweder die spezifische Lesart durch eine bestimmte syntaktische Form oder einen Tempus des Verbs, oder die generische Lesart durch die Wahl eines als typisch interpretierbaren Prädikats, so gelangt man wieder zu vollkommen wohlgeformten Sätzen:

(199)   Il y a un fauteuil qui est bancal. (-g)
(200)   Il y a un verre qui est ébréché. (-g)
(201)   Une fourchette était sale. (-g)

(202)   Un fauteuil est confortable. (++g)
(203)   Un verre est fragile. (++g)
(204)   Une fourchette a quatre dents. (++g)

Während sich also für *Les N* und *Le N* der Übergang vom Generischen zum Spezifischen parallel zum Übergang von prototypischer über typische bis zur nicht-typischen Prädikation kontinuierlich vollzieht – wobei *Le N* dem Sog zum Spezifischen eher als *Les N* nachgibt – ist *Un N* in vollkommen grammatischen Sätzen solange generisch zu interpretieren, bis das Prädikat eindeutig keine typische oder typisierbare Eigenschaft mehr über die Subjekt-NP aussagt. Was also schon in bezug auf die Formen *Les N* und *Le N* vermutet wurde, nämlich daß die generische Referenz das Resultat einer Default-Interpretation und damit den Standardfall darstellen könnte, scheint sich nun für die Form *Un N* recht eindrucksvoll zu bestätigen: *Un N* wird *par défaut*, d.h. immer dann, wenn keine gegenteilige Information vorliegt, generisch gelesen.[19] Erst eindeutig nicht-typische Prädikate liefern eine zur Default-Interpretation gegenläufige "information contraire" und verhindern somit generische Lesart der Form *Un N*. Zusammenfassend lassen sich die Wechselwirkungen zwischen den verschiedenen Subjektsyntagmen und mehr oder weniger typischen Prädikaten wie folgt darstellen:

Regel V
Die Subjekt-NPs in Sätzen mit prototypischem Prädikat sind im allgemeinen generisch zu interpretieren. Bei Sätzen mit typischem Prädikat nimmt die Wahrscheinlichkeit einer generischen Interpretation für Subjekt-NPs der Formen *Les N* und *Le N* direkt proportional zum Grad der Typizität des Prädikats ab; dabei wirkt sich diese Gesetzmäßigkeit stärker auf Subjekt-NPs der Form *Le N* aus. Die Form *Un N* beinhaltet eine im Vergleich zu *Les N* und *Le N* besonders strenge Anweisung zur Default-Interpretation und wird unabhängig vom Grad der Typizität immer generisch gelesen; sie nimmt erst bei eindeutig nicht mehr typisierbaren Prädikaten eine spezifische Lesart an.

3.3.4 Existentielle Prädikate

Unter den hier behandelten und noch zu behandelnden Prädikatstypen belegen die schon in Kap. 2.3.1.1 erwähnten existentiellen Aussagen wohl am eindringlichsten die Existenz generischer Referenten. Prädikate wie *être rare, foisonner, ne plus exister, être introduit, abonder* etc. können ausschließlich auf Arten und Gattungen, nicht aber auf einzelne Vertreter oder Gruppen von Vertretern der Arten und Gattungen angewendet werden: "Actually, a number of predicates have been noted which apply meaningfully to terms denoting kinds, though not to objects of those kinds. [...] Such predicates as "widespread," "common," and "rare" are examples." (Carlson 1982: 152). Sie bringen damit endgültig die quantifikati-

---

[19] Hier sei auf eine gegenteilige, wenn auch dort nicht weiter begründete Einschätzung Danon-Boileaus (1989: 39f.) hingewiesen, der in der spezifischen Referenz den 'natürlichen' Gebrauch der Form *Un N* und in ihrer generischen Lesart einen schwierig zu behandelnden Sonderfall sieht.

onelle Interpretation generischer Sätze zu Fall, nach der die Generizität des Subjektes allein die Gültigkeit des Prädikats für alle Vertreter einer Gattung, nicht jedoch die Existenz der Gattung als kognitive Größe beinhaltet. Ein Satz mit existentiellem Prädikat wie

(205)   Les ours sont rares dans les Pyrénées. (++g)

zeigt, daß der quantifikationelle Ansatz nun eindeutig nicht mehr sinnvoll anwendbar ist:

(205')   *($\forall$x) [ours (x) → est rare dans les Pyrénées (x)].

Anders als ein Satz wie *Les ours aiment le miel,* der einen solchen Ansatz zumindest formell zulassen würde *(Quand un objet est un ours, cet objet aime le miel),* ist (205) nur dann wohlgeformt, wenn als Denotatum für das Subjekt *les ours* die Gattung OURS angenommen werden kann.

In der Literatur zur Generizität werden existentielle Prädikate oft auch als *Artprädikate (prédicats d'espèce,* vgl. z.B. Kleiber 1985, Eggs 1994), *Klassenprädikate* (Chur 1993; *prédicats de classe,* Galmiche 1985) oder *Kollektivprädikate (prédicats collectifs,* Kleiber 1985, 1989b) bezeichnet. Die Begriffe *Klassenprädikat* und *Kollektivprädikat* halten wir für mißverständlich, weil ersterer zu wenig an den Bezug auf natürliche, schon etablierte Arten erinnert und letzterer keine eigenständige, ganzheitliche Größe wie eine Art oder Gattung, sondern eine aus Einzelelementen zusammengesetzte Gruppe suggeriert. Obgleich zwar der Begriff *Artprädikat* recht treffend gewählt ist – die so bezeichneten Aussagen können allein auf Arten oder Gattungen angewendet werden –, ziehen wir den Ausdruck *existentielles Prädikat* vor, weil sie die Existenz, d.h. Leben, Vorkommen und Tod von Arten und Gattungen unter bestimmten raumzeitlichen Parametern betreffen. Die in Kap. 2.3.1.1 getroffene Unterscheidung zwischen direkt und indirekt existentiellem Prädikat ist erst für die Wahl eines geeigneten deutschen Übersetzungsäquivalents von Bedeutung (direkt existentielle Prädikate schließen im Deutschen *bare plural N* in generischer Lesart aus); da in der Ausgangssprache Französisch keine unterschiedlichen Formen bei generischen Pluralsyntagmen möglich sind, muß sie an dieser Stelle nicht weiter berücksichtigt werden.

Wie die folgenden Beispiele zeigen, lassen existentielle Prädikate uneingeschränkt den bestimmten Artikel Plural zu und führen unweigerlich zu generischer Interpretation der Subjekt-NP:

(206)   Les cigognes abondent en Alsace. (++g)
(207)   Les tapisseries à grandes fleurs étaient très répandues dans les années 70. (++g)

(208) Les téléviseurs ont été introduits en Europe dans les années 50. (++g)
(209) Les algues foisonnent dans la Méditerranée. (++g)
(210) Les pandas sont en voie de disparition. (++g)
(211) Les Incas n'existent plus. (++g)
(212) Les castors sont nombreux dans cette région. (++g)

Auch Subjekt-NPs mit einem Kontinuativum als Basisnomen werden immer generisch gelesen:

(213) Le poivre a été introduit en Europe par les explorateurs. (++g)
(214) Le sable abonde sur la côte atlantique. (++g)
(215) La sauce à la menthe pour la viande n'existe pas en France. (++g)

Obwohl die existentiellen Prädikate – wenn auch unter verschiedenen Bezeichnungen – wegen ihrer eindeutigen Auswirkung auf die Lesart der Subjekt-NP in den meisten Untersuchungen zur Generizität zu finden sind, besteht kein Konsens über ihre genaue Abgrenzung zu anderen Prädikatstypen. Ein Beispiel für eine von unserer Darstellung abweichenden Auffassung liefert Kleiber (1989b), der die Zugehörigkeit von *être nombreux* zu den existentiellen Prädikaten bezweifelt. *Etre nombreux*, so behauptet er, könne im Gegensatz zu *être rare*, *abonder* etc. auch über spezifische Nominalsyntagmen ausgesagt werden, wie das Beispiel

(216) La famille est si nombreuse.

zeige (vgl. Kleiber 1989b: 101f.). Wir meinen, daß Kleiber sich hier zu sehr von der ausschließlichen Betrachtung der sprachlichen Oberfläche leiten läßt und die Polysemie des Prädikats *être nombreux* übersieht: In (216) bezeichnet die unleugbar spezifische Subjekt-NP mit dem kollektiven Basisnomen *famille* eine feste Gruppe, was dazu führt, daß *est si nombreuse* wie "est constituée de beaucoup de membres" gelesen werden muß. Nicht der in der Subjekt-NP genannte Gegenstand *famille* ist zahlreich, sondern die sie konstituierenden Mitglieder sind es. In (212) *Les castors sont nombreux dans cette région* dagegen sind die *castors* selbst zahlreich; dieser Satz ist wie "Dans cette région, l'espèce CASTOR est représentée par beaucoup de ses membres" zu verstehen. Bei der Betrachtung weiterer Beispiele zeigt sich, daß das Prädikat *être nombreux* in dieser existentiellen Lesart tatsächlich ausnahmslos zu generischer Interpretation der Subjekt-NP führt, mag der im Prädikat hergestellte örtliche Bezug auch noch so eng gefaßt sein:

(217) Les cigognes sont nombreuses en Alsace. (++g)
(218) Les cigognes sont nombreuses à Strasbourg. (++g)

(219) Les cigognes sont nombreuses sur le parking devant mon immeuble. (++g)
(220) Les grenouilles sont nombreuses dans cette région. (++g)
(221) Les grenouilles sont nombreuses dans cet étang. (++g)
(222) Les grenouilles sont nombreuses dans mon aquarium. (++g)

Damit unterscheidet sich *être nombreux* nicht von anderen existentiellen Prädikaten wie *abonder, être rare, être très répandu,* die ebenfalls – soweit dies semantisch sinnvoll ist – auf einen engen Bereich beschränkt werden können und genau wie *être nombreux* eine existentielle Aussage wie "Dans un endroit X, l'espèce Y est représentée par peu/beaucoup de ses membres" darstellen. Eine zu starke Einschränkung dieser Prädikate führt nur zu ungrammatischen Sätzen, nicht aber zu einer spezifischen Interpretation des Subjekts:

(223) Les grenouilles sont rares/abondent en France. (++g)
(224) Les grenouilles sont rares/abondent en Alsace. (++g)
(225) Les grenouilles sont rares/abondent dans le Bois de Boulogne. (++g)
(226) ?Les grenouilles sont rares/abondent dans cet étang. (++g)
(227) *Les grenouilles sont rares/abondent dans mon aquarium.

Der unterschiedliche grammatische Status von (222) und (227) bedeutet nicht, daß *être nombreux* und *être rare/abonder* zu verschiedenen Prädikatstypen gehören, sondern resultiert allein aus dem unterschiedlichen semantischen Gehalt der Prädikate: Im Gegensatz zu *être nombreux* kann *être rare/abonder* nur mit Bezug auf größere geographische Einheiten verwendet werden.

Ein weiteres Argument gegen die Einordnung von *être nombreux* in die Kategorie der existentiellen Prädikate sieht Kleiber (1989b) darin, daß sich alle anderen existentiellen Prädikate ohne Schwierigkeiten mit generischen Subjekt-NPs der Form *Le N* kombinieren lassen, *être nombreux* aber zu ungrammatischen Sätzen führt:

(228) La cigogne abonde en Alsace. (++g)
(229) La tapisserie à grandes fleurs était très répandue dans les années 70. (++g)
(230) Le téléviseur a été introduit en Europe dans les années 50. (++g)
(231) L'algue foisonne dans la Méditerranée. (++g)
(232) Le panda est en voie de disparition. (++g)
(233) L'Inca n'existe plus. (++g)
(234) *Le castor est nombreux dans cette région.

Dieses Argument ist in einen größeren Zusammenhang einzubetten, in dem sich Kleiber ganz allgemein gegen die Auffassung, ein generisches Syntagma der

Form *Le N* bezeichne eine Art oder Gattung, wendet und für eine einheitliche Auslegung zählbarer und nicht-zählbarer Nomina mit generischem *Le* (*le castor* und *le sable*) als 'massive Nominalsyntagmen' *(SN massif)* eintritt.[20] Vor dem Hintergrund dieser Argumentation assimiliert er die Ungrammatikalität von (234) **Le castor est nombreux dans cette région* mit der von Sätzen wie

(235) * Le sable est nombreux dans cette région.

und leitet daraus eine Homogenität oder 'Massivität' des Syntagmas *le castor* ab, die der des Kontinuativums *sable* gleiche (1989b: 100ff.). *Etre nombreux* ließe sich, so Kleiber, nur auf unterscheidbare Objekte anwenden und sei damit für die 'massiven Nominalsyntagmen' *le sable* und *le castor* gleichermaßen ungeeignet: "La raison de cette déviance [die Ungrammatikalität von (234) und (235), SvF] se trouve donc dans la façon dont le référent du SN est envisagé: la donation massive ou homogène du référent s'oppose à une prédication qui implique la discernabilité" (1989b: 101). Dies führt Kleiber weiter dazu, *être nombreux* von anderen existentiellen Prädikaten, die ja ohne Schwierigkeiten mit allen Arten von Nominalsyntagmen kombinierbar sind, zu trennen. Wir halten nun dagegen, daß die Sätze (234) **Le castor est nombreux dans cette région* und (235) **Le sable est nombreux dans cette région* ganz einfach nur deshalb ungrammatisch sind, weil *être nombreux* eine Pluralität des Subjekts verlangt, die für *le sable* wegen seiner Kontinuativität, für *le castor* wegen seines Individualcharakters und des dazugehörigen Singulars nicht gegeben ist. Daraus ergibt sich nun eine einfache Antwort auf die von Kleiber (1989b: 101) gestellte rhetorische Frage, mit der er die Fähigkeit der Form *Le N*, auf Arten und Gattungen zu verweisen, zu widerlegen sucht: "[...] si *le générique* est réservé au renvoi à une espèce, comment rendre compte de l'impossibilité de l'utiliser, lorsqu'on veut exprimer qu'une espèce est nombreuse?" Nach unserer Auffassung benutzt ein Sprecher, der ausdrücken möchte, daß eine Gattung zahlreich ist, ganz einfach die Form *Les N*; die Form *Le N* ist gerade für Fälle reserviert, in denen ein Sprecher auf eine Gattung referieren und sie dabei **wie ein Individuum** präsentieren möchte. *Les N* und *Le N* sind daher schon aufgrund ihrer verschiedenen rhetorischen Funktionen komplementär und geraten gar nicht erst in Konflikt, weil für den einen oder anderen Effekt in der Rede jeweils nur die eine oder andere Form zur Verfügung steht. Die Inkompatibilität von *Le N* mit dem Prädikat *être nombreux* impliziert somit weder, daß *Le N* nicht auf Gattungen referieren kann, noch daß *être nombreux* von anderen existentiellen Prädikaten abzugrenzen ist. In dem folgenden Satz zeigt beispielsweise Voltaire ausdrücklich, indem er sich auf das Syntagma *l'homme* anaphorisch mit *l'espèce* bezieht, daß er *l'homme* als individualisierte Gattung versteht; gleichzeitig verwendet er die Wiederaufnahme *l'espèce* um ein

---

[20] Diese Auffassung wird z.B. auch von Charaudeau (1992: 173f.) vertreten.

existentielles Prädikat der Art être nombreux, das mit l'homme direkt nicht kompatibel wäre, anwenden zu können:

(236) L'homme abandonné à la pure nature n'aurait pour tout langage que quelques sons mal articulés; l'espèce serait réduite à un très petit nombre par la difficulté de la nourriture et par le défaut des secours, du moins dans nos tristes climats. (Auteurs XVIIIe: 180; Hervorhebung SvF)

Neben être nombreux zählt Kleiber (1989a, 1989b) auch das Prädikat von Sätzen wie (230) Le téléviseur a été introduit en Europe dans les années 50 nicht zu den existentiellen Prädikaten, sondern stuft es aufgrund der temporalen Ergänzung dans les années 50 in eine Kategorie ein, die er Ereignisprädikate (prédicats événementiels) nennt. Eggs (1994: 133f.) zeigt jedoch, daß auch andere existentielle Prädikate um temporale Ergänzungen erweitert werden können und dabei ebensowenig von ihrer existentiellen Lesart abweichen wie être introduit (vgl. auch die Sätze (207), (208) und (229)):

(237) Les Incas ont disparu au XVIème siècle. (++g)
(238) Les castors abondent dans cette région depuis une semaine. (++g)

Ausschlaggebend für die Klassifizierung des Prädikats être introduit sind nicht die verschiedenen Ergänzungen, die seine Aussage spezifizieren können, sondern allein die Tatsache, daß es sich immer auf die Existenz einer Gattung an einem bestimmten Ort bezieht und daher wie alle anderen existentiellen Prädikate zu generischer Lesart der Subjekt-NP führt. Zur Veranschaulichung ist in (239) ein echtes Ereignisprädikat, das nichts über das Vorkommen einer Gattung aussagt, aufgeführt:

(239) Les chiens ont été brossés la semaine dernière. (-g)

Die bisherige Untersuchung hat gezeigt, daß Les N mit beliebigen existentiellen Prädikaten kombiniert werden kann und daß Le N als Subjekt-NP nur für diejenigen Prädikate ausgeschlossen ist, die die grammatische Pluralität des Subjektes verlangen; beide Formen nehmen zwangläufig generische Lesart an. Wie verhält sich nun Un N als Subjekt-NP existentieller Prädikate? In den unten aufgeführten Beispielsätzen wird offenbar, daß Un N in Verbindung mit diesem Prädikatstyp entweder zu ungrammatischen Sätzen führt oder mit einiger Anstrengung im besten Fall als Benennung einer Unterart[21] der mit N bezeichneten Art

---

[21] Chur (1993) nennt eine solche Interpretation semantisch-generische Lesart und stellt sie der pragmatisch-generischen, die wir einfach generische Lesart genannt haben, gegenüber.

gelesen werden kann; eine generische Lesart wie für *Les N* und *Le N* jedoch ist in jedem Fall ausgeschlossen:

(240) ? Une cigogne abonde en Alsace. (-g) [Une sous-espèce de CIGOGNE ...]
(241) * Une tapisserie à grandes fleurs était très répandue dans les années 70.
(242) * Un téléviseur a été introduit en Europe dans les années 50.
(243) ? Une algue foisonne dans la Méditerranée. (-g) [Une sorte d'ALGUE ...]
(244) ? Un panda est en voie de disparition. (-g) [Une sous-espèce de PANDA ...]
(245) * Un Inka n'existe plus.
(246) ? Un castor est nombreux dans cette région. (-g) [Une sous-espèce de CASTOR ...]

Alle diese Beispiele haben einen zumindest zweifelhaften grammatischen Status, weil auch in den Sätzen, die für *Un N* eine Lesart als Unterart zulassen, explizite Hinweise auf diese Unterart fehlen. Erst mit einem solchen Hinweis, der die Interpretation des Subjekts endgültig festlegt, wäre die Grammatikalität dieser Sätze gesichert:

(240') Une cigogne, à savoir la cigogne blanche à ailes noires, abonde en Alsace.

Aber auch dann liegt für die Subjekt-NP *Un N* keine generische Lesart im eigentlichen Sinne vor: Zwar bezeichnet *Une cigogne* in (240') eine Art oder Gattung, es ist jedoch nicht die Gattung CIGOGNE, sondern eine ihrer Unterarten, die wie ein spezifischer Gegenstand, nicht aber wie eine generische Größe eingeführt wird. Damit findet in (240') – genau wie bei dem in

(247) Un téléviseur, à savoir celui que nous avions réservé pour M. Dupont, est tombé en panne. (-g)

illustrierten spezifischen Referenzakt – wieder eine individuelle Selektion eines Gegenstandes unter vielen, aber keine Generalisierung statt. Bemerkenswert ist in diesem Zusammenhang auch, daß die Sätze (241), (242) und (245), deren Subjekt-NPs keine natürlichen Arten bezeichnen, die Selektion einer Unterart gar nicht erst zulassen und daher vollends inakzeptabel erscheinen.

Die Inkompatibilität der Subjekt-NPs *Un N* mit existentiellen Prädikaten läßt sich von der rhetorischen Funktion der Syntagmen *Un N* ableiten: In generischer Lesart wird *Un N* in rhetorischen Definitionen oder für normative oder deontische Aussage verwendet, für andere Zwecke stehen die Formen *Les N* und *Le N* zur Verfügung. Existentielle Prädikate aber haben im Gegensatz z.B. zu typischen

129

Prädikaten nichts Definitorisches an sich und können auch nicht als moralisches Urteil oder Verhaltensregel verstanden werden. Da sie aber dennoch die generische Lesart der Subjekt-NP erzwingen, entsteht in den Sätzen (240)-(246) ein Konflikt zwischen der sprachlichen Form *Un N* und dem Prädikat, ein Konflikt, der zu dem grammatisch abweichenden Status dieser Sätze führt.

Regel VI stellt die Ergebnisse der Untersuchung zu existentiellen Prädikaten in zusammengefaßter Form dar:

Regel VI
Subjekt-NPs der Form *Les N* und *Le N* in Sätzen mit existentiellem Prädikat werden ausnahmslos generisch interpretiert. Eine Kombination von *Un N* mit einem existentiellen Prädikat führt zu grammatisch fragwürdigen Ergebnissen und wird daher kaum anzutreffen sein. Eine generische Lesart von *Un N* in Sätzen mit existentiellem Prädikat ist in jedem Fall ausgeschlossen.

3.3.5 Projektive Prädikate

Das besondere Merkmal projektiver Prädikate liegt in ihrer Fähigkeit, in Verbindung mit bestimmten Subjekt-NPs die Verdienste, Errungenschaften oder Taten einiger weniger Vertreter einer Gattung auf die gesamte Gattung zu übertragen (vgl. Kap. 2.3.1.1). Diese Übertragung oder Projektion aber ist nicht mit allen der drei potentiell generischen Nominalsyntagmen *Les N*, *Le N* und *Un N* zu erreichen. Zudem scheint wie im Deutschen das jeweilige Basisnomen die Generizität wie auch die Grammatikalität der Sätze mit projektivem Prädikat zu beeinflussen:

(248) a) Les Américains ont marché sur la lune en 1969. (++g)
 b) * L'Américain a marché sur la lune en 1969.
 c) Un Américain a marché sur la lune en 1969. (-g)

(249) a) Les chinois ont inventé la poudre. (++g)
 b) * Le chinois a inventé la poudre.
 c) Un chinois a inventé la poudre. (-g)

(250) a) ?? Les hommes ont marché sur la lune en 1969. (+/-g)
 b) L'homme a marché sur la lune en 1969. (++g)
 c) Un homme a marché sur la lune en 1969. (-g)

(251) a) ?? Les hommes ont inventé la poudre. (+g)
 b) L'homme a inventé la poudre. (++g)
 c) Un homme a inventé la poudre. (-g)

Als erstes Ergebnis dieser Beispielreihe läßt sich festhalten, daß *Un N* in Verbindung mit projektiven Prädikaten nicht generisch gelesen werden kann, sondern ausnahmslos zu spezifischer Interpretation führt. Mehr noch: In den Sätzen mit *Un N* als Subjekt-NP kann das Prädikat kaum noch als 'projektiv' bezeichnet werden, weil eine synekdochetische Projektion von Teilen auf das Ganze bei spezifischem Subjekt nicht mehr stattfindet. Der Ausschluß der Form *Un N* von der generischen Lesart hat die gleichen Gründe, die schon in Zusammenhang mit existentiellen Prädikaten genannt wurden: Die speziellen rhetorischen Ziele, für die der Einsatz von generischem *Un N* reserviert ist, können mit projektiven Prädikaten nicht erreicht werden.

Weit schwieriger ist die unterschiedliche Akzeptabilität von *Les N* und *Le N* in den oben aufgeführten Beispielsätzen zu erklären. Warum sind bei (248) und (249) im Vergleich zu (250) und (251) die Verhältnisse genau umgekehrt, d.h. warum führt bei (248) und (249) der bestimmte Artikel Singular, bei (250) und (251) aber der bestimmte Artikel Plural zu fragwürdigen Ergebnissen, obwohl Satzkonstruktion und Prädikat jeweils identisch sind? Auch Kleiber (1989b) hat diese Frage gestellt und beantwortet sie – wiederum im Rahmen seines Plädoyers für eine Interpretation generischer Syntagmen der Form *Le N* als 'massive Individuen' – mit der unterschiedlichen Referentialität natürlicher (HOMME) und nicht-natürlicher Arten (AMERICAIN), aus der eine ebenfalls unterschiedliche Homegenisierbarkeit resultiere (Kleiber 1989b: 138ff.). Wilmet mißt dieser Problematik gar soviel Bedeutung bei, daß er sie mit einer eigenen Bezeichnung – *l'énigme du cosmonaute* – würdigt und ihr zwei Artikel widmet (Wilmet 1990 und 1992; vgl. auch Wilmet 1997: 140f.). Da es zu weit führen würde, Kleibers und Wilmets Hypothesen hier im einzelnen zu bewerten, begnügen wir uns damit, einen eigenen Erklärungsansatz vorzuschlagen, ohne dabei eine eventuelle Relevanz der Unterscheidung natürliche Art vs. nicht-natürliche Art von vornherein ganz auszuschließen.

Betrachten wir zunächst den Satz (250) b), in dem das Prädikat *a marché sur la lune en 1969* auf die eindeutig generische Subjekt-NP *l'homme* angewendet wird. Mit dem Artikel *Le* wird eine 'starke' Generizität erreicht und die Gattung HOMME wie ein in sich geschlossenes Ganzes, wie ein Individuum präsentiert. Dadurch, daß sie HOMME einen Individualcharakter verleiht, unterstreicht die Form *Le N* außerdem die Einmaligkeit dieser Gattung und hebt sie besonders hervor. Gerade mit einem Prädikat wie *avoir marché sur la lune* ist diese Darstellung der Einmaligkeit besonders gut zu erreichen; der Verdienst, den Mond betreten zu haben, ist etwas Außergewöhnliches und strahlt auf die gesamte Menschheit zurück. Damit findet nun auch eine sprachliche Strukturierung der Wirklichkeit nach Gattungen und Arten statt, und zwar dadurch, daß der Satz (250) b) die Gattung LEBEWESEN implizit in die Arten MENSCH und TIER unterteilt, sie einander gegenüberstellt und deutlich voneinander abgrenzt: Allein der MENSCH, nicht aber das TIER, war zu dieser Tat fähig – dies ist der rhetorische Gehalt der in (250) b) wiedergegebenen Aussage. Dieser in (250) b) zu beobachtende, in der klassischen Rhetorik als *Divisio* bezeichnete Prozeß, läßt sich in etwa wie folgt formulieren: Die LEBEWESEN können nicht alle gleich behandelt sondern müssen in die Arten MENSCH und TIER unterteilt werden, weil der MENSCH spezifische Fähigkeiten besitzt, die dem TIER nicht gegeben sind.

Wie auch in (251) b) passen in (250) b) die sprachliche Form der Subjekt-NP, ihr Basisnomen und der Inhalt des Prädikats perfekt zusammen: Der bestimmte Artikel Singular vor dem Basisnomen *homme* und Prädikate wie *inventer la poudre* und *marcher sur la lune* lenken beide in Richtung der Idealisierung der Gattung HOMME. Im Gegensatz dazu ist die neutralere Form *Les hommes* rhetorisch zu schwach, um einen solche Idealisierung zu erreichen. Gerade weil sie die für das Generische offenste und neutralste Form ist, kann sie kaum mehr mit einem stark idealisierenden Prädikat wie *a marché sur la lune en 1969* oder *a inventé la poudre* kombiniert werden. In (250) a) und (251) a) wirken die Verbalsyntagmen daher wie einfache Ereignisprädikate, die distributiv für alle mit der Subjekt-NP bezeichneten Objekte gültig sind, vgl. etwa

(252)   Les hommes ont coupé les branches ce matin. (-g)

Der fragwürdige Status der Sätze (250) a) und (251) a) rührt nun daher, daß zwar beide eher auf generische Lesart hinweisen, die Form der Subjekt-NP aber eine individualisierend-generische Lesart verhindert und das enzyklopädische Wissen eine 'distributive' Lesart ausschließt (weder alle noch repräsentativ viele Menschen haben bisher den Mond betreten).

Genau umgekehrt präsentieren sich die Verhältnisse in den Sätzen (248) und (249): Der bestimmte Artikel Singular in (248) b) **L'Américain a marché sur la lune en 1969* und (249) b) **Le chinois a inventé la poudre* ist rhetorisch zu stark. Zwar ist *avoir marché sur la lune* ein – wenn man so will – besonderer Verdienst der Amerikaner (der AMERIKANER, um genau zu sein), mit diesem Prädikat jedoch kann nicht die Einmaligkeit der Gattung AMERIKANER hervorgehoben werden, einfach weil diese Einmaligkeit im Gegensatz zu der der Gattung MENSCH nicht gegeben ist. Während der MENSCH von vornherein eine herausragende Stellung einnimmt und nur dem TIER gegenübergestellt werden kann, reiht sich der AMERIKANER in eine ganze Reihe von Nationen, Völkern und ethnischen Gruppen ein. Ganz zu recht bemerkt in diesem Zusammenhang Kleiber (1989b: 139), daß nur der MENSCH dem Begriff der 'natürlichen Art' entspricht, AMERIKANER dagegen eine Klasse bezeichnet. Von dieser Beobachtung ist es nur noch ein kleiner Schritt hin zu der in der strukturellen Semantik getroffenen Unterscheidung zwischen Wortfeldern und Klassen: Ohne daß dies in der Literatur explizit zur Sprache kommt, können Wortfeldstrukturen scheinbar auf 'natürlichen' Art-Gattungshierarchien basieren, während klassematische Strukturen eher systematischer Natur sind. So gehören AMERIKANER,

DEUTSCHE und FRANZOSEN einer gemeinsamen Klasse ("Nationalität") an, MENSCH und TIER aber einem Wortfeld, daß mit dem Archilexem LEBEWESEN bezeichnet wird. Es ließe sich nun behaupten, daß eine *Divisio*, wie sie in (250) b) *L'homme a marché sur la lune en 1969* vorgenommen wird, nur innerhalb von Wortfeldern, nicht aber innerhalb von Klassen anwendbar ist: Während MENSCH und TIER Unterteilungen des Inhalts "Lebewesen" sind, können AMERIKANER, FRANZOSEN und DEUTSCHE nicht als inhaltliche Unterteilungen eines Klassems wie "Nationalität" betrachtet werden (vgl. hierzu Coseriu 1967: 295). Anders ausgedrückt: Ein Prädikat wie *avoir marché sur la lune* kann zwar über die AMERIKANER ausgesagt werden, um ihnen diesen Verdienst zuzuschreiben und sie damit zu würdigen, nicht aber, um sie wie ein einmaliges, unvergleichliches Individuum darzustellen und sie damit von anderen Nationalitäten und Völkern zu trennen. Damit steht in (248) b) die sprachliche Form der Subjekt-NP und ihr Basisnomen im Widerspruch zum rhetorischen Gehalt des Satzes, ein Widerspruch, der zu der hier beobachteten Inakzeptabilität führt; gleiches gilt für (249) b). Die Beispiele (248) a) und (249) a) dagegen sind aufgrund der Verwendung der neutraleren Form *Les N* vollkommen grammatisch.

Es scheint nun alles darauf hinzuweisen, daß projektive Prädikate nur auf generische Größen anwendbar sind, die sich aus Menschen zusammensetzen. Wie aus der obenstehenden Darstellung erkennbar wird, nimmt dabei die Gattung HOMME eine Sonderstellung ein, die sich in den besonderen Verwendungsbedingungen der generischen Artikel niederschlägt. Diese Beschränkung der projektiven Prädikate auf Nationen, Völker, ethnische Gruppen oder den MENSCHEN selbst läßt sich damit erklären, daß besondere Taten oder Verdienste im allgemeinen nur Menschen oder bestimmten Gruppen von Menschen zuerkannt werden und zudem nur dann erwähnenswert sind, wenn sie in irgendeiner Weise die Menschheit betreffen. Faßt man jedoch den Begriff des projektiven Prädikats etwas weiter, so zeigt sich, daß auch andere Art- oder Gattungsbezeichnungen für eine Projektion geeignet sind:

(253) a) *Les oiseaux représentent un danger non négligeable pour l'aviation:*
Les mouettes ont déjà causé un accident d'avion à Hambourg. (++g)

Auch in diesem Beispiel sind nicht repräsentativ viele, sondern nur einige wenige Vertreter der Gattung MOUETTE für das im Prädikat genannte Ereignis verantwortlich, dennoch wird es der gesamten Gattung zugeschrieben. Bestätigt wird diese Sichtweise durch die Tatsache, daß genau wie in (248) b) und (249) b) der Artikel *Le* zu einem ungrammatischen Satz führt:

(253) b) * La mouette a déjà causé un accident d'avion à Hambourg.

Im Vergleich dazu kann mit einem ganz ähnlichen Prädikat, das jedoch keine Projektion beinhaltet, sondern eine große Anzahl der Vertreter einer Gattung betrifft, sowohl der bestimmte Artikel Plural als auch der bestimmte Artikel Singular verwendet werden:

(254) a) Les criquets migrateurs ont déjà causé des dommages considérables en Afrique. (+g)
b) Le criquet migrateur a déjà causé des dommages considérables en Afrique. (+g)

In (254) sind beide Artikelformen möglich, weil das Prädikat *avoir déjà causé des dommages considérables en Afrique* als etwas Typisches präsentiert und empfunden wird (vgl. Kap. 3.3.3). Da nun eine Eigenschaft nur dann typisch sein kann, wenn sie auf die Mehrzahl der Vertreter einer Gattung oder Art zutrifft, ist eine solche Default-Interpretation in (253) ausgeschlossen: Die Möwen, die einen Flugzeugunfall in Hamburg verursacht haben, stellen sicherlich keinen repräsentativ großen Teil ihrer Gattung dar.

Die Projektion von einigen Individuen auf eine Gattung betrifft demnach nicht unbedingt nur Verdienste und herausragende Taten, sondern prinzipiell alle Arten von Vorkommnissen oder Handlungen, die mit einigen wenigen Vertretern einer Gattung verbunden werden. Regel VII beschreibt noch einmal die Verwendungsmöglichkeiten, die sich für die drei generischen Artikel in Verbindung mit projektiven Prädikaten ergeben:

Regel VII
In Sätzen mit projektiven Prädikaten sind Subjekt-NPs der Form *Les N* unbedingt generisch zu interpretieren; die Form *Le N* kommt in generischer Lesart nicht vor. Eine Ausnahme bilden Subjekt-NPs mit dem Basisnomen *homme* in der Lesart "Mensch": In der Form *Le N* sind sie unbedingt generisch, die Form *Les N* kommt in generischer Lesart nicht vor. Subjekt-NPs der Form *Un N* verhindern eine Projektion auf die Gattung und sind daher immer spezifisch zu lesen.

3.3.6 Gattungsprädikate

Unter Gattungsprädikaten verstehen wir Aussagen, die direkt auf Gattungen, Arten oder Unterarten Bezug nehmen und deren besonderes Merkmal es ist, die Struktur oder Zusammensetzung von Gattungen und Arten zu beschreiben. So kann beispielsweise der Referent einer Subjekt-NP in Unterarten unterteilt oder seine Zugehörigkeit zu einer übergeordneten Gattung festgelegt werden. Gattungsprädikate enthalten zumeist einen expliziten Hinweis auf das Generische in Form von Wörtern wie *genre, espèce* oder *classe*, kommen aber zuweilen auch ohne einen solchen Hinweis aus – der Bezug auf *genre, espèce* oder *classe* wird dann implizit mitverstanden:

(255)　Les mammifères se répartissent en deux sous-classes. (++g)
(256)　Les insectes représentent au moins les deux tiers des espèces animales connues. (++g)

(257)　Les chiens appartiennent à la classe des prédateurs terrestres. (++g)
(258)　Les chauves-souris font partie (de la classe) des mammifères. (++g)

Aufgrund des direkten Bezugs auf Arten, Klassen oder Gattungen sind die Subjekt-NPs der Sätze (255)-(258) zwangsläufig generisch zu interpretieren, dies gilt ebenfalls für Kontinuativa:

(259)　Le cuivre fait partie des matériaux conducteurs. (++g)

Wie sich jedoch schon in Kap. 2.3.1.1 im Laufe der Untersuchung zu den Verwendungsmöglichkeiten von *Die N* und *bare plural N* gezeigt hat, bilden die Gattungsprädikate keine homogene Klasse, sondern stellen die Generizität der Subjekt-NP auf unterschiedliche Weise her. Wir hatten sie daher in direkte und indirekte Gattungsprädikate unterteilt: Die direkten Gattungsprädikate lassen die mit der Subjekt-NP bezeichnete Gattung als ein in sich geschlossenes Ganzes erscheinen, ihre indirekten Gegenstücke tragen weiterhin die Vorstellung einzelner Individuen in sich. Erkennbar sind die beiden Prädikatstypen auch an den unterschiedlichen semantischen Beziehungen, die zwischen der Subjekt-NP und der im Prädikat genannten Gattung bzw. Art bestehen. In Sätzen mit direktem Gattungsprädikat wie (255) und (256) besteht ein hierarchisches Gefälle von einer übergeordneten Gattung in der Subjekt-NP zu den untergeordneten Bezeichnungen im Prädikat (*mammifères* ⊃ *sous-classes, insectes* ⊃ *espèces animales*), in Sätzen mit indirektem Gattungsprädikat wie (257) und (258) ist dieses Gefälle genau umgekehrt (*chiens* ⊂ *prédateurs terrestres, chauves-souris* ⊂ *mammifères*). Es zeigt sich nun, daß diese Unterscheidung auch für das Französische von einiger Bedeutung ist, und zwar indem sie die Verwendungsmöglichkeiten der Formen *Les N* und *Le N* betrifft. So lassen direkte Gattungsprädikate ausschließlich den bestimmten Artikel Plural, indirekte Gattungsprädikate dagegen auch den bestimmten Artikel Singular zu:

(260)　*Le mammifère se répartit en deux sous-classes.
(261)　*L'insecte représente au moins les deux tiers des espèces animales connues.
(262)　Le chien appartient à la classe des prédateurs terrestres. (++g)
(263)　La chauve-souris fait partie (de la classe) des mammifères. (++g)

In den Sätzen (260) und (261) besteht wieder ein Konflikt zwischen dem rhetorischen Gehalt der syntaktischen Form der Subjekt-NP und dem im Prädikat aufgeführten Sachverhalt. Während *Le N* in generischer Lesart eine Art oder Gattung als Individuum, d.h. als ein einheitliches Ganzes präsentiert, drückt das Prädikat eine Teilbarkeit und eine heterogene Struktur aus. Die Prädikate in (262) und (263) dagegen implizieren keine solche Teilbarkeit, die Sätze sind daher grammatisch.

Bei genauer Betrachtung stellt sich jedoch heraus, daß die bis hierher recht gradlinig erscheinenden Kombinationsmöglichkeiten von *Les N* und *Le N* mit direkten und indirekten Gattungsprädikaten weitaus komplexeren Zusammenhängen unterworfen sind. So sind zwar die Sätze (255) und (256) mit Subjekt-NPs der Form *Les N* und direktem Gattungsprädikat eindeutig generisch und wohlgeformt, bestimmte Nomina aber führen auch in Sätzen dieses Typs zu grammatisch fragwürdigen Ergebnissen:

(264)   ?Les girafes se répartissent en une vingtaine de sous-classes.
(265)   ?Les huîtres se divisent en plusieurs espèces.
(266)   ??Les ordinateurs se groupent en deux grandes sous-classes.

Dagegen sind Nomina wie *vertébrés, ongulés* oder *reptiles* wiederum einwandfrei mit direkten Gattungsprädikaten kombinierbar:

(267)   Les vertébrés représentent une bonne partie des espèces animales. (++g)
(268)   Les ongulés se répartissent en de multiples sous-classes. (++g)
(269)   Les reptiles se divisent en plusieurs espèces. (++g)

Diese unterschiedliche Akzeptabilität erklärt sich aus den unterschiedlichen semantischen Status der Subjekt-Nomina in (264)-(266) und (267)-(269): Während *girafes, huîtres* und *ordinateurs* einfache, direkt erfahrbare Bezeichnungen sind, gehören *vertébrés, ongulés* und *reptiles* zu den wissenschaftlichen Konstruktionen von Klassen, die nur aufgrund einer wissenschaftlichen Erkenntnis und eines mehr oder weniger willkürlich gewählten Aspekts, den bestimmte Individuen gemeinsam haben, erkennbar sind. Zwei verschiedene Giraffenarten z.B. können mit Hilfe der direkten Wahrnehmung und einfachem Alltagswissen ein und derselben Gattung GIRAFE zugeordnet werden, denn beide werden trotz ihrer Verschiedenheit gewisse prototypische Merkmale gemeinsam haben, beide zeigen ein vergleichbares Verhalten, beide stehen in einer vergleichbaren Beziehung zum Menschen und zu anderen Tieren, etc. Dagegen ist es prinzipiell unsinnig, einen Vogel und ein Nilpferd in die gleiche Gattung einordnen zu wollen – es sei denn, man möchte aus wissenschaftlichen Gründen Tierarten daraufhin untersuchen, ob sie ein gegliedertes Achsenskelett besitzen und damit zur *classe des vertébrés* gehören oder nicht. In diesem Zusammenhang erhält auch das Lexem *classe* erst seine volle Bedeutung und rückt deutlich von dem Lexem *espèce* ab: Eine *classe* ist ein konstruiertes Gebilde, zu dessen Erkennung das Alltagswissen nicht immer ausreicht; eine *espèce* ist eine direkt erfahrbare Größe. So sind Formulierungen wie *la classe des vertébrés, la classe des insectes* etc. sehr geläufig, Nominalsyntagmen wie *?la classe des girafes* oder *?la classe des huîtres* dagegen semantisch abweichend.

Hier ist nun eine Parallele zur der im Rahmen der Prototypensemantik vorgeschlagenen hierarchischen Ordnung des Wortschatzes zu erkennen. Lexeme, die wir oben als 'wissenschaftliche Konstruktionen' bezeichnet haben und die der Bedeutung von *classe* entsprechen, gehören meist der übergeordneten Ebene an, zumindest besitzen ihre Referenten jedoch keine gemeinsame Gestalt; die direkt erfahrbaren Lexeme oder *espèces* gehören zur Basisebene oder zur untergeordneten Ebene (vgl. Kap. 3.1). Damit laufen an dieser Stelle verschiedene Argumentationsstränge zusammen: Da die Basisebene die höchste Ebene ist, auf der noch eine einfache, einheitliche Vorstellung eines Prototyps möglich ist, werden Bezeichnungen von der Basisebene abwärts als etwas Homogenes angesehen. Allein über Bezeichnungen überhalb der Basisebene können Aussagen gemacht werden, die eine Zusammensetzung aus verschiedenen Arten, d.h. direkt erfahrbaren *espèces*, beinhalten – genau diese Art Aussagen stellen direkte Gattungsprädikate dar. Kurz zusammengefaßt läßt sich also sagen, daß direkte Gattungsprädikate ausschließlich auf Subjekt-NPs anwendbar sind, deren Basisnomina der übergeordneten Ebene angehören.

Eng verbunden mit diesen Überlegungen ist auch der ungrammatische Status der Sätze (260) **Le mammifère se répartit en deux sous-classes* und (261) **L'insecte représente au moins les deux tiers des espèces animales connues* mit Subjekt-NPs der Form *Le N* und direktem Gattungsprädikat. Zieht man die in Kap. 3.1 gemachten Beobachtungen zur Verwendbarkeit des bestimmten Artikels Singular mit Nomina der übergeordneten Ebene in Betracht, so zeigt sich, daß neben dem sprachlichen Konflikt zwischen Subjekt und Prädikat ein weiterer Grund, an dem das Prädikat nur indirekt beteiligt ist, für diese Ungrammatikalität verantwortlich ist. In Kap. 3.1 wurde festgestellt, daß sich der Artikel *Le* gegen den Einsatz mit Nomina oberhalb der Basisebene sträubt, weil er einerseits die rhetorische Funktion hat, eine Gattung wie ein Individuum erscheinen zu lassen, andererseits aber das mit solcherart Nomina Bezeichnete nicht als Individuum vorstellbar ist. In (260) und (261) besteht daher nicht nur ein Konflikt zwischen Subjekt und Prädikat, sondern schon innerhalb des Subjektes zwischen Artikel und Nomen. Die indirekte Beteiligung des Prädikats an diesem Konflikt ergibt sich daraus, daß – wie oben dargestellt wurde – direkte Gattungsprädikate von vornherein nur auf Subjekt-NPs mit einem Nomen der übergeordneten Ebene angewendet werden können und damit zwangsläufig den Konflikt zwischen dem bestimmten Artikel Singular und dem Nomen der Subjekt-NP hervorrufen. In Sätzen mit direktem Gattungsprädikat sind Subjekt-NPs der Form *Le N* also aus zweierlei Gründen ausgeschlossen.

Während die Tauglichkeit von *Les N* und *Le N* für die generische Interpretation recht komplexen Bedingungen unterliegt, ergibt sich für den unbestimmten Artikel Singular unabhängig vom Typ des Gattungsprädikates und der Art des determinierten Nomens ein relativ einheitliches Bild:

(270)   * Un vertébré représente une bonne partie des espèces animales.
(271)   * Un ongulé se répartit en de multiples sous-classes.
(272)   * Un reptile se divise en plusieurs espèces.
(273)   ?? Un chien appartient à la classe des prédateurs terrestres.
(274)   ?? Une chauve-souris fait partie (de la classe) des mammifères.
(275)   ?? Une vache fait partie (de la classe) des ruminants.

Wenn auch Grad der Abweichung in (273)-(275), d.h. in Sätzen mit indirektem Gattungsprädikat, etwas geringer ausfällt als in (270)-(272), so ist dennoch anzunehmen, daß *Un N* in Verbindung mit Gattungsprädikaten gleich welchen Typs nicht anzutreffen sein wird. In allen oben aufgeführten Beispielen paßt die von *Un N* erwartete sprachlich-rhetorische Funktion nicht zu der im Prädikat getroffen Aussage; in (270)-(272) kommt dazu noch der Widerspruch zwischen der Singularität des Artikels *Un* und der vom Prädikat verlangten Pluralität.

Aus der Untersuchung der Generizität in Verbindung mit Gattungsprädikaten ergibt sich nunmehr folgende Regel:

Regel VIII
Gattungsprädikate schließen den Gebrauch von *Un N* in generischer Lesart aus. Direkte Gattungsprädikate lassen ausschließlich Subjekt-NPs der Form *Les N* zu; das Basisnomen muß dabei einer Hierarchieebene angehören, die oberhalb des in der Prototypensemantik als 'Basisebene' bezeichneten Bereichs liegt. In Verbindung mit indirekten Gattungsprädikaten ist sowohl die Form *Les N* als auch *Le N* für Subjekt-NPs verwendbar. Alle grammatischen Sätze mit Gattungsprädikaten führen notwendig zu generischer Interpretation ihres Subjekts.

3.3.7 Zwischen Typizität und persönlichem Urteil: Bewertungsprädikate

Manche Prädikate dienen dazu, eine persönliche Beurteilung, Einschätzung oder Bewertung einer Gattung, einer Gruppe von Individuen oder auch eines einzelnen Individuums vorzunehmen bzw. von einer solchen Bewertung zu berichten. Diese

Bewertungsprädikate[22] unterscheiden sich damit zunächst grundsätzlich von typisierenden Aussagen, die eine mehr oder minder ausgeprägte Allgemeingültigkeit voraussetzen oder rhetorisch für sich beanspruchen. Die unterschiedlichen Funktionen beider Prädikatstypen spiegeln sich deutlich in den jeweiligen generischen Artikelparadigmen wider, denn anders als typische Prädikate lassen Bewertungsprädikate eine generische Referenz des Subjektes nur dann zu, wenn es durch den bestimmten Artikel Plural determiniert wird:

(276) a) Les chats me plaisent. (+g)
      b) Le chat me plaît. (-g)
      c) ?Un chat me plaît. (-g)

(277) a) Les serpents le dégoûtent. (+g)
      b) Le serpent le dégoûte. (-g)
      c) ?Un serpent le dégoûte. (-g)

(278) a) Les histoires d'amour me passionnent. (+g)
      b) L'histoire d'amour me passionne. (-g)
      c) ?Une histoire d'amour me passionne. (-g)

(279) a) Les fascistes leur donnent la nausée. (+g)
      b) Le fasciste leur donne la nausée. (-g)
      c) ?Un fasciste leur donne la nausée. (-g)

In (276)-(279) sind die Bewertungsprädikate allesamt durch pronominale Verbkonstruktionen realisiert, deren Personalpronomen den Status der persönlichen Bewertung besonders hervorheben. Die jeweils unter b) und c) aufgeführten Sätze mit den Artikeln *Le* und *Un* schließen eine generische Interpretation des Subjekts aus, während die Beispiele unter a) mit dem Artikel *Les* außerhalb eines Kontextes die generische Lesart zulassen, aber keineswegs erzwingen:

(280) Mon voisin a des chiens et des chats. Les chats me plaisent (-g), mais les chiens me font peur. (-g)

Die pronominalen Verbkonstruktionen bilden jedoch nicht den alleinigen syntaktischen Rahmen für Bewertungsprädikate; auch Verbalsyntagmen mit bewertenden Adjektiven eignen sich zum Ausdruck von persönlichen Urteilen:

(281) a) Les chats sont affreux. (+g)

---

[22] Die hier verwendete Bezeichnung *Bewertungsprädikat* geht auf die von Eggs (1994) eingeführten *prédicats appréciatifs* zurück

b) Le chat est affreux. (-g)
c) ?Un chat est affreux. (-g)

(282) a) Les histoires d'amour sont passionnantes. (+g)
b) L'histoire d'amour est passionnante. (-g)
c) ?Une histoire d'amour est passionnante. (-g)

(283) a) Les chiens sont dégoûtants. (+g)
b) Le chien est dégoûtant. (-g)
c) ?Un chien est dégoûtant. (-g)

Allen Prädikaten unter (276)-(279) und (281)-(283) ist gemeinsam, daß ihre Kombination mit der Form *Un N* zu grammatisch fragwürdigen Sätzen führt. Verantwortlich hierfür ist wieder die mangelnde Typizität bwz. Typisierbarkeit des Prädikats: Die starke rhetorische Kraft der Form *Un N* und die Form des Satzes *Un N Prädikat* weist auf eine generische Lesart des Subjekts hin, das Prädikat aber läßt weder diese generische Interpretation zu, noch lenkt es die Lesart eindeutig zum Spezifischen (vgl. Kap. 3.3.3). Während z.B. für (283) c) selbst mit spezifischem Subjekt kaum ein geeigneter Kontext zu finden ist, läßt sich ein Satz wie (283) b) ohne Schwierigkeiten in eine glaubwürdige Situation einbetten:

(284) Le chien est dégoûtant: il n'a presque plus de poils et de l'eczéma partout. (-g)

Bewertungsprädikate, realisiert als reflexive Verbkonstruktionen oder attributive Konstruktionen mit bewertendem Adjektiv, haben also eine andere Auswirkung auf die Lesart von potentiell generischen Subjekt-NPs als die typischen Prädikate. Es wäre sicherlich übereilt, die Bewertungsprädikate einfach als nichttypische Prädikate zu bezeichnen, weil dann auch die generische Lesart in den Sätzen (276) a)-(279) a) und (281) a)-(283) a) ausgeschlossen würde. Im weiteren Verlauf wird sich zeigen, daß die Grenze zwischen Bewertungsprädikaten und Typisierungen fließend ist und von verschiedenen Faktoren in jede Richtung verschoben werden kann. Ein Beispiel hierfür ist die Verwendung von Adjektiven wie *amusant* oder *ennuyeux*, die ebenso wie *passionnant, affreux* oder *dégoûtant* bewertend gebraucht werden – Sätze wie *Les chats sont amusants* oder *Les débats politiques sont ennuyeux* können schließlich als Paraphrasen von *Les chats m'amusent* bzw. *Les débats politiques m'ennuient* verstanden werden. Entgegen der Erwartung aber, daß Prädikate mit diesen bewertenden Adjektiven eindeutige Bewertungsprädikate darstellen und zu den in (276)-(279) und (281)-(283) beobachteten Ergebnissen führen, zeigt sich, daß sie die generische Lesart der Formen *Le N* und *Un N* nicht unbedingt ausschließen:

(285) a) Les chats sont amusants. (+g)
b) Le chat est amusant. (+g)
c) Un chat est amusant. (++g)

(286) a) Les histoires d'amour sont ennuyeuses. (+g)
b) L'histoire d'amour est ennuyeuse. (-g)
c) Une histoire d'amour est ennuyeuse. (++g)

In (285) und (286) scheint die Tendenz zur Default-Interpretation als Satz mit generischem Subjekt und typischem Prädikat die Auslegung als persönliche Bewertung zu dominieren: Im Gegensatz zu stark emotionalen Adjektiven wie *passionnant*, *affreux* und *dégoûtant*, die eine deutliche Implikation des Sprechers beinhalten, sind *amusant* und *ennuyeux* weniger emotional gefärbt und können daher teilweise auch als Typisierungen verstanden werden. Die möglichen Lesarten der Subjekt-NPs in (285) und (286) entsprechen denn auch genau den Gesetzmäßigkeiten, die in bezug auf typische Prädikate festgestellt wurden: In (285) liegt eine Übereinstimmung zwischen dem sprachlichen Wissen und dem Weltwissen vor, weil das Verhalten von Katzen tatsächlich im allgemeinen als drollig und amüsant empfunden wird. Das Prädikat drückt daher eine allgemein anerkannte Typizität aus und läßt auch für ein Subjekt der Form *Le N* generische Lesart zu. *Etre ennuyeux* dagegen wird nicht typischerweise mit *histoire d'amour* in Verbindung gebracht; eine Typisierung ist daher nur mit den Formen *Les N Prädikat* und *Un N Prädikat*, nicht aber mit *Le N Prädikat* zu erreichen (vgl. Kap. 3.3.3).

Attributive Konstruktionen wären demnach nur dann als Bewertungsprädikate zu verstehen, wenn das in ihnen enthaltene Adjektiv (oder adjektivische Partizip) eine 'überdurchschnittlich' starke Emotion zum Ausdruck bringt. Aber auch diese von vornherein undeutliche Trennungslinie zwischen Bewertung und Typisierung, die auf der vagen Unterscheidung zwischen stark und schwach emotionalen Adjektiven beruht, wird durch zusätzliche Interferenzen weiter verwischt:

(283) a) Les chiens sont dégoûtants. (+g)
b) Le chien est dégoûtant. (-g)
c) ?Un chien est dégoûtant. (-g)

(287) a) Les serpents sont dégoûtants. (+g)
b) Le serpent est dégoûtant. (+g)
c) Un serpent est dégoûtant. (++g)

Obwohl in (283) und (287) identische Prädikate mit stark emotionalem Adjektiv auf die jeweiligen Subjekt-NPs angewendet werden, sind die Prädikate unter (283) als Bewertungsprädikate, die Prädikate unter (287) als Typisierungen, die auch für *Le N* und *Un N* eine generische Lesart zulassen, zu verstehen. Diese Typisierung ergibt sich aus dem enzyklopädischen Wissen und entspricht dem schon biblischen Allgemeinplatz, nach dem Schlangen als ekelerregend und böse empfunden werden, während eine solche Einschätzung für Hunde nicht zutrifft und daher in (283) nur als persönliche Bewertung verstanden werden kann. Um über den Typ den Prädikats zu entscheiden, muß also nicht nur zwischen stark und schwach emotionalen Adjektiven unterschieden werden, sondern es muß auch bekannt sein, ob die in einem Satz ausgedrückte Beziehung zwischen Subjekt und Prädikat einem in einer Sprachgemeinschaft akzeptierten Wissen entspricht. Je nach Basisnomen der Subjekt-NP kann damit, wie der Vergleich zwischen (283) und (287) zeigt, ein gleiches Prädikat verschiedenen Prädikatstypen angehören.

Diese Erkenntnis hat nun eine größere Reichweite, als das mit den Beispielen (283) und (287) illustrierte Phänomen zunächst vermuten läßt. Bisher hat sich gezeigt, daß die Form *Un N* in Sätzen mit Bewertungsprädikat nicht generisch interpretierbar ist und sogar zu grammatisch zweifelhaften Ergebnissen führt, weil auch eine spezifische Interpretation für diese Sätze kaum vorstellbar ist. Was jedoch zunächst als Bewertungsprädikat erscheint, kann auch ohne Substitution des Basisnomens der Subjekt-NP leicht zu einem typischen Prädikat werden. So genügt es, in manchen Sätzen mit Bewertungsprädikat das Basisnomen der Subjekt-NP dergestalt zu modifizieren, daß die Relation zwischen Subjekt und Prädikat mit dem Welt- oder Alltagswissen übereinstimmt, um aus dem Bewertungsprädikat ein typisches Prädikat werden zu lassen:

(281') a) Les chats borgnes sont affreux. (+g)
b) Le chat borgne est affreux. (+/-g)
c) Un chat borgne est affreux. (++g)

(283') a) Les chiens galeux sont dégoûtants. (+g)
b) Le chien galeux est dégoûtant. (+/-g)
c) Un chien galeux est dégoûtant. (++g)

Das Hinzufügen eines negativ besetzten, modifizierenden Elementes zur Subjekt-NP führt in (281') und (283') zu einer Angleichung zwischen Subjekt und Prädikat: Während *être affreux* und *être dégoûtant* nicht typischerweise mit *chat* bzw. *chien* verbunden wird, ist eine solche Typisierung durchaus zulässig, wenn es sich um einäugige Katzen und von Krätze befallene Hunde handelt. M.a.W.: Der in (281) und (283) ausgedrückte Sachverhalt, der nur eine persönliche Einschätzung wiedergibt, wurde in (281') und (283') in Einklang mit einer allgemein geteilten Auffassung gebracht und beschreibt nunmehr etwas Typisches. Da die Sätze (281') c) und (283') c) mit einer Subjekt-NP der Form *Un N* als Typisierungen verstanden werden können, haben sie ihren zweifelhaften Status verloren und sind nunmehr eindeutig grammatisch und ebenso eindeutig generisch.

Bewertungen und Typisierungen liegen also nahe beieinander und sind nur durch einen fließenden, schwer bestimmbaren Grenzbereich voneinander getrennt. Es wird vor allem deutlich, daß eine solche Trennung nur auf der Grundlage außersprachlicher Kriterien Aussicht auf Erfolg hat, eine streng innersprachliche Klassifizierung wie "*être dégoûtant* ist zu den Bewertungsprädikaten zu rechnen" wird den hier beschriebenen Phänomenen nicht gerecht. Die große Nähe und teilweise Überschneidung von Bewertungen und Typisierungen ist im übrigen nicht weiter verwunderlich: Bewertungen und persönliche Einschätzungen können entweder den allgemein geteilten Einschätzungen, also einer Typisierung *a priori* entsprechen (vgl. (287) a) *Les serpents sont dégoûtants*), oder ihnen zuwiderlaufen (vgl. (283) a) *Les chiens sont dégoûtants*). Entspechend werden auch die Reaktionen auf die verschiedenen Bewertungen ausfallen: Eine Antwort auf (287) a) könnte etwa *Absolument!* oder *Je ne trouve pas* lauten, während (283) a) wohl eine Reaktion wie *Pourquoi dis-tu ça?* oder *As-tu fait de mauvaises expériences avec les chiens?* hervorrufen würde.

Der eigenständige Prädikatstyp *Bewertungsprädikat* mit seinen spezifischen Auswirkungen auf die Lesart der Subjekt-NP liegt somit nur dann vor, wenn das Prädikat als reflexive Verbkonstruktion realisiert ist oder wenn in einer Attributivkonstruktion die Bewertung nicht mit einer allgemein geteilten Einschätzung übereinstimmt. Es sei noch einmal darauf hingewiesen, daß Bewertungsprädikate nicht einfach im Rahmen der Typisierungen als nicht-typische Prädikate mitbehandelt werden können: Bewertungsprädikate lassen für die Form *Les N* die generische Lesart zu, schließen sie für die Form *Un N* jedoch aus (vgl. (276)-(279) und (281)-(283)). Die Darstellung des Übergangs von typischen zu nicht-typischen Aussagen dagegen hat gezeigt, daß die Form *Un N Prädikat* eine größere typisierende Kraft als *Les N Prädikat* besitzt und somit ein Prädikat, das die generische Lesart der Form *Les N* ermöglicht, auch zwangsläufig zu generischer Lesart der Form *Un N* führt. Bei schwach oder bedingt typischen Prädikaten kann gar *Un N* noch generisch interpretiert werden, wenn für *Les N* fast nur noch spezifische Referenz sinnvoll ist:

(288)   Les arbres ont un feuillage touffu. (+/-g)
(289)   Un arbre a un feuillage touffu. (++g)

Die für typische Prädikate geltende Regel "Ein Prädikat, das die generische Lesart einer Subjekt-NP der Form *Les N* erlaubt, führt bei gleichem *N* auch zwangsläufig zu generischer Lesart einer Subjekt-NP der Form *Un N*" ist also nicht auf Bewertungsprädikate anwendbar.

Der Einfluß der Bewertungsprädikate auf die Lesart potentiell generischer Subjekt-NPs ist in Regel IX noch einmal zusammengefaßt:

> **Regel IX**
> Bewertungsprädikate lassen ausschließlich für Subjekt-NPs der Form *Les N* eine generische Lesart zu. Subjekt-NPs der Form *Un N* sind nicht mit Bewertungsprädikaten kombinierbar. Die Prädikate grammatischer Sätze mit einem Subjekt der Form *Un N* sind daher in jedem Fall einem anderen Prädikatstyp zuzuordnen.

3.3.8 Normative Prädikate

Aussagen, die eine Verhaltensregel, ein Prinzip oder eine Norm vermitteln, fassen wir unter dem Begriff *normative Prädikate* zusammen. Wie schon in Kap. 2.2.1.3 kurz erwähnt wurde, erhalten normative Prädikate erst durch eine Subjekt-NP der Form *Un N* ihre volle rhetorische Kraft. Da eine Regel oder Norm immer etwas Allgemeines ausdrückt, d.h. immer für einen Typ oder eine Art von Objekten, Handlungen und Vorgängen etc. aufgestellt wird, sind die Subjekte normativer Prädikate grundsätzlich generisch zu verstehen.

Anhand welcher Merkmale aber sind normative Prädikate zu erkennen? Einen recht verläßlichen Hinweis liefert das Verb *devoir*, das sich aufgrund seines deontischen Aspekts hervorragend zum Aufstellen von Regeln und Normen eignet:

(290) Un homme doit assumer ses responsabilités. (++g)
(291) Un gouvernement sincère doit admettre que le terrorisme met au jour souvent un grief légitime. (MD 9/96: 1) (++g)
(292) Désormais, un journal écrit doit, lui aussi, faire bref, court et simple. (MD 2/94: 32) (++g)
(293) Un droit proclamé doit être conquis et exercé par les citoyens pour demeurer une réalité vivante. (MD 12/89: 20) (++g)
(294) Un Etat digne de ce nom se doit d'éviter toute sensiblerie. (MD 3/94: 14) (++g)
(295) Est-ce à dire qu'un investisseur doit se désintéresser de l'autre créneau porteur, celui des pauvres? (MD 6/96: 20) (++g)

Allerdings ist das Vorhandensein des Verbs *devoir* bei weitem keine Garantie dafür, daß es sich bei dem betreffenden Prädikat um eine normative Aussage handelt:

(296) Un fonds, alimenté par les partis et d'autres donateurs, doit être créé à la banque centrale de Bosnie-Herzégovine. (MD 9/96: 19) (-g)
(297) Comme en France après la guerre, une mobilisation de toutes les énergies doit assurer la transition vers la démocratie. (MD 2/90: 15) (-g)

Um zu einer normativen Aussage zu werden, reicht es für ein Verbalsyntagma scheinbar nicht, eine deontische Aussage zu enthalten; vielmehr muß, anders als in (296) und (297), ebenfalls ein iterativer oder durativer Aspekt der ausgedrückten Handlung möglich sein.

Neben den explizit normativen Prädikaten, die ihren regelhaften Bedeutungsaspekt vor allem aus dem Verb *devoir* schöpfen, können auch andere Verbalsyntagmen, die nur typische Eigenschaften oder gar bloße Vorgänge oder Ereignisse ausdrücken, normativen Charakter annehmen:

(298) Une société repose sur des valeurs. (++g)
(299) Un chrétien est charitable. (++g)
(300) Un garçon ne pleure pas. (++g)
(301) Un enfant ne met pas les coudes sur la table. (++g)

Diese Normativität der sonst ganz unterschiedlichen Prädikate in (298)-(301) entsteht gerade durch die rhetorische Kraft des unbestimmten Artikels Singular in der Subjekt-NP. Fast entsteht der Eindruck, als würden in (298)-(301) typische Prädikate verwendet – ein Eindruck, der von der typisierenden, definitorischen Kraft der Form *Un N* hervorgerufen wird. Der Unterschied zwischen Sätzen, in denen *Un N* als Subjekt-NP tatsächlich typischer Prädikate vorkommt ((188) *Un chat chasse la nuit*) und solchen, in denen die Typisierung erst durch die Verwendung von *Un N* erreicht wird ((298)-(301)), liegt darin, daß erstere wie rhetorische Definitionen (vgl. Kap. 2.2.1.3 und 2.3.1.2.2), letztere aber aufgrund des veränderlichen Sachverhalts, der in ihnen zum Ausdruck kommt, wie Regeln oder Normen gelesen werden.

Vergleicht man nun (290)-(295) und (298)-(301) mit entsprechenden Sätzen, in denen die Subjekt-NPs *Un N* durch das ebenfalls mögliche *Les N* ersetzt wurden, so wird die spezielle rhetorische Funktion der Form *Un N* besonders deutlich:

(302) Les hommes doivent assumer leurs responsabilités. (+g)
(303) Les gouvernements sincères doivent admettre que le terrorisme met au jour souvent un grief légitime. (+g)
(304) Désormais, les journaux écrits doivent, eux aussi, faire bref, court et simple. (+g)
(305) Les droits proclamés doivent être conquis et exercés par les citoyens pour demeurer des réalités vivantes. (+g)
(306) Les Etats dignes de ce nom se doivent d'éviter toute sensiblerie. (+g)
(307) Est-ce à dire que les investisseurs doivent se désintéresser de l'autre créneau porteur, celui des pauvres? (+g)

(308) Les sociétés reposent sur des valeurs. (+g)

(309) Les chrétiens sont charitables. (+g)
(310) Les garçons ne pleurent pas. (+g)
(311) Les enfants ne mettent pas les coudes sur la table. (+g)

Da für Kontinuativa in generischer Lesart die Determination durch einen anderen als den bestimmten Artikel Singular ausgeschlossen ist, übernimmt für sie die Form *Le N* die rhetorische Funktion, die *Les N* für Individuativa innehat:

(312) L'art doit se confronter à la raison. (MD 7/96: 16)

Während die Sätze mit Subjekt-NPs der Form *Un N* den Charakter einer allgemeingültigen Forderung oder Regel haben, wirken ihre mit *Les N* versehenen Gegenstücke rhetorisch schwächer und sind eher als einfache Feststellungen, als Erwähnungen bestehender Regeln zu lesen. Weiterhin fällt auf, daß die Subjekt-NPs der Sätze (290)-(295) und (298)-(301) zwangsläufig generisch interpretiert werden müssen; eine spezifische Interpretation führt zu abweichenden Sätzen (??*Un homme que je connais doit assumer ses responsabilités*, ??*Un droit proclamé la semaine dernière doit être conquis et exercé par les citoyens pour demeurer une réalité vivante*, etc.). Für Sätze mit *Les N* als Subjekt-NP dagegen sind ohne Schwierigkeiten auch Kontexte vorstellbar, die zu einer spezifischen Interpretation des Subjekts führen:

(313) Les Etats dignes de ce nom, c'est-à-dire les Etats européens, se doivent d'éviter toute sensiblerie. (-g)
(314) Les droits proclamés la semaine dernière doivent être conquis et exercés par les citoyens pour demeurer des réalités vivantes. (-g)
(315) Regarde cette salle de cantine: les enfants ne mettent pas les coudes sur la table. (-g)

Die Prädikate dieser Sätze haben nun auch ihren normativen Aspekt verloren und geben nur noch einen auf einen singulären Sachverhalt bezogenen Ratschlag oder ein einfaches Ereignis wieder.[23] Normative Prädikate sind folglich mit *Un N* und *Les N* in generischer Lesart kombinierbar, wobei *Un N* allerdings eine Vorrangstellung in dem Sinne einnimmt, daß die Konstruktion *Un N Prädikat$_{normativ}$* gewissermaßen die 'prototypische' Form für die Formulierung von moralischen oder verhaltensbezogenen Normen darstellt.

---

[23] Anhand des unterschiedlichen rhetorischen Gehalts der Sätze (311) und (301) illustrieren Galmiche (1985: 31ff.) und Eggs (1994: 155ff.) die jeweilige Funktion der Artikel *Les* und *Un*: Ein gegen (311) *Les enfants ne mettent pas les coudes sur la table* gerichteter Einwand wie etwa *Si, puisque moi, je le fais* bestreitet eher eine mit (311) behauptete Tatsache, während ein Einwand gegen (301) *Un enfant ne met pas les coudes sur la table* die Regel an sich in Frage stellt.

Über die Verwendung der Form *Le N* mit normativen Prädikaten scheinen nun die Auffassungen auseinanderzugehen: Während Galmiche (1985) den bestimmten Artikel Singular unter Vorbehalt zuläßt, schließt Eggs (1994) ihn vom generischen Gebrauch aus – ohne dies allerdings im einzelnen zu begründen. Tatsächlich scheint *Le N* als Subjekt-NP von potentiell normativen Aussagen zunächst nur in spezifischer Lesart möglich zu sein und führt in den folgenden Beispielen teilweise gar zu eher unverständlichen Sätzen:

(316) ? Le gouvernement sincère doit admettre que le terrorisme met au jour souvent un grief légitime. (-g)
(317) ? Le droit proclamé doit être conquis et exercé par les citoyens pour demeurer une réalité vivante. (-g)
(318) Est-ce à dire que l'investisseur doit se désintéresser de l'autre créneau porteur, celui des pauvres? (-g)
(319) L'enfant ne met pas ses coudes sur la table. (-g)

Bei sorgfältiger Auswahl der Beispiele stellt sich aber heraus, daß nicht alle Sätze die generische Lesart der Subjekt-NP *Le N* ganz ausschließen; manche setzen ihr gar überhaupt keinen Widerstand entgegen:

(320) La société repose sur des valeurs. (+/-g)
(321) Le chrétien est charitable. (+g)
(322) L'homme doit assumer ses responsabilités. (+g)

Während das Subjekt in (320) noch eher spezifisch zu lesen ist (ein Sprecher, der (320) äußert, bezieht sich wohl auf die spezifische Gesellschaft, in der er lebt), kann (321) schon als Regel oder Norm verstanden werden; in (322) ist diese regelhafte, generische Lesart sogar sehr wahrscheinlich.

Die folgenden Beispielsätze belegen nun eindeutig, daß generisches *Le N* in bestimmten Fällen problemlos mit normativen Prädikaten kombinierbar ist:

(323) *La femme doit savoir coloniser le virtuel... ce qui compte, c'est d'incarner toutes les valeurs humaines; il faut éviter le déficit de valeurs féminines.* (MD 8/96: 20) (+g)
(324) C'est pourquoi, même si cela ne plaît guère à nos contemporains, le pape Jean-Paul II, dans l'encyclique Veritatis splendor, a raison de rappeler que *l'homme doit tendre de toutes ses forces vers une vérité plus grande, plus large, moins enfermée.* (MD 2/94: 32) (+g)
(325) Le pouvoir s'érige alors en principe de réalité, en surmoi collectif. Il éprouve sans doute la suprême jouissance de punir et d'exhorter, au nom du bien commun. Il nous châtie parce qu'il nous aime. *Le citoyen doit s'incliner*, c'est une question de morale. (MD 3/95: 25) (+g)

In (325) wird nicht nur die Regelhaftigkeit des Prädikats durch das Verb *devoir* explizit gefördert, sondern zusätzlich – wenn auch ironisch – mit dem Zusatz *c'est une question de morale* sein Status als moralisches Urteil unterstrichen. Wie für *Les N* ist im übrigen auch für *Le N* festzustellen, daß mit diesen Formen vornehmlich Regeln und Normen 'nur' wiedergegeben werden, während *Un N* immer eine persönliche Implikation des Sprechers beinhaltet: Wer die Form *Un N Prädikat$_{normativ}$* benutzt, vertritt auch selbst die geäußerte Norm oder Regel.

Welches ist nun der Grund dafür, daß *Le N* mit bestimmten Nomina als Subjekt von normativen Prädikaten generisch interpretiert werden kann ((321)-(325)) und andere Nomina nur eine spezifische Lesart zulassen ((316)-(319))? Eggs selbst (1994: 155) liefert diesbezüglich einen Hinweis, indem er die in jeder Definition enthaltene Idealisierung anspricht und damit den Übergang der Konstruktion *Un N Prädikat* von einer rhetorischen Definition zu einer Norm oder Regel herstellt: "[...] toute définition contient de "l'idéalisation constructive" qui devient quasi naturellement **déontique** s'il s'agit d'affaires humaines et sociales. C'est pourquoi la phrase de Corblin *Une société repose sur des valeurs* implique plutôt une lecture déontique comme *Une société doit reposer sur des valeurs*" (Unterstreichung SvF). Bei Regeln und Normen handelt es sich also um die Formulierung menschlicher oder sozialer Belange. Nun hat der bestimmte Artikel Singular in generischer Lesart die Funktion, eine Gattung oder Art wie ein Individuum zu präsentieren. Dies wiederum bedeutet, daß das mit *Le* determinierte Nomen im menschlichen oder sozialen Bereich, um den es hier ja geht, überhaupt individualisierbar sein muß, d.h., die mit ihm bezeichneten Elemente müssen in bezug auf die menschliche Gemeinschaft oder das soziale Leben eine begründete, allgemein anerkannte Homogenitität aufweisen. Eine "konstruktive Idealisierung", so wie sie ein normatives Prädikat vornimmt, kann nur dann auf eine wie ein Individuum präsentierte Gruppe angewendet werden, wenn diese Gruppe im menschlichen oder sozialen Bereich als etwas Einheitliches angesehen wird, das als Ganzes eine bestimmte Rolle innehat. Genau dies ist für die in (323)-(325) in der Subjekt-NP verwendeten Nomina der Fall: Die FEMME in (323), in der männlich dominierten Gesellschaft wegen ihrer notorischen Benachteiligung nahezu als eigenständige gesellschaftliche Einheit angesehen, sollte den Bereich der "virtuellen Welten" erobern; *homme* in (324) steht für die Gattung HOMME und könnte durch *humanité* ersetzt werden *(l'humanité doit tendre vers une vérité plus grande)* und auch der CITOYEN aus (325), also die einem Staat angehörende Person, unter dem Gesichtspunkt seiner spezifischen Rechte und Pflichten *(la citoyenneté)* betrachtet, stellt eine einheitliche gesellschaftliche Gruppe dar. Für GOUVERNEMENT, ENFANT, INVESTISSEUR oder gar DROIT ist dagegen eine solche gesellschaftlich anerkannte Homogenität *a priori* nicht zu erkennen, der individualisierende Artikel *Le* muß daher zu spezifischer Interpretation führen (vgl. (318) und (319)). Zwar kann mit anderen Prädikaten die Individualisierung durch *Le N* unterstützt werden *(L'enfant est considéré comme inutile dans notre* *société)*, in Zusammenhang mit normativen Prädikaten aber muß sie schon von vornherein verfügbar sein, weil diese für eine Individualisierung *a posteriori* nicht geeignet sind. Die Verwendung von *Le N* in Kombination mit normativen Prädikaten bleibt daher auf Nomina beschränkt, die gesellschaftlich erkennbare, "homogene" Gruppen bezeichnen.

Damit ergeben sich nun für normative Prädikate folgende Gesetzmäßigkeiten:

Regel X
Sätze mit einer Subjekt-NP der Form *Un N* und normativem Prädikat stellen die Standardform für Regeln, Normen oder moralische Urteile dar und führen zu generischer Lesart des Subjekts. Die rhetorisch schwächere Form *Les N* ist ebenfalls mit normativen Prädikaten kombinierbar, wird aber nicht zwangsläufig generisch gelesen. *Le N* in generischer Lesart kann nur dann als Subjekt normativer Prädikate verwendet werden, wenn *N* eine gesellschaftliche Gruppe bezeichnet, die aufgrund ihrer Funktion oder Rolle eine Einheit bildet.

3.3.9 Ausdrucksformen der Möglichkeit und der Potentialität

Ein weiterer Aussagentyp, der die generische Lesart der Konstruktionen *Les N*, *Le N* und *Un N* beeinflussen kann, betrifft den Ausdruck des Möglichen und des Potentiellen. Die einzige systematische – wenn auch sehr kurz gehaltene – diesbezügliche Untersuchung liefert Eggs (1994), der im Rahmen seiner Darstellung der drei generischen Artikel des Französischen und ihrer Verwendbarkeit mit verschiedenen Prädikaten unter anderem auch zwei Typen der generischen Referenz bespricht, die er als *générique possible* und *générique potentiel* bezeichnet.

Nach Eggs liegt Generizität des Möglichen in

(326) Le/un bâtiment peut être blanc.

und Generizität des Potentiellen in

(327) Le/un homme peut écrire.

vor (1994: 160f.). Der durch das polyseme Verb *pouvoir* verwischte Unterschied zwischen (326) und (327) besteht darin, daß (326) über eine bloße Möglichkeit Auskunft gibt, (327) dagegen etwas Potentielles zum Ausdruck bringt und in etwa wie "Le/un homme *est capable* d'écrire" zu lesen ist. Eggs nimmt an, in (326) könne nur die Form *Un N*, in (327) nur *Le N* eine generische Lesart ermöglichen, die für (327) im übrigen auch nur dann zu erreichen sei, wenn das Prädikat eine "propriété *typique et potentielle* de l'homme en ce sens que cette propriété constitue un trait distinctif sans pour autant être toujours réalisée" (1994: 161) bezeichne.

Aus dem Blickwinkel unserer speziellen Zielsetzung, d.h. der Erkennung und Übersetzung generischer Syntagmen, halten wir nun die Annahme eines eigenständigen Aussagentyps, der als "potentielles Prädikat" bezeichnet werden könnte, für nicht gerechtfertigt. Wenn ein potentielles Prädikat eine typische Eigenschaft, ein distinktives Merkmal des Subjekts bezeichnet, was kann es anderes sein als einfach nur ein typisches Prädikat – selbst wenn die genannte Eigenschaft potentiell bleibt und nicht in jedem Fall realisiert sein muß? Nicht aufgrund seines potentiellen, sondern nur kraft seines typischen Charakters nämlich kann ein solches Prädikat generische Lesart fördern:

(328)   L'homme peut lire. (+g)
(329)   L'homme est capable de penser. (+g)
(330)   Le chien peut entendre des ultra-sons. (+g)

(331)   L'homme peut marcher. (+/-g)
(332)   Le chien peut courir très vite. (+/-g)

Alle oben aufgeführten Sätze drücken eine Potentialität aus, aber nur die Subjekte der Sätze (328)-(330), deren Prädikate darüber hinaus eine typische Eigenschaft enthalten, können problemlos generisch interpretiert werden. Es ist daher nicht erkennbar, daß die Potentialität eine für die Lesart der Subjekt-NP ausschlaggebende Rolle spielt.

Um die potentiellen Prädikate uneingeschränkt in die Kategorie der typischen Prädikate aufnehmen zu können, muß jedoch noch ein weiteres Hindernis aus dem Weg geräumt werden. Während typische Prädikate alle drei generischen Artikel zulassen, ist nach Eggs (1994: 160) die Form *Un N* in Verbindung mit potentiellen Prädikaten nur spezifisch zu lesen: "Dans [L'homme *peut écrire*], [la] lecture conjecturale est exclue car *pouvoir* a ici le sens concret de *être capable*. Ce sens concret est aussi présent dans *Un homme peut écrire* qui n'a pourtant qu'une lecture spécifique ('Un des hommes dans la salle peut écrire')." Wir folgen dieser Einschätzung nicht und meinen, daß typische Prädikate, die zusätzlich eine Potentialität ausdrücken, genau wie die 'einfachen' typischen Prädikate mit generischem *Un N* kombinierbar sind. Dies gilt ebenso für *Un homme peut écrire* wie für die folgenden, besonders deutlich generischen Sätze, in denen *pouvoir* durch das äquivalente *être capable* ersetzt wurde:

(333)   Les hommes sont capables d'écrire. (+g)
(334)   L'homme est capable d'écrire. (+g)
(335)   Un homme est capable d'écrire. (++g)

Ein Vorwurf, der der Gleichsetzung der potentiellen und typischen Prädikate gemacht werden könnte, wäre ein Hinweis auf die Tatsache, daß in (335) ein Übergang von der bloßen Typizität zur Normativität zu beobachten ist ("Un homme doit être capable d'écrire"). Diese Tendenz aber besteht für alle typischen Prädikate mit *Un N* als Subjekt-NP; ausschlaggebend ist hier vielmehr, daß *Un N* in (335) in jedem Fall generisch gelesen werden kann. So bleiben auch die Subjekt-NPs der Sätze (328)-(330) mit typisch-potentiellem Prädikat weiterhin generisch, wenn *Le N* durch *Un N* ersetzt wird:

(336) Un homme peut lire. (++g)
(337) Un homme est capable de penser. (++g)
(338) Un chien peut entendre des ultra-sons. (++g)

Eggs selbst (1994: 159f.) führt in einem anderen Zusammenhang kurz vor seiner Untersuchung der Generizität des Möglichen und des Potentiellen ein Beispiel mit generischem Subjekt an, in dem *Un N* mit einem 'potentiellen' Prädikat kombiniert wird:

(339) Un chat parvient à retomber de 6 m sur ses pattes. Au-delà, il se brise un membre [...]. (++g)

Parvenir à retomber de 6 m sur ses pattes entspricht recht genau Eggs' Definition der potentiellen Generizität (*parvenir à* könnte durch *pouvoir* ersetzt werden); es bezeichnet eine typische, distinktive Eigenschaft der Gattung CHAT, ohne notwendigerweise in jedem Fall realisierbar zu sein – dennoch ist *Un chat* hier generisch. Zudem bezeichnet interessanterweise wiederum Eggs (1994: 159) selbst das in (339) aufgeführte Beispiel als eine erweiterte Definition bzw. eine "allgemeine, typisierende Beschreibung" *(description générale typisante)*.

Wir unterscheiden daher die Prädikate der potentiellen Generizität nicht von den typischen Aussagen und halten als eigenständigen Prädikatstyp nur diejenigen Verbalsyntagmen fest, die den *générique possible* konstituieren. In Übereinstimmung mit Eggs stellen wir fest, daß mit diesen *Möglichkeitsprädikaten* allein Subjekt-NPs der Form *Les N* oder *Un N* generisch interpretiert werden können, dabei scheint *Un N* die spezifische Lesart sogar auszuschließen:

(340) a) Les chats peuvent avoir le poil tout blanc. (+g)
b) Le chat peut avoir le poil tout blanc. (-g)
c) Un chat peut avoir le poil tout blanc. (++g)

(341) a) Les téléviseurs peuvent tomber en panne au bout de 15 jours. (+g)
b) Le téléviseur peut tomber en panne au bout de 15 jours. (-g)
c) Un téléviseur peut tomber en panne au bout de 15 jours. (++g)

(342) a) Les hommes politiques peuvent avoir une conscience. (+g)
       b) L'homme politique peut avoir une conscience. (-g)
       c) Un homme politique peut avoir une conscience. (++g)

Versucht man, *Les N Prädikat$_{möglich}$* und *Un N Prädikat$_{möglich}$* in einen spezifischen Kontext einzubetten, so zeigt sich, daß dies nur für *Les N* ohne Schwierigkeiten gelingt, *Un N* sich aber gegen eine spezifische Interpretation sträubt:

(343) a)   Les hommes politiques que j'ai vus hier peuvent avoir une conscience. (-g)
       b) * Un homme politique que j'ai vu hier peut avoir une conscience.

Der Grund für den Ausschluß der Form *Le N* von der generischen Lesart ist offensichtlich aus ihrer rhetorischen Funktion herzuleiten: Möchte man eine Art oder Gattung wie ein Individuum präsentieren, so muß das verwendete Prädikat gleichzeitig etwas für die Gattung Charakteristisches oder als charakteristisch Präsentiertes enthalten und so die Vorstellung von einem Individuum unterstützen. Mit einer schwankenden Aussage wie *Le chat peut avoir (mais peut aussi ne pas avoir) un poil tout blanc* ist eine solche Individualisierung nicht zu erreichen, für *le chat* wird von einem Hörer oder Leser daher automatisch ein spezifischer Referent *(le chat de Pierre)* gesucht werden. Generische Lesart von *Le N* ist nur dann möglich, wenn das Basisnomen ein Kontinuativum ist; der bestimmte Artikel Singular hat dann die gleiche Funktion wie der Artikel *Les* als Determinans von Individuativa:

(344) Le beurre peut être blanc. (+g)

Für die Kombination der generischen Artikel mit Möglichkeitsprädikaten ergibt sich somit eine recht knappe und einfache Regel:

Regel XI
Möglichkeitsprädikate lassen generische Lesart nur für Subjekt-NPs der Formen *Les N* und *Un N* zu, wobei *Un N* eine spezifische Lesart sogar ausschließt. Die Form *Le N* führt – außer für Kontinuativa – zwangsläufig zu spezifischer Interpretation.

3.3.10 Der Einfluß des Prädikats auf die Generizität: Übersicht

In den Tabellen auf den Seiten 154/155 werden die vielfältigen Einflüsse der verschiedenen Prädikate auf die syntaktische Form und die Generizität von Subjektsyntagmen noch einmal in geraffter, übersichtlicher Form dargestellt.

Die Lesarten der für Kontinuativa einzig möglichen Form *Le N* entsprechen im allgemeinen denen der Form *Les N* für Individuativa und sind daher nicht noch einmal extra aufgeführt.[24]

Jede Kombination von *Les N*, *Le N* und *Un N* mit einem Prädikatstyp ist entsprechend der bisher verwendeten Notation bezüglich ihrer Interpretationsmöglichkeit gekennzeichnet: Eine generische Lesart der jeweiligen Form in Subjektposition kann notwendig ("++"), möglich ("+"), unwahrscheinlich ("+/-") oder ausgeschlossen ("-") sein. Da prinzipiell davon auszugehen ist, daß ungrammatische Sätze in konkreten Texten, die im Rahmen eines menschlichen oder maschinellen Übersetzungsprozesses analysiert werden, nicht vorkommen und daher von vornherein nicht bearbeitet werden müssen, wurden in die Tabelle auch explizite Angaben zur Grammatikalität aufgenommen. Zusätzlich sind zur besseren Nachvollziehbarkeit für jeden Prädikatstyp signifikante Beispielsätze angegeben.

Die hier zusammenhängend dargestellten Verwendungsmöglichkeiten der potentiell generischen Formen *Les N*, *Le N* und *Un N* bestätigen die bisher beobachteten Tendenzen: Im Vergleich zu den beiden anderen Formen präsentiert sich *Les N* als besonders offen für das Generische und ist für einschränkende Kriterien am wenigsten anfällig. Nur in zwei Fällen bleibt seine Verwendung als generische Subjekt-NP auf bestimmte Nomina beschränkt (vgl. die Zeilen zu projektiven Prädikaten und direkten Gattungsprädikaten). Dagegen erweist sich *Un N* als besonders empfindlich im Bezug auf eine Variation des Prädikats und schließt generische Interpretation häufiger als *Les N* und *Le N* aus. Bemerkenswert ist zudem, daß die Form *Un N* immer unzweideutige Interpretationsanweisungen beinhaltet: Sie erzwingt entweder die generische Lesart oder schließt sie ganz aus, eine eventuell generische Lesart einer Subjekt-NP der Form *Un N* ist kaum zu beobachten.

Dies bestätigt die schon in Kap. 2.2.1.3 erwähnte Annahme, daß ihre Lesart stabiler und damit von anderen Kriterien weniger abhängig ist als die der Formen *Les N* oder *Le N*. Kurzum, eine Untersuchung von *Un N* auf generische oder spezifische Lesart wird weniger Schwierigkeiten bereiten, weil sie weniger Kriterien zu berücksichtigen und gegeneinander abzuwägen hat als eine Analyse der Form *Le N* oder gar *Les N*.

3.4 Prädikatstyp und syntaktische Form: Eine Interferenz

Im Laufe der im vorigen Kapitel geführten Untersuchung der verschiedenen Prädikatstypen konnten teilweise relativ zuverlässige Kriterien für die Entscheidung

---

[24] Kontinuativa sind nicht mit projektiven Prädikaten kombinierbar, da ihr Denotatum keine "Projektion von einzelnen Individuen auf die gesamte Gattung" zuläßt.

Prädikatstyp	Les N		Le N		Un N		Beispiele
	generisch	Bemerkung	generisch	Bemerkung	generisch	Bemerkung	
definitorisch	++		++		++		Les pumas sont des prédateurs qui chassent seuls. Le puma est un prédateur qui chasse seul. Un puma est un prédateur qui chasse seul.
analytisch	++		++		0[i)]	bedingt grammatisch	Les chats sont des animaux. Le chat est un animal. ?Un chat est un animal.
prototypisch	++		++		++		Les chats ont le poil doux et les oreilles pointues. Le chat a le poil doux et les oreilles pointues. Un chat a le poil doux et les oreilles pointues.
typisch	+		+		++		Les chats chassent la nuit. Le chat chasse la nuit. Un chat chasse la nuit.
existentiell	++		++		0	nicht grammatisch	Les cigognes abondent en Alsace. La cigogne abonde en Alsace. *Une cigogne abonde en Alsace.
projektiv, N ≠ *homme* ("Mensch")	++		0	nicht grammatisch	-		Les Américains ont marché sur la lune en 1969. *L'Américain a marché sur la lune en 1969. Un Américain a marché sur la lune en 1969.
projektiv, N = *homme* ("Mensch")	+/-	bedingt grammatisch	++		-		?Les hommes ont marché sur la lune en 1969. L'homme a marché sur la lune en 1969. Un homme a marché sur la lune en 1969.

i) siehe folgende Seite

Prädikatstyp	Les N		Le N		Un N		Beispiele
	generisch	Bemerkung	generisch	Bemerkung	generisch	Bemerkung	
direkt gattungsbezogen	++[ii]		0	nicht grammatisch	0	nicht grammatisch	Les mammifères se répartissent en deux sous-classes. *Le mammifère se répartit en deux sous-classes. *Un mammifère se répartit en deux sous-classes.
indirekt gattungsbezogen	++		++		0	nicht grammatisch	Les chiens appartiennent à la classe des prédateurs. Le chien appartient à la classe des prédateurs. *Un chien appartient à la classe des prédateurs.
bewertend	+		-		0[i]	bedingt grammatisch	Les chats me plaisent. Le chat me plaît. ? Un chat me plaît.
normativ	+		+[iii]		++		Les enfants ne mettent pas les coudes sur la table. La femme doit coloniser le virtuel. Un enfant ne met pas les coudes sur la table.
möglich	+		-		++		Les télés peuvent tomber en panne au bout de 15 jours. La télé peut tomber en panne au bout de 15 jours. Une télé peut tomber en panne au bout de 15 jours.

i) Die einzige Möglichkeit, *Un N* mit diesem Prädikatstyp zu kombinieren, bietet die Konstruktion der pronominalen Wiederaufnahme durch *ça* oder *c'(est)*.
ii) Das Nomen muß einer Ebene oberhalb der Basisebene angehören: *Les zèbres se répartissent en plusieurs sous-classes*.
iii) Das Nomen muß eine gesellschaftliche Gruppe bezeichnen: *L'enfant ne met pas les coudes sur la table*.

für oder wider generische Lesart von Subjekt-NPs herausgearbeitet werden, teilweise gingen die Ergebnisse aber auch nicht über den Status tendenzieller Kriterien ohne eindeutigen Anhaltspunkt für die eine oder andere Lesart hinaus. Um in der Mehrzahl der Fälle eine möglichst eindeutige Entscheidung zu erlauben, wäre es wünschenswert, diesen noch allgemeinen Tendenzen durch zusätzliche Kriterien schärfere Konturen zu geben.

Bei der Betrachtung der Satzstruktur potentiell generischer Sätze fällt nunmehr eine Konstruktion ins Auge, deren Verwendung in vielen Fällen generische Lesart zu erzwingen und somit ein weiteres, recht verläßliches Kriterium zu liefern scheint. Es handelt sich dabei um die pronominale Wiederaufnahme einer nach links verschobenen Subjekt-NP durch *ça* oder *c'(est)* (vgl. Galmiche 1985: 3ff.). Während in isoliert betrachteten, einfachen Sätzen der Form [[NP] [VP]] wie

(345) Le chat est affectueux. (+g)
(346) Le lynx est un chasseur. (+g)
(347) Les platanes poussent vite. (+g)

die Subjekt-NP hinsichtlich generischer oder spezifischer Interpretation i. a. ambig ist, kann sie in entsprechenden Paraphrasen der Form [[NP] [*ça/ce*+VP]] nur generisch gelesen werden:

(348) Le chat, c'est affectueux. (++g)
(349) Le lynx, c'est un chasseur. (++g)
(350) Les platanes, ça pousse vite. (++g)

Dieses Hinlenken zu generischer Lesart des Subjektes ist prinzipiell auch für die Form *Un N* zu beobachten, allerdings liegen hier etwas andere Grundvoraussetzungen vor: In vollständig grammatischen Sätzen der Form *Un N Prädikat* besteht von vornherein kein Zweifel über die Lesart des Subjektes, es ist entweder eindeutig spezifisch oder eindeutig generisch zu lesen. (vgl. die Übersichtstabelle in Kap. 3.3.10). Jedoch kann für alle drei Formen *Les N, Le N* und *Un N* mit der pronominalen Wiederaufnahme bis zu einer gewissen Grenze die generische Lesart gesichert werden, die in anderen Sätzen aufgrund des Prädikats eigentlich sehr unwahrscheinlich oder gar ausgeschlossen wäre:

(351) Les chats, ça joue avec des pelotes de laine. (++g)
      Les chats jouent avec des pelotes de laine. (+/-g)

(352) Le chat, ça joue avec des pelotes de laine. (++g)
      Le chat joue avec des pelotes de laine. (-g)

(353) Un chat, ça joue avec des pelotes de laine. (++g)
Un chat joue avec des pelotes de laine. (-g)

Galmiche (1985: 3ff.) weist zusätzlich darauf hin, daß Sätze mit pronominaler Wiederaufnahme des Subjekts sogar ungrammatisch sind, wenn für die Subjekt-NP, sei es durch ein entsprechendes modifizierendes Element, sei es durch Determinantien, die spezifische Lesart erzwungen wird:

(354) *Mon platane, ça pousse vite.
(355) *Le chat que je nourris, c'est gentil.
(356) *Ce platane, ça pousse vite.
(357) *Un chat de ma voisine, ça joue avec des pelotes de laine.

Allem Anschein nach liefert diese auf den ersten Blick so einsichtige Darstellung ein verläßliches syntaktisches Kriterium, das gerade auch einem automatischen Analyseverfahren zumindest prinzipiell relativ großen Nutzen bringt. Geschmälert wird dieser Nutzen allerdings durch verschiedene Einschränkungen sowohl rein quantitativer als auch qualitativer Natur. Zunächst einmal ist festzustellen, daß die oben genannten Satzkonstruktionen mit notwendigerweise generischem Subjekt zwar nicht ausschließlich der familiären Sprachebene, aber doch zumindest der gesprochenen Sprache zuzuordnen sind. Dies bedeutet, daß sie in geschriebenen Texten – wenn überhaupt – nur selten anzutreffen sind und daher für einen Algorithmus, der auf die Analyse und Übersetzung geschriebener Sprache ausgelegt ist, nur eine untergeordnete Rolle spielen.

Schwerwiegender sind die Einschränkungen, die Galmiche (1985: 4) selbst hervorbringt und die die scheinbare Zuverlässigkeit des Kriteriums der pronominalen Wiederaufnahme in einem anderen Licht erscheinen lassen: "En réalité, ce type de critère doit être relativisé dans la mesure où son application n'est pas toujours aussi aisée: les types d'articles, les sous-catégories du nom, les types de prédicats sont susceptibles de créer diverses interférences." Mit verschiedenen Beispielen belegt er Fälle, in denen spezifische Subjekt-NPs in den angesprochenen Satzkonstruktionen vorkommen und entgegen der obigen, aufgrund der Sätze (354)-(357) getroffenen Annahme nicht zu ungrammatischen Sätzen führen:

(358) Les bijoux qui sont en vitrine, c'est des faux. (-g)
(359) L'homme à qui tu viens de parler, c'est un Espagnol. (-g)

(360) L'histoire de Paul, c'est absurde. (-g)
(361) L'affaire des bijoux, c'est passionnant. (-g)

Für die Sätze des Typs (360) und (361) nimmt Galmiche (1985: 5) an, daß hier in Wirklichkeit keine Wiederaufnahme einer vorangestellten Subjekt-NP stattfindet, sondern daß sich hinter *l'histoire de Paul* oder *l'affaire des bijoux* eine unpersönliche Konstruktion mit einem Verb im Infinitiv verbirgt:

(362) Il est absurde de croire une histoire du genre de celle que Paul a vécue.
(363) Il est passionnant de suivre une histoire du genre de celle des bijoux.

Folgt man diesem Gedankengang, so kann die eigentliche Subjekt-NP in den ursprünglichen Sätzen auch durch eine reine Infinitivkonstruktion ersetzt werden:

(364) Croire une histoire du genre de celle que Paul a vécue, c'est absurde.
(365) Suivre une histoire du genre de celle des bijoux, c'est passionnant.

Eine echte Wiederaufnahme des Subjekts dagegen wäre nur mit dem Gebrauch eines definiten Pronomens zu erreichen:

(366) L'histoire de Paul, elle est absurde.
(367) L'affaire des bijoux, elle est passionnante.

Diese etwas transformatorisch anmutende Vorgehensweise Galmiches, die letztendlich von einer der Oberflächenform *L'histoire de Paul, c'est absurde* zugrundeliegenden Tiefenstruktur *Croire une histoire du genre de celle que Paul a vécue, c'est absurde* ausgeht, führt allem Anschein nach zu einem intuitiv richtigen Ergebnis: Eine Wiederaufnahme durch *ça* oder *c'(est)* muß sich nicht unbedingt direkt auf die Subjekt-NP beziehen, sondern kann komplexere Prozesse beinhalten, deren explizite Nennung dem Ökonomiebestreben der Sprache zum Opfer gefallen ist. Obwohl im Falle der Sätze (360) und (361) mit *c'est absurde* und *c'est passionnant* eine anaphorische Beziehung zum Ausdruck kommt, stellen sie im Grunde keine Wiederaufnahmen eines bestimmten Satzteils dar: Es sind, wie aus (364) und (365) besonders deutlich zu erkennen ist, *Satzoperatoren*, die etwas über die Haltung des Sprechers zu dem von ihm selbst wiedergegebenen Sachverhalt aussagen; sie modalisieren gewissermaßen einen nicht explizit ausformulierten Satz und beziehen sich – anders als die vergleichbaren Konstruktionen in (348) *Le chat, c'est affectueux* oder (349) *Le lynx, c'est un chasseur* – nicht allein auf die Subjekt-NP.

Anders verhält es sich in den Sätzen (358) und (359), deren indefinites Pronomen aus *c'est des faux* und *c'est un Espagnol* tatsächlich mit der jeweiligen Subjekt-NP koreferent sind und die daher als echte Gegenbeispiele zu (354)- (357) anzusehen sind. Die Grammatikalität der Sätze (358) und (359), die trotz der Wiederaufnahme eines spezifischen Subjekts unzweifelhaft ist, führt Galmiche (1985: 4f.) darauf zurück, daß mit den jeweiligen Prädikaten eine Zugehörigkeitsrelation *(relation d'appartenance)* ausgedrückt wird. Eine solche Feststellung ist zwar zutreffend, sie erklärt aber nicht, aus welchem Grunde gerade eine Zugehörigkeits- oder Identitätsbeziehung die Wiederaufnahme eines spezifischen Subjekts durch *ça* oder *c'(est)* erlaubt. Vielmehr ist zu untersuchen, nach welcher Systematik in bestimmten Fällen spezifische Subjekte zu ungrammatischen Sätzen führen, während sie in anderen Fällen in vollständig grammatischen Sätzen vorkommen können.

Bei einem Vergleich der Prädikate in (348)-(357) mit denen in (358) und (359) fällt zunächst auf, daß in (348)-(357) ausnahmslos mehr oder minder typische Eigenschaften der jeweiligen Subjekte genannt werden, während *être des faux* und *être un Espagnol* aus (358) und (359) weder etwas Typisches noch Typisierbares über *les bijoux* bzw. *l'homme* aussagen. Es ist daher gar nicht notwendig, die spezifische Lesart der Subjekte in (358) und (359) durch determinative Relativsätze wie *qui sont en vitrine* und *à qui tu viens de parler* zu erzwingen, sie kommt schon allein aufgrund der eindeutig nicht-typischen Prädikate zustande:

(358') Les bijoux, c'est des faux. (-g)
(359') L'homme, c'est un Espagnol. (-g)

Es scheint, als spiele die Typizität des Prädikates bezogen auf das jeweilige Subjekt bei der hier betrachteten Problematik eine wichtige Rolle: Die pronominale Wiederaufnahme durch *ça* oder *c'(est)* besitzt eine besonders typisierende Kraft und führt, wie die Sätze (351)-(353) zeigen, auch dann noch zu generischer Lesart des Subjekts, wenn es in der einfachen sprachlichen Form *Les/Le/Un N Prädikat* spezifisch gelesen würde. Die pronominale Wiederaufnahme beinhaltet gewissermaßen die eindeutige Anweisung, die jeweilige Subjekt-NP generisch zu interpretieren. Wird die generische Lesart der Subjekt-NP aber durch modifizierende Elemente ausgeschlossen, so kommt es zu einem Konflikt zwischen dieser Anweisung und der schon vorbestimmten spezifischen Referenz des Subjektes, der Satz ist dann ungrammatisch. Die Anweisung zur generischen Interpretation des Subjekts gilt allerdings nur, wenn das Prädikat überhaupt typisierbar ist, d.h. wenn es als etwas für das Subjekt Typisches dargestellt werden kann. Da dies für die Prädikate in (358) und (359) nicht der Fall ist, sind die jeweiligen Subjekte spezifisch zu lesen und die Sätze bleiben dennoch grammatisch. Für die unterschiedlichen grammatischen Status der Sätze (354)-(357) und (358)/(359) wäre damit folgende Erklärung denkbar: In Konstruktionen mit pronominaler Wiederaufnahme durch *ça* oder *c'(est)* muß das Subjekt generisch zu lesen sein, wenn das Prädikat typisch ist oder als für das Subjekt typisch dargestellt werden kann; die Sätze sind sonst ungrammatisch. Sätze mit eindeutig nicht-typischem oder nicht typisierbarem Prädikat führen zu spezifischer Lesart des Subjekts und bleiben dennoch grammatisch.

Bei der Betrachtung weiterer Beispiele zeigt sich jedoch, daß die Bedingung des nicht-typischen Prädikats für die Grammatikalität von Sätzen mit spezifischem Subjekt zwar notwendig, aber nicht hinreichend ist. So sind die folgenden Sätze trotz ihres eindeutig nicht-typischen Prädikats ungrammatisch:

(368) *Les chats que j'aime, c'est sur le toit.
(369) *Le chat que j'aime, c'est sur le toit.
(370) *Un chat que j'aime, c'est sur le toit.

Es ist also nicht – wie zunächst angenommen – die mangelnde Typizität des Prädikats allein, die eine spezifische Lesart des Subjekts in grammatischen Sätzen mit pronominaler Wiederaufnahme durch *ça* oder *c'(est)* erlaubt, sondern es müssen weitere Faktoren in Betracht gezogen werden. Zu diesen Faktoren könnte auch die von Galmiche (1985: 4) angeführte Tatsache, daß in den grammatischen Sätzen (358) *Les bijoux qui sont en vitrine, c'est des faux* und (359) *L'homme à qui tu viens de parler, c'est un Espagnol* eine Identitätsbeziehung zum Ausdruck kommt, gehören.

Für unseren Erklärungsansatz gehen wir zunächst von der Grundannahme aus, daß verschiedene sprachliche Formen wie [[NP] [VP]] und die pronominale Wiederaufnahme [[NP] [ça/ce+VP]] nicht zufällig nebeneinander existieren, sondern auch verschiedene sprachliche Funktionen erfüllen. Was aber kann die besondere Funktion der pronominalen Wiederaufnahme durch *ça* oder *c'(est)* sein, die einerseits generische Lesart eines Subjekts erzwingt, und andererseits unter bestimmten Bedingungen auch die spezifische Lesart zuläßt?

Nach unserer Einschätzung liegt ihre einheitliche Aufgabe in der gesprochenen Sprache darin, das im Subjekt Genannte und durch *ça* oder *c'(est)* Wiederaufgenommene besonders zu kennzeichnen und damit von anderen, vergleichbaren Begriffen zu trennen. Die Konstruktion [[NP] [ça/ce+VP]] ist dann ein sprachliches Mittel für eine alltagssprachliche Argumentation nach der *Divisio*, also für eine Aufteilung einer Gattung in verschiedene Arten, oder, je nach Sichtweise, einer Art in verschiedene Unterarten. Diese Aufteilung wird in den Sätzen (348)-(353) dadurch erreicht, daß die pronominale Wiederaufnahme zu einer besonders eindringlichen Typisierung des Prädikats führt. Eine solche Typisierung beinhaltet wiederum, daß das Genannte wie das *Proprium*, d. h. das für die Art Eigentümliche, besonders Kennzeichnende dargestellt wird. Die Nennung des Propriums einer Art genügt nun, sie implizit von vergleichbaren Arten derselben Gattung abzugrenzen – ein Effekt, der mit der Form [[NP] [ça/ce+VP]] für eine alltagssprachliche Divisio genutzt werden kann. Da hier also über Gattungen und Arten gesprochen wird, sind auch die jeweiligen Subjekte zwangsläufig generisch zu lesen. So ist *jouer avec des pelotes de laine* in

(351) Les chats, ça joue avec des pelotes de laine. (++g)

als typisches, distinktives Merkmal der Art CHATS zu verstehen, das sie von anderen Arten der Gattung ANIMAUX DOMESTIQUES, wie z.B. CHIENS oder COCHONS D'INDE trennt. Auf die gleiche Weise wird auch der LYNX mit einer Aussage wie

(349) Le lynx, c'est un chasseur. (++g)

implizit den nicht jagenden Arten gegenübergestellt, während

(346) Le lynx est un chasseur. (+g)

nur die Wirkung einer einfachen Beschreibung mit Hilfe eines typischen Merkmals hat, weil dieses typische Merkmal hier nicht durch eine pronominale Wiederaufnahme besonders hervorgehoben wird.

Der Prozeß des impliziten Vergleichens und Abgrenzens, der von der pronominalen Wiederaufnahme so hervorragend unterstützt wird, findet sich in einer Vielzahl von alltäglichen Situationen wieder. Ein Satz wie

(371) Les pommes de terre, ça ne se garde pas au frigo. (++g)

könnte z.B. nach einer Einkaufsfahrt an jemanden gerichtet werden, der Kartoffeln zusammen mit anderen Gemüsesorten in den Kühlschrank räumen möchte: Mit (371) wird implizit innerhalb der Gattung LEGUMES die Art POMMES DE TERRE von anderen Arten, deren Exemplare im Kühlschrank aufbewahrt werden (TOMATES, COURGETTES, etc.), getrennt. Deutlich ist hier die rhetorische Distanz zu der einfachen Konstruktion

(372) Les pommes de terre ne se gardent pas au frigo. (+g)

zu erkennen: (371) beinhaltet eine Argumentation der Art "Bien que les pommes de terre soient des légumes, elles se différencient des autres sortes de légumes par le fait qu'elles ne se gardent pas au frigo", während (372) keinerlei impliziten Hinweis auf andere, vergleichbare Gemüsesorten enthält.

Der Vorteil dieser Sichtweise, nach der die pronominale Wiederaufnahme durch *ça* oder *c'(est)* eine im Prädikat genannte Eigenschaft wie ein Proprium präsentiert und so für eine alltagssprachliche *Divisio* verwendet werden kann, liegt in ihrer besonderen Erklärungskraft: Sie erklärt nicht nur, warum die Subjekte in (348)-(353) notwendig generisch und die Sätze (354)-(357) mit spezifischem Subjekt und potentiell typischem Prädikat ungrammatisch sind, sondern liefert auch eine Begründung für die Grammatikalität der Sätze (358) und (359) und den abweichenden Status der Sätze (368)-(370).

So liegen zunächst in den Sätzen (354)-(357) potentiell typische Prädikate vor, die in einer pronominalen Wiederaufnahme aus den oben genannten Gründen tatsächlich als etwas für das Subjekt besonders Typisches dargestellt werden. Da eine Typisierung nicht auf NPs mit spezifischer Referenz anwendbar ist, die spezifische Referenz der Subjekt-NPs aber erzwungen wird, sind (354)-(357) ungrammatisch.

Die Sätze (358) *Les bijoux qui sont en vitrine, c'est des faux* und (359) *L'homme à qui tu viens de parler, c'est un Espagnol* dagegen sind grammatisch, obwohl ihre Subjekte spezifisch gelesen werden. Da ihre Prädikate eine Identitätsbeziehung beinhalten, besteht zunächst einmal nicht die Gefahr einer von vornherein zum Scheitern verurteilten Typisierung wie in (354)-(357). Vielmehr können (358) und (359) trotz der spezifischen Subjekte für eine alltagssprachliche *Divisio* verwendet werden: In (358) werden die spezifischen *bijoux qui sont en vitrine* durch die Identitätsangabe *c'est des faux* der Art FAUX BIJOUX zugeordnet und damit gleichzeitig der Art VRAIS BIJOUX gegenübergestellt, beide Arten gehören zur Gattung BIJOUX. Der gleiche rhetorische Prozeß findet in (359) statt, in dem die 'Art' ESPAGNOL anderen Nationalitäten, wahrscheinlich der des Sprechers, gegenübergestellt wird ("Il n'est pas français, comme tu pourrais le croire, il est espagnol"). Diese 'Abgrenzung durch Identifizierung' findet sich in einer Fülle von Alltagssituationen wieder, wie die folgenden Beispiele noch einmal zeigen sollen:

(373) Cet arbre, c'est un platane. (-g)
(374) Les boules de pétanque que j'ai achetées, c'est des dures. (-g)
(375) Sa voiture, c'est un break. (-g)

In jedem der Sätze (373)-(375) werden die spezifischen Referenten der Subjekt NPs einer Art (bzw. Unterart) zugeordnet, die damit von anderen Arten (bzw. Unterarten) der Gattung (bzw. Art) getrennt werden (**PLATANE/CHATAIGNER/HETRE – ARBRE; BOULES TENDRES/ BOULES DURES – BOULES DE PETANQUE**).

Wenn nun die Konstruktion der pronominalen Wiederaufnahme durch *ça* oder *c'(est)* der impliziten Unterteilung einer Gattung in verschiedene Arten vorbehalten ist, so erklärt sich auch, warum die Sätze (368)-(370) *(*Les/*Le/*Un chat(s) que j'aime, c'est sur le toit)* keine spezifische, grammatische Lesart zulassen. Ihre Prädikate sind zwar wie die der grammatischen Sätze (358) *Les bijoux qui sont en vitrine, c'est des faux* und (359) *L'homme à qui tu viens de parler, c'est un Espagnol* ebenfalls nicht typisierbar, sie drücken jedoch keine Identitätsrelation aus. Eine solche Identitätsrelation aber ist notwendig, damit bei spezifischer Lesart des Subjekts mit der pronominalen Wiederaufnahme eine Gegenüberstellung bzw. Abgrenzung vollzogen werden kann. Da sich nun das Prädikat *être sur le toit* nicht dazu eignet, eine bestimmte Art oder Unterart zu kennzeichnen und von anderen abzugrenzen, ist es in (368)-(370) unvereinbar mit der Funktion der syntaktischen Form, in die es eingebettet ist, und führt zu ungrammatischen Ergebnissen.

Die Konstruktion der pronominalen Wiederaufnahme scheint damit ein relativ zuverlässiges und zudem satzinternes Kriterium für die Entscheidung über spezifische oder generische Referenz eines Subjektes zu liefern: In grammatischen Sätzen führen typische oder typisierbare Prädikate – wie z.B. in (348) *Le chat, c'est affectueux* – zu notwendig generischer Lesart des Subjekts; Prädikate, die wie in (358) *Les bijoux qui sont en vitrine, c'est des faux* eine Identitätsbeziehung beinhalten, werden dagegen ausschließlich auf spezifische Subjekte angewendet. Aber auch hier ergeben sich Zweifelsfälle, die nur unter Einbeziehung eines satzübergreifenden Kontextes aufgelöst werden können. So erscheint das Verbalsyntagma in dem Satz

(376) Les hommes, c'est des machos. (++g)

zunächst als typisches Prädikat, das eine notwendig generische Lesart des Subjektes *les hommes* bedingt. Eingebettet in einen entsprechenden Kontext jedoch kann dieses Prädikat ohne weiteres als Identitätsangabe verstanden werden, die sich auf ein Subjekt mit spezifischer Referenz bezieht:

(377) Dans l'entreprise où je travaille, les femmes sont assez sympathiques. *Les hommes, par contre, c'est des machos.* (-g)

Während das Syntagma *c'est des machos* in (376) eine Typisierung ist, die in etwa mit *Les hommes ont généralement un comportement antipathique particulier qui les différencie des femmes* umschrieben werden kann, hat es in (377) die Aufgabe, die spezifischen *les hommes* einer Art zuzuordnen, die als COLLEGUES ANTIPATHIQUES bezeichnet werden könnte. Diese Art unterscheidet sich innerhalb der Gattung COLLEGUES DE TRAVAIL von der Art COLLEGUES SYMPATHIQUES, für die in (377) auch explizit Beispiele genannt werden *(les femmes sont assez sympathiques)*. Prinzipiell ergibt sich diese Ambiguität des Prädikats immer dann, wenn es in der Form *c'est Det N* vorliegt, die sowohl für Typisierungen als auch für Identitätsangaben geeignet ist. Selbst das zunächst so eindeutig generisch erscheinende Subjekt des Satzes (349) *Le lynx, c'est un chasseur* kann in einem adäquaten Kontext spezifisch interpretiert werden:

(378) Dans notre zoo, il y a des lions et un lynx. Les lions sont fainéants et ne mangent que ce qu'on leur donne, mais *le lynx, c'est un chasseur* (-g): il attrape les souris qui ont le malheur de s'aventurer dans sa cage.

Allein der unbestimmte Artikel Singular als Determinans einer Subjekt-NP schließt immer eine spezifische Interpretation aus und führt sogar zu ungrammatischen Sätzen, wenn die spezifische Interpretation erzwungen wird:

(379) Un homme, c'est un macho. (++g)
(380) Un lynx, c'est un chasseur. (++g)
(381) ? Un bijou qui est en vitrine, c'est un faux. (++g)

(382) *Un homme de l'entreprise où je travaille, c'est un macho.
(383) *Un lynx de la cage 28, c'est un chasseur.
(384) *Un homme à qui tu viens de parler, c'est un Espagnol.

Bezogen auf unsere Zwecke bedeutet dies nunmehr, daß entgegen dem ersten Anschein die Wiederaufnahme einer in Apposition stehenden Subjekt-NP durch *ça* oder *c'(est)* nicht grundsätzlich, sondern nur unter bestimmten Bedingungen zur generischen Interpretation der Subjekt-NP führt. Während die Form *Un N* notwendig generisch gelesen wird, muß für die Formen *Les N* und *Le N* gewährleistet sein, daß die indefiniten Pronomina *ça* und *c'(est)* tatsächlich mit der Subjekt-NP koreferent sind und keine Satzoperatoren wie in (360) *L'histoire de Paul, c'est absurde* und (361) *L'affaire des bijoux, c'est passionnant* einleiten. Wie der Vergleich der Sätze (348)-(353) mit den Sätzen (358) und (359) hat erkennen lassen, muß ferner das im Verbalsyntagma enthaltene Prädikat daraufhin untersucht werden, ob es sich für eine Typisierung eignet oder ob es eine Identitätsangabe darstellt; nur typische Prädikate führen zu notwendig generischer Lesart des Subjektes. Ein Zweifel über den Prädikatstyp besteht des weiteren nur dann, wenn das Prädikat in der Form *c'est Det N* vorliegt, in allen anderen Fällen handelt es sich eindeutig um ein typisches Prädikat, das bei erzwungener spezifischer Lesart zu ungrammatischen Sätzen führt ((387) und (389)):

(349) Le lynx, c'est un chasseur. (++g) / (-g)
(385) Le lynx dans la cage 28, c'est un chasseur. (-g)
(376) Les hommes, c'est des machos. (++g) / (-g)
(386) Les hommes de l'entreprise où je travaille, c'est des machos. (-g)

(348) Les chats, c'est affectueux. (++g)
(387) *Les chats de ma voisine, c'est affectueux.
(388) Les hommes, ça se comporte comme des machos. (++g)
(389) *Les hommes de l'entreprise où je travaille, ça se comporte comme des machos.

Auf welchem Wege das recht komplexe Kriterium der pronominalen Wiederaufnahme durch *ça* oder *c'(est)* nach den bisher gewonnenen Ergebnissen die Entscheidung über generische oder spezifische Referenz der Subjekt-NP beeinflussen kann, ist in Regel XII noch einmal zusammenfassend wiedergeben und auf S. 167 in Abb. 3.3 als Flußdiagramm für den Entscheidungsprozeß graphisch dargestellt:

Regel XII
In Sätzen der Form [[NP] [*ça/ce*+VP]] werden die potentiell generischen Subjekt-NPs *Les N* und *Le N* zwangsläufig generisch gelesen, wenn das Prädikat typisch oder auch nur typisierbar ist. Kommt im Prädikat eine Identitätsrelation zum Ausdruck, so werden die Subjekt-NPs beider Formen spezifisch interpretiert. Die Form *Un N* läßt keine Identitätsrelationen zu und kommt daher nur in generischer Lesart vor.

Der Nutzen der hier aufgestellten These, nach der die pronominale Wiederaufnahme eine syntaktische Form für Argumente einer alltagssprachlichen *Divisio* darstellt, beschränkt sich nun jedoch nicht allein auf die Festlegung der Bedingungen für Grammatikalität und Generizität der bisher untersuchten Satztypen. Sie bietet außerdem eine Erklärungsgrundlage für das besondere Verhalten der analytischen Sätze mit Subjekt-NPs der Form *Un N*. Im Zusammenhang mit der Untersuchung der Auswirkung analytischer Prädikate auf die Lesart von Subjektsyntagmen wurde in Kap. 3.3.2 festgestellt, daß Sätze wie (145)-(147) semantisch abweichend wirken, während sie im Rahmen einer pronominalen Wiederaufnahme zweifelsfrei grammatisch sind ((148)-(150)):

(145) ? Un chat est un animal. (++g)
(146) ? Une baleine est un mammifère. (++g)
(147) ? Un Macintosh est un ordinateur. (++g)

(148) Un chat, c'est un animal. (++g)
(149) Une baleine, c'est un mammifère. (++g)
(150) Un Macintosh, c'est un ordinateur. (++g)

Da die Form *Un N Prädikat*, wie sie in (145) vorliegt, den sprachlichen Rahmen für eine verkürzte, rhetorische Definition bildet, erwartet ein Hörer oder Leser im Prädikat anstelle der Gattung ANIMAL eine Aufzählung spezifischer Eigenschaften – schließlich ist die Zugehörigkeit zur Gattung ANIMAL schon in der Bedeutung der Art CHAT enthalten. Gerade aus diesem Grunde kann in einer rhetorischen Definition auf die explizite Angabe der Gattung verzichtet werden, nicht aber – wie in (145)-(147) – auf die Angabe der spezifischen Eigenschaften. Der abweichende Status von (145)-(147) ergibt sich somit aus einem Konflikt zwischen Inhalt des Prädikates und syntaktischer Form.

Da sich der Inhalt des Prädikates in (148) gegenüber (145) nicht verändert hat, muß der Grund für die einwandfreie Grammatikalität von (148) in der syntaktischen Form zu suchen sein. Auch für (148) gilt natürlich, daß die Gattungszugehörigkeit schon in der Art mitgegeben ist; allerdings erscheint diese Angabe nicht im Rahmen einer rhetorischen Definition, sondern in einer syntaktischen Form für eine alltagssprachliche Argumentation nach der *Divisio*.

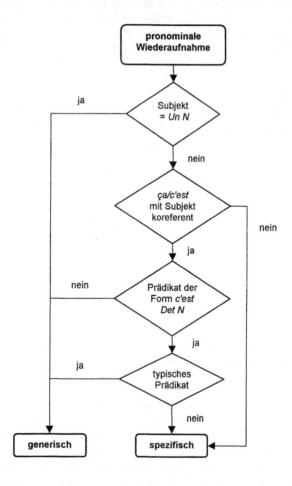

Abb. 3.3: Lesart der Subjekt-NP in Konstruktionen mit pronominaler Wiederaufnahme durch *ça* oder *c'(est)*

Die Gattungsangabe wird also nicht mehr zu definitorischen Zwecken, sondern zur Unterteilung der in der Welt vorkommenden Dinge in Gattungen und Arten eingesetzt und schränkt daher auch nicht die Grammatikalität des Satzes (148) ein: Der Konflikt zwischen Inhalt und syntaktischer Form ist aufgehoben.

Damit sind aber noch nicht alle Schwierigkeiten aus dem Weg geräumt: Wir hatten weiter oben beobachtet, daß die Form [[NP] [ça/ce+VP]] aufgrund der starken Typisierung des Prädikates zu generischer Lesart der Subjekt-NP führt. Es stellt sich somit die Frage, wie eine Angabe zur Gattungszugehörigkeit, die ja zunächst einmal nicht zu den typischen oder typisierbaren Prädikaten gerechnet werden kann, ebenfalls die generische Lesart des Subjekts herbeiführen kann. Nach unserer Auffassung wird in einem Satz wie (148) *Un chat, c'est un animal* die Gattungsangabe *c'est un animal* wie ein Bündel spezifischer Eigenschaften verwendet, d.h. daß *animal* in diesem Zusammenhang für die spezifischen Eigenschaften steht, die normalerweise mit der Gattung ANIMAL assoziiert werden. Die prinzipielle Möglichkeit, mit einer Form wie *c'est Det N* typische Eigenschaften des Subjektes aufzuführen, hat schon der nicht-analytische Satz (349) *Le lynx, c'est un chasseur* gezeigt: *Le lynx* wird in (349) nicht der Gattung oder Klasse CHASSEUR zugeordnet, sondern es wird auf die spezifischen, typischen Eigenschaften, die zu *chasseur* gehören, etwa *avoir des crocs, pouvoir courir vite, être dangereux* etc., hingewiesen. Um zu verdeutlichen, wie in (148)-(150) die 'Gattungsangaben' als Bündel spezifischer Eigenschaften verwendet werden und die Sätze somit zur Kennzeichnung und Abgrenzung von Arten dienen können, betten wir sie in geeignete Kontexte, in denen sie typischerweise auftreten könnten, ein:

(148') A: Pourquoi les chats ne parlent-ils pas?
B: Mais c'est parce qu'**un chat, c'est un animal!**

(149') A: Pourquoi les baleines ne peuvent-elles pas rester tout le temps sous l'eau?
B: Eh bien, **une baleine, c'est un mammifère.**

(150') A: Je travaille sur un Macintosh.
B: C'est quoi, un Macintosh?
A: Un Macintosh, c'est un ordinateur.

In (148') spricht Sprecher A nicht allein von Katzen, sondern vergleicht indirekt Katzen und Menschen; er drückt sein Erstaunen darüber aus, daß Katzen nicht die für Menschen selbstverständliche Sprachfähigkeit besitzen. Dabei nimmt er für Katzen und Menschen eine gemeinsame Einordnungsinstanz, d.h. eine beide Arten umfassende Gattung an – die Lebewesen. Seine Bemerkung läßt sich in etwa wie folgt paraphrasieren: *Les chats et les êtres humains sont des êtres vi-*

vants, et pourtant, les chats n'ont pas comme nous le don de la parole. Sprecher B weist nun mit seiner Antwort darauf hin, daß innerhalb der Gattung Lebewesen die KATZE vom MENSCHEN unterschieden werden muß, indem er die Art KATZE mit Hilfe der spezifischen Merkmale der TIERE charakterisiert und dadurch deutlich vom Menschen trennt. *Animal* ist nun nicht mehr als "Gattung von CHAT", sondern gewissermaßen als Platzhalter für die spezifischen Eigenschaften *ne pas disposer d'une intelligence, ne pas posséder de langage articulé*, etc. zu verstehen. Die Abgrenzung der Art CHAT in (148) oder (148') kann in etwa wie in der folgenden, expliziten Paraphrase umschrieben werden:

(148") Bien qu'un chat ($\approx Art_1$) soit aussi un être vivant ($\approx Gattung$), il se différencie de l'être humain ($\approx Art_2$) par les propriétés spécifiques de l'animal, par exemple l'incapacité de parler.

Entsprechend wird in (149') die Art BALEINE innerhalb der Gattung ANIMAL anderen Arten, die nicht zu den Säugetieren gehören, gegenübergestellt; in (150') ist es die Gattung OUTIL DE TRAVAIL, innerhalb derer zwischen COMPUTERN und anderen Arbeitsgeräten getrennt wird.

Die Sätze (148)-(150) sind also im Gegensatz zu (145)-(147) vollkommen grammatisch, weil die Konstruktion der pronominalen Wiederaufnahme durch *ça* oder *c'(est)* keine verkürzten, rhetorischen Definitionen darstellen, sondern für eine alltagssprachliche *Divisio* verwendet werden. Die damit verbundene Typisierung findet entgegen dem ersten Anschein auch in Sätzen mit analytischem Prädikat statt, die sich daher prinzipiell nicht von Sätzen wie (348) *Le chat, c'est affectueux* oder (380) *Un lynx, c'est un chasseur* unterscheiden.

Mit der These, ein Satz wie (148) *Un chat, c'est un animal* sei im Grunde eine für ein Argument über die *Divisio* notwendige Typisierung der Art CHAT, ergibt sich nun noch eine terminologische Schwierigkeit: Wenn man annimmt, in (148) verberge sich hinter *animal* ein Bündel an spezifischen Eigenschaften wie *ne pas disposer d'une intelligence, ne pas posséder de langage articulé* etc., dann ließe sich ebenfalls behaupten, daß (148) kein analytisches Prädikat mehr enthalte. Die spezifischen Eigenschaften nämlich, die mit *c'est un animal* implizit der Art CHAT zugesprochen werden, sind im Gegensatz zu der Gattungszugehörigkeit chat → animal selbst nicht mehr allein sprachintern verifizierbar. Für eine Aussage wie *Un chat n'a pas de langage articulé* sind die Wahrheitsbedingungen nicht mehr anhand der innersprachlichen semantischen Beziehungen, sondern nur noch in der außersprachlichen, 'realen' Welt verifizierbar (vgl. Kap. 3.3.2). Wir begnügen uns hier mit dem bloßen Hinweis auf diese Problematik, da sie für unsere eher praktische Zielsetzung keine Auswirkungen hat: Die Subjekt-NPs der Konstruktionen *Un N, c'est Det N* werden immer generisch interpretiert.

Bevor die Untersuchung der pronominalen Wiederaufnahme durch *ça* oder *c'(est)* endgültig abgeschlossen werden kann, ist noch ein weiterer Einwand zu berücksichtigen, der sich gegen die Annahme richtet, die pronominale Wiederaufnahme führe unter bestimmten Umständen notwendig zu generischer Lesart der Subjekt-NP. Dieser von Anscombre (1996) erhobene Einwand erscheint uns schwerwiegend genug, um hier kurz besprochen zu werden, zumal er sogar generell die generische Referenz von Subjekten in Konstruktionen mit pronominaler Wiederaufnahme in Frage stellt. Da Anscombres Bedenken nicht der eigentliche Gegenstand seines Aufsatzes sind, sondern nur einen Schritt auf dem Wege zu seinem eigentlichen Anliegen darstellen, ist es zum Verständnis seiner Beweggründe zweckmäßig, die von ihm vorgebrachte Argumentation in einem kleinen Exkurs nachzuvollziehen.

Anscombre verfolgt die Offenlegung der aspektuellen Bedeutung des Partitivs *du/de la*, der seiner Auffassung zufolge vorwiegend im Zusammenhang mit fest umrissenen Ereignissen vorkommt und den prozeduralen Aspekt eines Verbalsyntagmas unterstützt: "[...] la tournure partitive est particulièrement heureuse lorsqu'elle entre dans un processus limité dans le temps, à savoir essentiellement les achèvements et les accomplissements" (1996: 93). Da dieser Aspekt mit dem Ausdruck des Generischen, das ja etwas Statisches, Allgemeingültiges ausdrückt, unvereinbar ist, muß er eine These Galmiches widerlegen, nach der partitive Syntagmen die Rolle eines generischen Subjekts übernehmen können. Auf der Basis seiner Beobachtungen zur Wiederaufnahme eines Subjekts durch *ça* oder *c'(est)* wie in (348) *Le chat, c'est affectueux* kommt Galmiche (1986) zu der Annahme, daß auch die Subjekt-NPs in Sätzen wie

(390) ? De l'eau, c'est liquide.
(391) ? De l'eau, ça coule.

notwendigerweise generisch gelesen werden müssen.[25] Ancombre versucht nun zu zeigen, daß die Wiederaufnahme durch *ça* und *c'(est)* allein in keinem Falle die Generizität des Subjekts impliziert und führt hierzu den Begriff des *énoncé préalable* ein: Die generische Lesart der Subjekte in (390) und (391) ist Anscombre (1996) zufolge deshalb möglich, weil die Sätze auf einer Aussage basieren, die entweder tatsächlich gemacht wurde oder einem allgemein akzeptierten Wissen entsprechen; im Falle von (390) wäre dies der generische Satz *L'eau est liquide*. *De l'eau* in (390) und (391) wäre demnach nicht selbst generisch, sondern verweise nur auf eine generische Aussage, den *énoncé préalable*: "[...] la

---

[25] Anders als Galmiche und Anscombre, die an der Grammatikalität von (390) und (391) nichts auszusetzen haben, halten wir diese Art Konstruktionen vor allem nach Rücksprache mit verschiedenen Muttersprachlern für zumindest sehr fragwürdig, wenn nicht gar geradezu ungrammatisch.

généricité du sujet dans la phrase générique *L'eau, c'est liquide* ne permet en aucune façon d'en déduire que *de l'eau* est générique dans la phrase également générique *De l'eau, c'est liquide*." (Anscombre 1996: 88). Damit ist für Anscombre der Widerspruch zwischen der vermeintlichen Generizität von *de l'eau* in Sätzen wie (390) und (391) und der prozeduralen Bedeutung der partitiven Konstruktion *du/de la N* aufgelöst: Da die Subjekte nicht selbst generisch sind, sondern höchstens auf einen generischen *énoncé préalable* verweisen, können sie ihren prozeduralen Aspekt beibehalten. Seine Argumentation führt ihn weiterhin dazu, ganz allgemein die Annahme, eine Konstruktion wie [[NP] [ça/ce+VP]] impliziere in irgendeiner Weise die Generizität der Subjekt-NP *Det N*, in Frage zu stellen. Ganz gleich, ob sich hinter *Det* ein partitiver oder nicht-partitiver Artikel wie *les*, *le*, oder *un* verberge, so argumentiert Anscombre, die Subjekt-NP sei nicht unbedingt selbst generisch, sondern verweise nur auf einen *énoncé préalable*:

> Si une [reprise en *ça/c'(est)*] signale une généricité, ce n'est pas – en tout cas pas nécessairement – celle du syntagme sujet, mais celle de l'énoncé préalable. C'est pourquoi on aura aussi bien *Les chats, c'est des mammifères* que *Ton chat, c'est un mammifère*. Dans les deux cas, *ça* renvoie effectivement à une généricité, celle de *Les chats sont des mammifères*, et **sans que cela implique aucunement la généricité du syntagme sujet**. (Anscombre 1996: 90; Fettschrift SvF)

Ein *énoncé préalable* wie *Les chats sont des mammifères* bildet demnach die Grundlage sowohl für generische Sätze wie *Les chats, c'est des mammifères* als auch für spezifische Aussagen wie *Ton chat, c'est un mammifère*.

Nun ist die Existenz der *énoncés préalables* sicherlich unbestreitbar, zumal dieser Begriff auf eine gedankliche Größe mit langer Tradition verweist – er erinnert sehr an den in der Rhetorik geläufigen Begriff der *generischen Prämisse*, die den Ausgangspunkt vieler argumentativer Verfahren bildet:

Les chats sont des mammifères. (*generische Prämisse*)
Ceci est un chat.
Donc, ceci est un mammifère.

Dennoch erscheint uns Anscombres Schlußfolgerung aus zwei Gründen etwas überzogen: Zum einen erklärt die Behauptung, die Subjekt-NP in (348) *Le chat, c'est affectueux* sei nicht unbedingt generisch, sondern verweise nur auf einen *énoncé préalable*, nicht, auf welche Größe *les chats* denn nun referiert – schließlich ist diese NP in (348) eindeutig ein referierender Ausdruck und kann beim besten Willen auch nicht spezifisch verstanden werden. Ich möchte den Zusammenhang zwischen generischen Sätzen und Anscombres *énoncé préalable* daher so formulieren: In Sätzen wie (348) oder *Les chats, c'est des mammifères* kann die vorangestellte Subjekt-NP *gerade deshalb* generisch interpretiert werden,

weil der jeweilige Satz auf einen generischen *énoncé préalable* wie *Les chats sont affectueux* oder *Les chats sont des mammifères* verweist.
   Zum anderen darf nicht übersehen werden, daß generische Prämissen oder *énoncés préalables* nicht immer schon vorhanden oder allgemein anerkannt sind, sondern daß sie zur Vorbereitung eines argumentativen Verfahrens auch erst aufgestellt oder in Erinnerung gerufen werden können. Ein generischer Satz muß daher nicht unbedingt auf ein *énoncé préalable* verweisen, sondern er kann selbst ein *énoncé préalable* sein. Nach unserer Auffassung dient gerade die Konstruktion der pronominalen Wiederaufnahme durch *ça* oder *c'(est)* mit ihrer besonders typisierenden Kraft dazu, eine generische Prämisse aufzustellen oder sie noch einmal in Erinnerung zu rufen und klarzustellen. Man stelle sich als Beispiel folgenden kurzen Dialog vor:

A: Les baleines restent sous l'eau aussi longtemps qu'elles veulent.
B: Mais non! Les baleines, c'est des mammifères!

   Die Sprecher A und B sind sich hier über die Gattungszugehörigkeit der Wale uneinig; B stellt daher die generische Prämisse *Les baleines sont des mammifères* auf, auf deren Grundlage die Argumentation fortgeführt werden kann *(Comme les mammifères ont des poumons, ils ne peuvent pas rester sous l'eau éternellement...)*. Als weiteres Beispiel mag ein etwas scharf formulierter Satz mit pronominaler Wiederaufnahme wie

(392)   Les chats, c'est horriblement laid. (++g)

dienen, der unzweifelhaft generisch zu lesen ist: Auf welchen *énoncé préalable*, auf welche generische Prämisse mag (392) wohl verweisen? Gibt es denn tatsächlich ein allgemein geteiltes Wissen, nachdem Katzen fürchterlich häßlich sind, oder wird diese Behauptung hier erst neu aufgestellt? Anhand von (392) wird besonders deutlich, daß die Konstruktion [[NP] [ça/ce+VP]] den *énoncé préalable* überhaupt erst einführen und daher auch die Generizität des Subjekts implizieren kann. Es ist kaum anzunehmen, daß (392) auf einer generischen Prämisse der Art

(393)   Les chats sont horriblement laids. (-/+g)

basiert, weil diese Aussage nicht dem allgemein akzeptiertem Wissen entspricht und daher auch keine Grundlage für eine Argumentation bilden kann. Erst durch die pronominale Wiederaufnahme in (392), durch die *être horriblement laid* willentlich und gegen die allgemeine Auffassung als für Katzen typisch gekennzeichnet wird und so das Subjekt in generische Lesart zwingt, erreicht die Aussage den Status einer generischen Prämisse.

Damit ist nun gesichert, daß entgegen Anscombres Vorbehalten das Subjekt in den besprochenen Konstruktionen zweifellos selbst generisch sein kann. Und obwohl Anscombre dieses Phänomen vehement bestreitet, sind es gerade besagte Konstruktionen, die in Verbindung mit typisierbaren Prädikaten die generische Lesart erzwingen. Man vergleiche dazu nur einmal das in (392) notwendigerweise generische Subjekt mit der eher spezifischen, zumindest aber hinsichtlich spezifischer und generischer Interpretation ambigen Subjekt-NP in Satz (393), der nach Anscombre den *énoncé préalable* für (392) bilden würde und somit eigentlich eindeutig generisch sein müßte.

3.5 Passivkonstruktionen und Generizität

Immer wieder wurden und werden teilweise noch heute die beiden Genus verbi Aktiv und Passiv als äquivalente Formen beschrieben, die im wesentlichen das Gleiche ausdrücken. Insbesondere die Generative Transformationsgrammatik, die in Aktiv und Passiv zeitweise nur zwei verschiedene oberflächliche Realisierungen ein und derselben Tiefenstruktur sah, war in dieser Hinsicht als Rückschritt zu bewerten: Für sie war *La souris est mangée par le chat* eine bloße Paraphrase von *Le chat mange la souris* und verkannte damit, daß verschiedene sprachliche Formen kaum aus reinem Überfluß nebeneinander existieren, sondern immer auch unterschiedliche Zwecke in der Rede erfüllen. Da sich diese transformationelle Sichtweise so lange gehalten hat ist es keineswegs verwunderlich, wenn Eisenberg (1989: 137) noch Ende der achtziger Jahre ironisch-rhetorisch zum Thema Aktiv und Passiv fragen muß: "Warum gibt es beide Kategorien, wo doch aktivische und passivische Sätze im wesentlichen gleichbedeutend sind? Gehört das Passiv zur Komfortausstattung einer Sprache, ist es gar ein sprachlicher Luxus oder ist es neben dem Aktiv funktional nützlich und notwendig?"[26] Unsere Suche nach Kriterien, die die Lesart einer Subjekt-NP beeinflussen, untermauert nun ganz nebenbei eine einfache Gleichung, die sich etwa so formulieren läßt: Unterschiedliche, semantisch äquivalente Formen sind auf 'pragmatischer' Ebene nicht mehr äquivalent, sondern werden für unterschiedliche rhetorische und argumentative Ziele eingesetzt.[27] So wird sich herausstellen, daß nicht nur zwischen Passiv

---

[26] Auch Lamiroy (1993: 56) stellt selbst 1993 noch fest: "L'idée de deux constructions entièrement équivalentes dont l'une serait un luxe par rapport à l'autre ne serait pas seulement contraire au principe de l'économie la plus élémentaire, le phénomène serait d'autant plus suspect que toutes les langues du monde [...] disposent de structures servant à exprimer le passif (ou l'antipassif pour les langues ergatives)."

[27] Selbst bei alleiniger Betrachtung der semantischen Ebene zeigt sich, daß eine Passivtransformation nicht immer die Bedeutung der entsprechenden Aktivform aufrechterhält: Vgl. *Une seule flèche n'a pas atteint la cible* ("alle Pfeile haben die Zielscheibe getroffen, außer

und Aktiv zu unterscheiden ist, sondern daß auch innerhalb des Passivs die verschiedenen passivischen Formen ihre eigenen rhetorischen Funktionen erfüllen.
Neben dem 'klassischen' Passiv mit eigener Verbform *(être + participe passé)*, in dem das Objekt der Aktivform zum grammatischen Subjekt wird[28] und der vormals in Subjektposition stehende Agens als Ergänzung hintenan gestellt werden kann wie in

(394)   Les vignerons cueillent les raisins en septembre.
        Les raisins sont cueillis par les vignerons en septembre.

hält das Französische noch einige weitere Formen zum Ausdruck des Passivs oder passivischer Beziehungen bereit. So kann, wenn der Agens ungenannt bleiben soll oder nicht zu spezifizieren ist, die Agensergänzung weggelassen oder ein unpersönliches Passiv verwendet werden:

(395)   Les sans-abris sont chassés des centres-villes.
(396)   Il a été décidé que les sans-abris n'auront plus le droit de mendier dans les centres-villes.

Passivische Relationen werden auch mit den Umschreibungen *se faire, se laisser, se voir*, etc. mit nachstehendem Infinitiv oder mit Ausdrücken wie *faire l'objet de, être la victime de, être la proie de*, etc. wiedergegeben:

(397)   Pierre s'est vu infliger une amende.
(398)   Son entreprise est la proie des banques.

Für unsere Zielsetzung ganz besonders interessant sind jedoch die passivischen Pronominalkonstruktionen, auf deren Bedeutung für die Generizität neben Zribi-Hertz (1982) oder Lamiroy (1993) vor allem Eggs (1998b: 177ff.) hinweist. Werden sie mit einer potentiell generischen Subjekt-NP verwendet, so entscheiden sie ohne Zuhilfenahme eines satzübergreifenden Kontextes über generische oder spezifische Lesart ihres Subjekts:

(399)   Les raisins se cueillent au mois de septembre. (++g)
(400)   Les moules se pêchent avec des filets spéciaux. (++g)
(401)   Les produits surgelés se conservent à -12 °C. (++g)

---

einem") vs. *La cible n'as pas été atteinte par une seule flèche* ("kein einziger Pfeil hat die Zielscheibe getroffen").

[28] Der Ausdruck 'klassisches' Passiv ist von Gaatone (1993: 38) übernommen: "[...] le type [de passif] "classique" se caractérise par le choix du second argument du verbe comme sujet, d'où le terme souvent utilisé de passif "à promotion d'objet" [...]."

173

(402) En Italie, les pâtes se mangent avec du parmesan. (++g)
(403) Les timbres s'achètent à la poste. (++g)
(404) Le vin se boit dans des verres à pied. (++g)
(405) Le champagne se met en bouteille longtemps après les vendanges. (++g)

(406) La conférence s'ouvre en ce moment même. (-g)
(407) L'affaire se juge dans la salle à côté. (-g)
(408) Les affaires se jugent dans la salle à côté. (+/-g)

Wie sich aus den Sätzen (399)-(405) mit notwendig generischem Subjekt erkennen läßt, eignen sich passivische Pronominalkonstruktionen[29] besonders gut zum Ausdruck generischer Gegebenheiten. Anscheinend sind ihre Subjekte immer dann generisch zu interpretieren, wenn ihr Prädikat einen typischen Sachverhalt aussagt; bei Prädikaten mit räumlichem oder zeitlichem Bezug, d.h. solchen, die ein konkretes Ereignis wiedergeben, ist die Subjekt-NP spezifisch zu lesen (Sätze (406)-(408)). Das 'normale' Passiv in Verbindung mit typischen Prädikaten führt im Gegensatz zu den Pronominalkonstruktionen nicht zwangsläufig zu generischer Lesart der Subjekt-NP, auch wenn dies außerhalb jeden Kontextes auf den ersten Blick so scheinen mag. Zunächst wirkt zwar z.B. *les produits surgelés* in

(401') Les produits surgelés sont conservés à -12 °C. (+g)

ebenso generisch wie in der Pronominalkonstruktion (401). Eingebettet in eine geeignete Umgebung zeigt sich aber, daß die Lesart des Subjektes in (401') kontextabhängig ist und auch spezifisch sein kann. Man stelle sich die Situation einer Fabrikbesichtigung vor, in der eine Passage wie in (409) zu hören sein könnte:

(409) Voici notre entrepôt principal. Les boîtes de conserve sont stockées à température ambiante, les produits surgelés sont conservés à -12 °C. (-g)

Das Syntagma *les produits surgelés* bezieht sich hier auf diejenigen Tiefkühlprodukte, die in der Fabrik hergestellt werden und ist daher spezifisch, obwohl es von einem typischen bzw. typisierbaren Prädikat begleitet wird. Ersetzt man das Passiv in (409) durch eine Pronominalkonstruktion, so wirkt das Ergebnis wegen des Widerspruchs zwischen dieser generalisierenden Konstruktion und dem spezifischen Kontext eher ungrammatisch:

---

[29] Wir wählen den etwas umständlichen Ausdruck *passivische Pronominalkonstruktion* wegen seiner unser Meinung nach terminologischen Exaktheit. Zu einer Diskussion der Passivterminologie vgl. Tinnefeld (1992).

(409') Voici notre entrepôt principal. Les boîtes de conserve sont stockées à température ambiante, *??les produits surgelés se conservent à -12 °C.*

Erst wenn der Kontext wieder durch eine entsprechende Anpassung eine generische Lesart ermöglicht, ist eine Pronimalkonstruktion wie in (401) als Erinnerung an eine Regel oder Vorschrift vorstellbar:

(410) Voici notre entrepôt principal. Les boîtes de conserve peuvent être stockées à température ambiante, mais comme les produits surgelés se conservent à -12 °C, nous avons dû prévoir une chambre froide. (+g)

Diese Beobachtung führt zu der Annahme, daß Passivformen und die zunächst äquivalent erscheinenden Pronominalkonstruktionen unterschiedliche rhetorische Funktionen erfüllen. Während das Passiv die neutralere Funktion des bloßen Erzählens und Berichtens hat, stellen passivische Pronominalkonstruktionen einen Sachverhalt immer als Vorschrift, Regel, Norm oder Gesetz dar: "[...] l'occultation de l'origine du procès et son aspect inaccompli, l'absence d'ancrage spatio-temporel particulier et surtout le temps du présent prédisposent la tournure [= la construction pronominale passive, SvF] à l'expression des vérités générales plus ou moins normatives [...]" (Riegel et al. 1994: 258/259). Auch Zribi-Hertz sieht den normativen Charakter dieser von ihr *SE-Moyen*, kurz *SM* genannten Konstruktion, der zunächst auf indirekte Weise zum Ausdruck kommt (1982: 353): "L'interprétation de SM met en jeu un agent elliptique humain, sémantiquement pluriel, sémantiquement "actif"."[30] Regeln der Art *les produits surgelés se conservent à -12 °C* sind ja nun Anweisungen an eine fiktive, immer menschliche Zielgruppe, auf eine bestimmte Art zu handeln. Der fiktive 'Agens' des verbalen Ausdrucks in einer Regel (hier *conserver*), d. h. die Adressaten der Regel, sind daher menschlich, "actif" (sie sollen handeln) und "semantiquement pluriel", da die Regel für alle gelten soll, die von ihr betroffen sein könnten. Im weiteren Verlauf stellt Zribi-Hertz (1982: 355) dann auch direkt fest: "La propriété [agent pluriel] apparait de fait corrélée au caractère "générique", "habituel" ou "normatif" de certaines interprétations de SM." Weiter schreibt sie noch (1982: 355): "La prédominance apparente des verbes "+actif" dans SM, est sans doute elle aussi à corréler à la lecture souvent "normative" de ce type de phrases."

Auch anhand der anderen in (399)-(405) aufgeführten Beispiele ist dieser Unterschied zwischen Passivform und passivischer Pronominalkonstruktion leicht nachzuvollziehen: Ein Satz wie *Les raisins sont cueillis au mois de septembre* ist rein deskriptiv und erzählt bzw. berichtet einen iterativen Sachverhalt ("Weintrauben werden jedes Jahr im September gepflückt"); der Satz (399) *Les raisins se cueillent au mois de septembre* dagegen ist preskriptiv und stellt einen Sach-

---

[30] Vgl. auch Lamiroy (1993: 65ff.).

verhalt als Vorschrift oder Regel dar ("Weintrauben *müssen/sollten* im September gepflückt werden"). Der funktionale Unterschied zwischen Passiv und passivischen Pronominalkonstruktionen wird auch in dem kleinen Dialog in (411), der als Gegenprobe zu (409) verstanden werden kann, besonders deutlich:

(411) A: Ce matin, j'ai été à la pêche aux moules avec ma canne à pêche. J'en ai vu beaucoup, mais je n'en ai attrapé aucune.
B: Ça ne m'étonne pas, *les moules se pêchent avec des filets spéciaux.* (+g) / ??*les moules sont pêchées avec des filets spéciaux.*

Sprecher B möchte hier den Sprecher A auf die Regel hinweisen, daß Miesmuscheln nicht mit Angeln gefischt werden, sondern mit speziellen Netzen gesammelt werden müssen; er muß daher auf die passivische Pronominalkonstruktion zurückgreifen. Da das für diesen Zweck rhetorisch zu schwache Passiv nur über einen Sachverhalt berichtet, ihm aber nicht den Charakter einer Regel verleiht, verletzt sein Einsatz die Kohärenzbedingungen der Konversation: Sprecher A erwartet von seinem Gesprächspartner eine Reaktion, die sich auf seine Äußerung bezieht, eine Erwartung, die von der einfachen Erklärung, Miesmuscheln würden mit speziellen Netzen gesammelt werden, nicht erfüllt wird.

Es wäre nun zu erwarten, daß alle passivischen Relationen bei entsprechend angepaßtem Kontext wahlweise durch das 'klassische', berichtende Passiv oder durch eine Pronominalkonstruktion als Regel oder Gesetzmäßigkeit wiedergegeben werden können. Interessanterweise aber zeigen die Beispiele (399)-(405), daß unabhängig vom satzübergreifenden Kontext die Möglichkeit der Alternanz zwischen bloßem Berichten einerseits und Aufstellen oder Wiedergeben einer Regel oder Vorschrift andererseits nicht immer gegeben ist:

(399') Les raisins sont cueillis au mois de septembre. (+g)
(400') Les moules sont pêchées avec des filets spéciaux. (+g)
(401') Les produits surgelés sont conservés à -12 °C. (+g)
(402') ?? En Italie, les pâtes sont mangées avec du parmesan.
(403') ?? Les timbres sont achetés à la poste.
(404') ?? Le vin est bu dans des verres à pied.
(405') Le champagne est mis en bouteille longtemps après les vendanges. (+g)

Die äußerst fragwürdige Grammatikalität der Sätze (402')-(404') ist, so meinen wir, auf die Unfähigkeit des Passivs, eine Regel oder Norm auszudrücken, zurückzuführen. In (402')-(404') ist der regelhafte Charakter des Prädikats allein schon so mächtig, daß es geradezu nach einer Pronominalkonstruktion verlangt: Daß Briefmarken bei der Post gekauft, in Italien Nudeln mit Parmesan gegessen werden und Wein aus Stielgläsern getrunken wird ist so selbstverständlich, daß es des bloßen Berichtens nicht wert ist und nur als Hinweis auf eine Vorschrift, Regel oder Norm verstanden werden kann. Da das Passiv aber keine Gesetzhaftigkeit ausdrücken kann, steht es in Konflikt mit der Bedeutung des Prädikats und führt zu ungrammatischen Sätzen.

Aus dem gleichen Grunde bringt auch in Sätzen wie

(412)   Les taches de jus de fruit s'enlèvent difficilement. (++g)
(413)   Les chevaux s'apprivoisent facilement. (++g)

eine Passivform ungrammatische Ergebnisse mit sich:

(412')   * Les taches de jus de fruit sont enlevées difficilement.
(413')   * Les chevaux sont apprivoisés facilement.

Die Besonderheit dieser Sätze ergibt sich daraus, daß ihre Prädikate typische, *intrinsische* Eigenschaften über die Subjekte aussagen. Diese intrinsischen Eigenschaften[31] im Prädikat, die ja kein Ereignis oder habituelle Vorkommnisse, sondern etwas Dauerhaftes, immer Gültiges beschreiben, führen dazu, daß der gesamte Satz unweigerlich als Ausdruck einer Gesetzmäßigkeit verstanden wird und somit die Pronominalkonstruktion den einzig möglichen Rahmen für eine passivische Relation bildet.[32] In vergleichbaren Sätzen mit extrinsischen Prädikaten ist dagegen neben der Pronominalkonstruktion mit seiner speziellen rhetorischen Funktion auch das Passiv erlaubt:

(414)   Les taches de jus de fruit se nettoient à la machine. (++g)
(414')   Les taches de jus de fruit sont nettoyées à la machine. (+g)

(415)   Les chevaux s'apprivoisent dans des enclos. (++g)
(415')   Les chevaux sont apprivoisés dans des enclos. (+g)

Die Syntagmen der Form *Les $N_{individuativ}$* und ihre Äquivalente *Le $N_{kontinuativ}$* werden also in passivischen Pronominalkonstruktionen mit typischem Prädikat zwangsläufig generisch gelesen. Für die Form *Le $N_{individuativ}$* zeigt sich nun, daß ihre Verwendung in diesen Umgebungen zwar nicht immer ganz ausgeschlossen ist, aber doch zumindest grammatisch stark abweichende Sätze liefert:

---

[31] Strenggenommen sind *s'enlever difficilement* und *s'apprivoiser facilement* selbst nicht intrinsisch, sondern resultieren nur aus intrinsischen Eigenschaften (hier der chemischen Beschaffenheit von Fruchtsaft bzw. der gutmütigen Natur des Pferdes).
[32] Eggs (1998b) führt den abweichenden Status von Sätzen wie (412') und (413') direkt auf die im Prädikat enthaltene intrinsische Eigenschaft zurück und schlägt nicht wie wir den Umweg über die Möglichkeit der Darstellung des Gesetzhaftigen ein.

(416)   * La tache de jus de fruit se nettoie difficilement.
(417)   * Le cheval s'apprivoise facilement.
(418)   * Le timbre s'achète à la poste.
(419)   * Le produit surgelé se conserve à -12 °C.
(420)   ?? La moule se pêche avec des filets spéciaux.

Allein der Satz

(421)   Le raisin se cueille au mois de septembre. (++g)

bildet hier eine scheinbare Ausnahme, die allerdings dadurch erklärt werden kann, daß *le raisin* in diesem Fall genau wie *le blé* als Kontinuativum verwendet wird:

(422)   Le blé se récolte au mois d'août. (++g)

Der ungrammatische bzw. fragwürdige Status der Sätze (416)-(420) unterstützt nun unsere Annahme, nach der typische Prädikate in passivischen Pronominalkonstruktionen einen Sachverhalt immer als Regel, Norm oder Gesetz darstellen. Diese Gesetzhaftigkeit bedeutet nämlich im Grunde nichts anderes, als daß sie den in 3.3.8 besprochenen normativen Prädikaten anzunähern sind: Genau wie diese lassen die hier untersuchten Prädikate mit passivischen Pronominalkonstruktionen prinzipiell keine Subjekt-NPs der Form *Le N* in generischer Lesart zu. Da für sie im Zusammenspiel mit typischen bzw. typisierbaren Prädikaten zudem eine spezifische Lesart ausgeschlossen ist, führt *Le N* als syntaktische Form der Subjekt-NPs in (416)-(420) zu ungrammatischen Sätzen. Grammatische Sätze liegen nur in spezifischer Lesart mit untypischem Prädikat vor (vgl. (406) und (407)).

Ein weiteres Argument für den normativen Charakter der hier vorgestellten passivischen Pronominalkonstruktionen mit typischem Prädikat und damit für ihre funktionale Abgrenzung von 'normalen' Passivkonstruktionen ist ihre besonders ausgeprägte rhetorische Wirkung in Verbindung mit einer Subjekt-NP der Form *Un N*, die der normativer Prädikate entspricht:[33]

(423)   Une moule se cueille à la main. (++g)
(424)   Un produit surgelé se conserve à -12 °C. (++g)
(425)   Un plat de pâtes se mange avec du parmesan. (++g)

---

[33] Sätze wie *Un raisin se cueille au mois de septembre* und *Un timbre s'achète à la poste* sind nur deshalb ungrammatisch, weil *raisin* und *timbre* in diesem Zusammenhang wie Pluraliatantum verwendet werden: Man pflückt nicht nur *eine* Weintraube im September und kauft im allgemeinen *mehrere* Briefmarken, nicht aber *eine Briefmarke* bei der Post.

(426) Une tache de jus de fruit se nettoie difficilement. (++g)
(427) Un cheval s'apprivoise facilement. (++g)

Der einzige Unterschied zwischen den normativen Prädikaten aus 3.3.8 und den passivischen Pronominalkonstruktionen mit typischem Prädikat besteht nun darin, daß letztere nicht nur eventuell, sondern zwangsläufig zu generischer Lesart von Subjekt-NPs der Form *Les* $N_{individuativ}$ führen. Diese generische Lesart wird – dies sei an dieser Stelle einmal hervorgehoben – von einem mittlerweile recht komplexen Zusammenspiel sprachlicher Kriterien bedingt: Neben der syntaktischen Form des Subjekts und der Kategorie seines Basisnomens spielen der Prädikatstyp, die Frage nach aktivischer oder passivischer Relation und die syntaktische Form des Prädikats eine Rolle für die Interpretation des Subjekts.

Die Ergebnisse unserer Untersuchung zu passivischen Konstruktionen fassen wir nun abschließend in der Regel XIII zusammen:

Regel XIII
Passivische Pronominalkonstruktionen mit typischem Prädikat unterscheiden sich vom klassischen Passiv dadurch, daß sie einen Sachverhalt als Regel, Norm oder Gesetz darstellen. Sie zeigen damit ähnliche Eigenschaften wie normative Prädikate, führen aber zu zwangsläufig generischer Interpretation von Subjekt-NPs der Form *Les N*.

3.6 Ein Fenster zur Generizität: *En France, les chats sont noirs*

Im Laufe der Untersuchung der verschiedenen Prädikatstypen wurde in Zusammenhang mit den typischen Prädikaten das Kriterium der Typizität aufgestellt (vgl. 3.3.3): "Je besser die im Prädikat eines Satzes ausgedrückten Merkmale dem semantischen Prototyp des Subjektes entsprechen, desto wahrscheinlicher ist eine generische Lesart der Subjekt-NP." Faßt man nun dieses Kriterium etwas weiter, so läßt es sich dahingehend auslegen, daß eine sprachliche Form zwar auf eine generische Lesart hinweisen kann, letztendlich aber der im Prädikat ausgedrückte Sachverhalt für ihre Interpretation ausschlaggebend ist: Dieser Sachverhalt muß mit dem schon vorhandenen semantischen oder enzyklopädischen Wissen übereinstimmen, um eine generische Interpretation des Subjektes zu ermöglichen. So würde ein Leser/Hörer, dem über Busse nichts bekannt ist, angesichts eines Satzes wie

(428) Les bus publics sont bleus.

nach dem Prinzip der Default-Interpretation vorgehen (vgl. Kap. 3.3.3) und *Les N Prädikat* allein aufgrund seiner sprachlichen Form generisch interpretieren, weil er ohne gegenläufiges Weltwissen annehmen muß, *être bleu* sei eine typische Eigenschaft von BUS PUBLIC. Normalerweise aber zählen Mitglieder der französischen Sprachgemeinschaft aufgrund ihres enzyklopädischen Wissens *être bleu* nicht zu den Eigenschaften, die die Gattung BUS PUBLIC charakterisieren, und werden daher automatisch nach einem spezifischen Referenten suchen, auf den diese Kennzeichnung zutrifft *(Ces bus-là)*. Weisen also sprachliche Form und enzyklopädisches Wissen oder Weltwissen nicht gemeinsam auf die gleiche Lesart, so ist in der Regel das Weltwissen der ausschlaggebende Faktor und die sprachliche Form muß entsprechend interpretiert werden:[34]

(429) Les éléphants ont une seule défense. (-g)
       Les éléphants ont deux défenses. (+g)

(430) Les chats sont noirs. (-g)
       Les chats ont des oreilles pointues. (+g)

(431) Les toilettes publiques sentent le propre. (-g)
       Les toilettes publiques sentent mauvais. (+g)

Erstaunlicherweise aber scheint es möglich zu sein, mit bestimmten Ergänzungen die Überlagerung der sprachlichen Form durch das Weltwissen zu neutralisieren und auch mit Prädikaten, die der Typizität zuwider laufen, eine generische Lesart der Subjekt-NP zu erreichen:

(432) A Nancy, les bus publics sont bleus. (++g)
(433) Au Kenya, les éléphants ont une seule défense. (++g)
(434) En France, les chats sont noirs. (++g)
(435) Dans le Poitou, les toilettes publiques sentent le propre. (++g)
(436) Dans les années soixante-dix, les tapisseries à fleurs étaient très répandues. (++g)
(437) A mon époque, les enfants avaient du respect pour les adultes. (++g)
(438) Au temps de ma grand-mère, les cerises étaient encore vraiment délicieuses. (++g)

---

[34] Es gibt auch Fälle, in denen sprachliche Formen mit dem allgemeinen Weltwissen unvereinbar scheinen, allerdings auch nicht uminterpretiert werden können, so daß das Weltbild der sprachlichen Form angepaßt werden muß: Um die Grammatikalität eines Satzes wie *Das Wetter ist feucht und regnerisch, wir sollten spazieren gehen* zu wahren, muß er in eine bestimmte Situation eingebettet sein oder eine solche konstruiert werden (bspw. könnte er von jemanden geäußert werden, der unter Heuschnupfen leidet und wegen des geringeren Pollenflugs für Spaziergänge Regenwetter vorzieht).

Einen quasi formellen Beweis für die Möglichkeit, die Subjekte der Sätze (432)-(438) generisch zu lesen, liefert die deutsche Übersetzung, die ohne Schwierigkeiten den generischen *bare plural* als Übersetzungsäquivalent des bestimmten Artikels *Les* zuläßt:

(439) In Nancy sind öffentliche Busse blau. (++g)
(440) In Kenia haben Elefanten nur einen Stoßzahn. (++g)
(441) In Frankreich sind Katzen schwarz. (++g)
(442) Im Poitou riechen öffentliche Toiletten sauber. (++g)
(443) In den Siebzigern waren Blumentapeten sehr verbreitet. (++g)
(444) Zu meiner Zeit hatten Kinder Respekt vor Erwachsenen. (++g)
(445) Zu Zeiten meiner Großmutter waren Kirschen noch wirklich lecker. (++g)

Nach den bisherigen Beobachtungen sprechen eigentlich zwei Faktoren gegen eine generische Lesart der Subjekt-NPs in (432)-(438): Nicht nur die Prädikate dieser Sätze, die keine typische Eigenschaft über ihre Subjekte aussagen, müßten eine generische Lesart verhindern, sondern auch die Einschränkung der Extension der Subjekt-NPs durch eine raumzeitliche Ergänzung wie *à Nancy, à mon époque* weist zusätzlich auf eine spezifische Interpretation hin. Wie aber kommt es dazu, daß diese Kriterien hier keine Wirkung zeigen und *les bus publics, les éléphants, les chats, les toilettes publiques, les tapisseries à fleurs* etc. in (432)-(438) dennoch generisch gelesen werden können?

Eine genauere Betrachtung der Beziehung zwischen Prädikat und Subjekt soll als Anlaß dienen, noch einmal auf eine grundlegende Gesetzmäßigkeit der Sprachverwendung hinzuweisen: Sprachliche Mittel dienen nicht allein zur Abbildung einer wie auch immer gearteten 'Wirklichkeit', sondern können die Wirklichkeit bzw. die Wahrnehmung der Wirklichkeit bis zu einem gewissen Grade selbst modellieren. Die in der Rede dargestellten Beziehungen sind nicht immer der Ausdruck von etwas Vorgegebenem; sie können auch gerade durch die Rede selbst erst neu erschaffen werden (vgl. die Diskussion der pronominalen Wiederaufnahme in Kap. 3.4). So entsteht eine Relation der Typizität zwischen Subjekt und Prädikat nicht nur, wenn auf das Subjekt ein von vornherein typisches Prädikat angewendet wird, sondern auch dann, wenn in der Rede sprachliche Mittel verwendet werden, die ein betreffendes Prädikat so präsentieren, als sage es etwas bezüglich des Subjekts Typisches aus. Die Sätze (432)-(438) sind Beispiele für einen solchen Vorgang: Mit Hilfe des sprachlichen Mittels der raumzeitlichen Ergänzung wird ein Prädikat wie *être noir*, das im allgemeinen als nicht besonders kennzeichnend für CHATS gilt, wie ein typisches Prädikat präsentiert *(En France, être noir est un des traits caractéristiques des CHATS)*.

Nun stellt sich natürlich die Frage, kraft welcher Mechanismen die Ergänzung *en France* zu einer solchen Typisierung führt, obwohl sie doch die Extension der

Subjekt-NP eingrenzt und so eher eine spezifische Interpretation vermuten läßt *(Ces chats-là sont noirs).* Eine Möglichkeit, diesem Dilemma zu entkommen, bietet die Annahme, daß mit der Verwendung der raumzeitlichen Ergänzungen in (432)-(438) gar keine extensionale Einschränkung der Subjekt-NP einhergeht. Um diese Annahme begründen zu können, muß zunächst die besondere satzsemantische Funktion dieser raumzeitlichen Ergänzungen herausgestellt werden: Bei *en France* in (434) handelt es sich nämlich nicht um eine gewöhnliche Ergänzung, die einzelne Satzteile modifiziert, sondern um einen Satzoperator mit raumzeitlicher Verankerung, dessen Einfluß sich auf den gesamten Satz auswirkt. Ein solcher Satzoperator zeichnet sich dadurch aus, daß er nicht wie andere Ergänzungen von der Basis eines Syntagmas regiert wird und damit auch nicht zum Satzgefüge gehört, sondern daß er den Satz gewissermaßen 'von außen' modifiziert und so innerhalb der Proposition um den eigentlichen Kernsatz herum verschoben werden kann:

(432') Les bus publics sont bleus à Nancy. (++g)
(433') Les éléphants ont une seule défense au Kenya. (++g)
(434') Les chats sont noirs en France. (++g)
(435') Les toilettes publiques sentent le propre dans le Poitou. (++g)
(436') Les tapisseries à fleurs étaient très répandues dans les années soixante-dix. (++g)
(437') Les enfants avaient du respect pour les adultes, à mon époque. (++g)
(438') Les cerises étaient encore vraiment délicieuses au temps de ma grand-mère. (++g)

Dies bedeutet nunmehr, daß *en France* ein Modifikator des gesamten Satzes (434) ist und nicht etwa die Subjekt-NP *les chats* modifiziert und damit ihre Extension einschränkt. Verwendet man dagegen die vorgestellten Syntagmen in (432)-(438) als Ergänzungen der jeweiligen Subjekt-NP, so findet tatsächlich eine extensionale Einschränkung statt, die auch die Interpretation des Verbalsyntagmas als typisches Prädikat verbietet. Die Formen der zeitlichen Ergänzungen müssen dabei etwas verändert werden – ein zusätzlicher Hinweis darauf, daß sie hier eine andere Funktion erfüllen:

(446) Les bus publics **à Nancy** sont bleus. (-g)
Die öffentlichen Busse/*Öffentliche Busse in Nancy sind blau.

(447) Les éléphants **au Kenya** ont une seule défense. (-g)
Die Elefanten/*Elefanten in Kenia haben nur einen Stoßzahn.

(448) Les chats **en France** sont noirs. (-g)
Die Katzen /*Katzen in Frankreich sind schwarz.

(449) Les toilettes publiques **dans le Poitou** sentent le propre. (-g)
Die öffentlichen Toiletten/*Öffentliche Toiletten im Poitou riechen sauber.

(450) Les tapisseries à fleurs **des années soixante-dix** étaient très répandues. (++g)
Die Blumentapeten/* Blumentapeten der Siebziger waren sehr verbreitet.

(451) Les enfants **de mon époque** avaient du respect pour les adultes. (++g)
Die Kinder/*Kinder zu meiner Zeit hatten Respekt vor Erwachsenen.

(452) Les cerises **du temps de ma grand-mère** étaient encore vraiment délicieuses. (++g)
Die Kirschen/*Kirschen zu Zeiten meiner Großmutter waren noch wirklich lecker.

Damit ist nun zunächst geklärt, warum die Angaben *à Nancy, au Kenya, en France* etc. in den Sätzen (432)-(438) – anders als in (446)-(452) – die Lesart der Subjekt-NPs nicht zum Spezifischen lenken: Sie haben in diesen Sätzen die Funktion eines Satzoperators mit raumzeitlicher Verankerung und bleiben daher ohne Einfluß auf die Extension der Subjekt-NPs.

Wenn auf diese Weise zwar begründet werden kann, daß sie eine generische Lesart nicht verhindern, so bleibt doch immer noch die Frage, auf welche Weise sie eine Typisierung der Prädikate erreichen und damit die generische Lesart sogar erzwingen. Mit dem Satzoperator *en France* – den wir hier stellvertretend für andere Operatoren mit raumzeitlicher Verankerung weiterverwenden wollen – wird für einen Satz wie (434) *En France, les chats sont noirs* zunächst einmal ein bestimmter Blickwinkel festgelegt. Er entspricht der Anweisung an den Hörer/Leser, sich gedanklich an einen bestimmten Standort zu begeben und alles Folgende von diesem Punkt aus zu betrachten. Ist der feste Bezugspunkt oder Bereich einmal festgelegt, können von dieser Perspektive aus weitere Angaben oder Anweisungen gemacht werden: "Regarde l'espèce CHATS: ses membres sont noirs." Ein Satz wie (434) gibt mit seinem Satzoperator *en France* eine Art Fenster vor, durch das eine Gattung betrachtet werden soll – dieses Fenster ermöglicht allerdings nur den Blick auf einen Ausschnitt der Gattung; die Größe des Fensters wird vom Satzoperator bestimmt: "KATZEN können grau, schwarz, gelb, gefleckt oder getigert sein, aber *in Frankreich* sind sie schwarz." Alternative Formulierungen zur Beschreibung der Satzbedeutung in (434) sind z.B. "Wenn man in Frankreich ist und die Gattung KATZEN betrachtet, so stellt man fest, daß ihre Vertreter schwarz sind" oder auch "Die in Frankreich zu beobachtenden Vertreter der Gattung KATZEN sind schwarz". Mit dem Satzoperator *en France* wird somit keine extensionale Einschränkung erreicht und eine eventuelle

Unterart wie CHATS FRANÇAIS geschaffen, sondern es wird allein ein Blickwinkel festgelegt, von dem aus die Gattung CHATS betrachtet werden soll. Hat der von diesem Blickwinkel erkennbare Ausschnitt das Merkmal *être noir*, so ist es durchaus legitim, das Merkmal als eine typische Eigenschaft dieses Ausschnitts der Gattung auszulegen. Durch die Festlegung des Blickwinkels mit Hilfe eines Satzoperators mit raumzeitlicher Verankerung widerspricht ein sonst untypisches Prädikat nicht mehr von vornherein dem enzyklopädischen Wissen; die generische Lesart wird wieder ermöglicht. Im Nachhinein freilich, wenn das Subjekt des Satzes (434) *En France, les chats sont noirs* erst einmal generisch interpretiert wurde, kann eine solche Aussage angezweifelt werden: "Ce n'est pas vrai, il y a aussi beaucoup de chats jaunes." Der Unterschied zu einem Satz ohne Operator wie *Les chats sont noirs* besteht darin, daß für letzteren eine generische Lesart gar nicht erst in Betracht kommt und sofort nach spezifischen Referenten gesucht wird *(De quels chats parles-tu?)*. Ein Satzoperator legt somit eine besondere Szenerie fest und schafft eine Diskurswelt, deren Struktur nicht unbedingt mit der der schon bekannten, 'normalen' Welt übereinstimmen muß. Jeder Hörer/Leser weiß angesichts eines Satzes wie (434), daß sein enzyklopädisches Wissen in der vom Satzoperator *en France* umrissenen Welt vielleicht nicht wie gewöhnlich anwendbar ist und läßt daher auch sonst untypische Aussagen als typische Prädikate zu.

Ein besonders extremes Beispiel für einen Satzoperator mit räumlicher Verankerung, der den Blickwinkel auf einen sehr kleinen Ausschnitt der Wirklichkeit festlegt und dennoch – oder gerade deshalb – die generische Lesart des Subjekts mit sich bringt, zitiert Kleiber (1993: 49 u. 68) in einer Untersuchung der Inferenzprozesse bei assoziativen Anaphern aus Marandin (1986):

(453) J'ai vu sa voiture après l'accident. Les mouches avaient envahi le tableau de bord. *Dans le fossé, **les fleurs** n'étaient plus si gaies.* (++g)

Kleiber versucht eine Annahme Marandins zu widerlegen, nach der sich der Gebrauch der bestimmten Artikel in *les mouches, le tableau de bord, le fossé, les fleurs* ausnahmslos auf assoziative Anaphern zurückführen ließe. Kleiber zeigt nun (1993: 68ff.), daß der bestimmte Artikel in *le tableau de bord* und *le fossé* zwar tatsächlich eine auf prototypischem Wissen basierende assoziative Anapher einführt *(voiture - tableau de bord; accident, route - fossé)*, sein Vorkommen in *les mouches* und *les fleurs* aber dadurch zu erklären ist, daß er eine generische Größe, d.h. eine Art oder Gattung determiniert. Für Kleiber (1993: 68), der damit ganz in unserem Sinne argumentiert, liegt in *les mouches* und *les fleurs* eine "classe générique [...] ancrée dans une situation spatio-temporelle déterminée" vor. Die generische Referenz des Syntagmas *les fleurs* beweist er unserer Ansicht nach in überzeugender Weise, indem er es in einer Erweiterung des in (453) kursiv gesetzten Satzes durch Pronomina wieder aufnimmt:

(454) Dans le fossé, *les fleurs* n'étaient plus si gaies, alors qu'*elles* étaient riantes sur le talus et beaucoup plus calmes dans le champ de blé.

Bei spezifischer Lesart des Syntagmas *les fleurs* wäre dieser Satz aufgrund der Koreferenz von *les fleurs* und *elles* nur so zu verstehen, daß sich eine bestimmte Gruppe Blumen zunächst an einem Hang, dann in einem Kornfeld und schließlich in einem Graben befunden hat – eine sicherlich prinzipiell mögliche, aber doch sehr unwahrscheinliche Interpretation des Satzes (454). Vielmehr ist die Koreferenz zwischen *les fleurs* und dem Pronomen *elles* wegen der explizit festgelegten, räumlichen Distanz nur dann befriedigend zu erklären, wenn für beide ein generischer Referent angenommen wird. *Dans le fossé* hat also auch hier wieder die Funktion eines Satzoperators inne und ermöglicht die generische Lesart der Subjekt-NP: "Place-toi dans le fossé: telle que tu vois l'espèce FLEURS sous cet angle, elle n'est plus si gaie."

Obgleich nun für *Les mouches avaient envahi le tableau de bord* kein expliziter Satzoperator existiert, läßt sich auf diesen Satz die gleiche Analyse anwenden: Die Anweisung, einen bestimmten Blickwinkel einzunehmen, ist nämlich im Vordersatz *J'ai vu sa voiture après l'accident* enthalten, dessen Syntagma *sa voiture* ja durch die assoziative Anapher *le tableau de bord* wieder aufgenommen wird. Im Zusammenspiel mit dieser Anapher führt der Vordersatz dazu, daß ein impliziter Satzoperator gewissermaßen mitverstanden wird: **Dans sa voiture**, *les mouches avaient envahi le tableau de bord*. In diesem Sinne ist auch Kleibers Schlußfolgerung (1993: 68) zu verstehen: "[...] il ne s'agit pas des mouches de l'accident ou des mouches de la voiture, mais bien de la classe générique des mouches ancrée dans une situation spatio-temporelle déterminée." Auch hier ist also wieder eine Versetzungsanweisung – der aus dem Kontext zu erschließende Operator *dans sa voiture* – verantwortlich für generische Lesart der Subjekt-NP *les mouches*.

Auf dem Hintergrund dieser Erkenntnisse erscheint nun der Einfluß einiger der in 3.3 untersuchten Prädikate auf die Lesart ambiger Subjekt-NPs in neuem Licht. Betroffen sind alle Prädikatstypen, die keine scharfe Grenze zwischen generischer und spezifischer Lesart ziehen und ohne Zuhilfenahme des Kontextes die generische Lesart zwar zulassen, sie aber weder eindeutig erzwingen noch verhindern. In Sätzen mit Prädikaten diesen Typs fördert das Vorkommen eines Satzoperators die generische Lesart der jeweiligen Subjekte.

Dies gilt, wie weiter oben anhand der Sätze (432)-(435) dargestellt wurde, zunächst einmal für typisierbare Prädikate. Ursprünglich kaum als typisch zu bezeichnende Aussagen erhalten durch einen entsprechenden Satzoperator typisierende Funktion und ermöglichen somit die generische Lesart des Subjektes. So erlangen Prädikate wie in

(163) Les chats sont très attachés à leurs maîtres. (+/-g)

die in 3.3 nur als bedingt typische Prädikate eingestuft wurden, mit einem Satzoperator ein für die generische Lesart des Subjekts ausreichendes Maß an Typizität:

(455) En Allemagne, les chats sont très attachés à leurs maîtres. (++g)

Auch Bewertungsprädikate erreichen mit Hilfe eines Satzoperators mit raumzeitlicher Verankerung, mit Hilfe eines 'Fensters' also, das einen Ausschnitt einer Gattung zeigt, den Status nahezu eindeutig typischer Prädikate. Während das Prädikat eines Satzes wie *Les pizzas sont fades* aufgrund seiner mangelnden Typizität nur als Bewertungsprädikat verstanden werden kann, das sowohl generische ("Je n'aime pas les PIZZAS, parce qu'elles sont fades") als auch spezifische Interpretation zuläßt ("Les pizzas que l'on sert dans ce restaurant sont fades"), lenkt ein Satzoperator die Lesart deutlich zum Generischen:

(456) En Angleterre, les pizzas sont fades. (++g)
(456') Les pizzas sont fades en Angleterre. (++g)

Die gleiche Tendenz ist auch in bezug auf normative Prädikate zu beobachten: Die Ambiguität der Subjekt-NPs in

(309) Les chrétiens sont charitables. (+g)
(311) Les enfants ne mettent pas les coudes sur la table. (+g)

wird zugunsten einer generischen Interpretation aufgelöst, wenn die Sätze mit einem Satzoperator versehen werden:

(457) En France, les chrétiens sont charitables. (++g)
(458) En France, les enfants ne mettent pas les coudes sur la table. (++g)

Selbst wenn das Prädikat eines Satzes trotz eines Operators mit raumzeitlicher Verankerung nichts Typisches über das Subjekt aussagt, bleibt der Effekt eines Fensters, durch das ein Ausschnitt einer Gattung zu sehen ist, auch weiterhin bestehen und fördert somit eine generische Lesart der Subjekt-NP. Beispiel (459) illustriert diesen Effekt noch einmal besonders wirkungsvoll:

(459) En France, les toxicomanes durement accrochés sont environ cent cinquante mille. (++g)

Wie könnte dieser Satz anders als "En France, l'espèce des TOXICOMANES DUREMENT ACCROCHES est représentée par cent cinquante mille membres" verstanden werden? Diese 150.000 stark abhängigen Rauschgiftsüchtigen sind der Ausschnitt der Gattung TOXICOMANES DUREMENT ACCROCHES, der durch das 'Fenster' *en France* sichtbar ist. Da nun das Prädikat in (459) etwas über die Existenz einer Gattung an einem bestimmten Ort aussagt, führt es uns zu einer neuerlichen Betrachtung der in 3.3.4 untersuchten existentiellen Prädikate. So fällt zunächst auf, daß viele existentielle Prädikate, die ja zwangsläufig zu generischer Interpretation ihres Subjekts führen, einen Satzoperator mit raumzeitlicher Verankerung enthalten, d.h. einen Bezugspunkt festlegen, von dem aus die jeweilige Gattung betrachtet werden soll:

(206) Les cigognes abondent **en Alsace**. (++g)
(209) Les algues foisonnent **dans la Méditerranée**. (++g)
(221) Les grenouilles sont nombreuses **dans cet étang**. (++g)

Sogar in existentiellen Sätzen ohne expliziten Ortsbezug kann ein solcher mitverstanden werden:

(210) Les pandas sont en voie de disparition **(sur terre)**. (++g)
(211) Les Incas n'existent plus **(au Pérou)**. (++g)

Als Ergebnis unserer Untersuchung ist somit festzuhalten, daß die hier diskutierten Satzoperatoren zwar die Gültigkeit der jeweils betroffenen Aussage räumlich oder zeitlich begrenzen, aber weder die Extension einer Subjekt-NP einschränken noch zur Bildung einer Unterart führen: Sie erlauben weiterhin die Referenz auf die gesamte Gattung, von der allerdings nur ein durch den jeweiligen Operator festgelegter Ausschnitt fokussiert wird.

Regel XIV faßt den Einfluß der Satzoperatoren auf die mögliche Interpretation von Subjekt-NPs in knapper Form zusammen:

Regel XIV
In Sätzen mit Prädikaten, die spezifische und generische Lesart einer Subjekt-NP der Form *Les N* erlauben, führt ein Satzoperator mit raumzeitlicher Verankerung notwendig zu generischer Lesart.

3.7 Tempus und Generizität

Bei der bisherigen Untersuchung der verschiedenen sprachlichen Parameter, die eine generische Lesart verhindern, ermöglichen oder gar erzwingen, wurde eine Vielzahl verschiedener Beispielsätze verwendet. Ungeachtet der unterschiedlichen Zielsetzungen, zu deren Illustration sie dienten, war jedoch bis auf wenige

Ausnahmen allen diesen Sätzen gemeinsam, daß ihre Verben im Präsens verwendet wurden. Diese stillschweigende Übereinkunft, generische Referenz anhand von Sätzen im Präsens zu untersuchen, zieht sich durch die gesamte Literatur zur Generizität. Unter welchem Gesichtspunkt das Phänomen Generizität auch betrachtet wird, welch Teilaspekt der generischen Referenz auch im Vordergrund steht, das dominierende Tempusregister der für die jeweilige Argumentation angeführten Sätze ist das Präsens.

Es scheint somit eine weitgehende Übereinstimmung darüber zu bestehen, daß der 'tiroir temporel' des Präsens die idealen Bedingungen für generische Aussagen liefert. Ist er aber der einzig mögliche Rahmen für generische Referenz, oder können auch Subjekte von Sätzen, die in der Vergangenheit stehen, generisch gelesen werden? Welche Vergangenheitstempora ermöglichen unter welchen Bedingungen generische Lesart und wann ist diese Lesart tatsächlich ganz ausgeschlossen? Obgleich eine vollständige Untersuchung des Einflusses der Wechselwirkungen zwischen Prädikatstypen, Tempus und Aspekt auf die Lesart von Subjektsyntagmen den Rahmen dieser Arbeit sprengen würde, wollen wir im folgenden zumindest einen kurzen Ausblick auf diese äußerst komplexe Problematik wagen. Unser Ausgangspunkt ist dabei die zuerst von Benveniste (1966) getroffene und vielfach wieder aufgenommene und modifizierte Unterscheidung verschiedener Sprechhaltungen, die auch für die Entscheidung für oder wider generische Lesart von Bedeutung sein kann.

3.7.1 Präsens vs. Vergangenheit

Wie es ein Großteil der Beispielsätze in der Literatur zur Generizität vermuten läßt, stellt sich das Präsens zunächst tatsächlich als das mit dem Ausdruck des Generischen untrennbar verbundene Tempus dar; es liefert die 'natürlichen' Rahmenbedingungen für generische Referenz und allgemeingültige Aussagen. Vergangenheitstempora hingegen scheinen den Bezug auf Arten oder Gattungen zu verhindern und die Lesart zum Spezifischen zu lenken:

(460) a) Les chaises *ont* un dossier et pas de bras. (+g)
    b) Les chaises *avaient* un dossier et pas de bras. (-g)

(461) a) Les chats *chassent* pendant la nuit. (+g)
    b) Les chats *ont chassé* pendant la nuit. (-g)

(462) a) Les enfants ne *mettent* pas les coudes sur la table. (+g)
    b) Les enfants ne *mirent* pas les coudes sur la table. (-g)

(463) a) Les chats me *plaisent.* (+g)

b) Les chats m'*avaient plu*. (-g)

Die besondere Eignung des Präsens für Generalisierungen ergibt sich aus seiner Grundbedeutung: Eine von einem Verb im Präsens bezeichnete Handlung oder ein von ihm bezeichneter Zustand überschneidet sich mit dem Zeitpunkt des Äußerungsaktes[35] und wird aus der 'Innensicht' präsentiert, weder Anfang noch Ende der Handlung, des Prozesses oder Zustandes müssen evoziert werden. In vielen Grammatiken wird der Grundbedeutung des Präsens daher der Ausdruck einer 'vérité générale' (Baylon/Fabre 1978: 99; Arrivé et al. 1986: 563) oder eines 'fait d'expérience', einer 'constatation d'ordre général' (Wagner/Pinchon 1962: 345) etc. zugerechnet: "Le présent est le temps de ce qui n'est ni futur ni passé, c'est-à-dire qu'il convient à la fois pour les faits qui se passent au moment de la parole et pour les faits intemporels: (faits habituels; – vérités générales: maximes, proverbes, théorèmes; c'est le présent dit *gnomique*)" (Grevisse 1986: 1288). Auch Weinrich (1982: 182) äußert sich in diesem Sinne: "Oft ist der Inhalt eines Verbs im Präsens unter zeitlichen Gesichtspunkten gar nicht zu beurteilen ("Zeitlosigkeit", "Ewigkeit")." Charaudeau (1992: 453) spricht gar von einem "*présent générique*".[36] Diese 'valeur de base' des Präsens entspricht gerade dem gemeinsamen Bedeutungsaspekt der 'typischen' generischen Sätze wie (460), (461) oder auch (130) *Les chats sont des animaux*, die ja häufig eine allgemeine Wahrheit bzw. etwas für eine unbestimmt lange Zeitperiode Gültiges wiedergeben. Fällt aber mit dem Gebrauch eines Vergangenheitstempus das Zeitlose, das Unbegrenzte weg, so mag sich für diese Art Sätze auch das Generische nicht mehr einstellen.

Nun gibt es jedoch auch eine ganze Reihe von Sätzen und Satztypen, deren Verben in einem der Vergangenheitstempora verwendet werden und die dennoch ein eindeutig generisches Subjekt vorweisen:

(464) Le mammouth *possédait* d'énormes défenses recourbées et *mesurait* 3,50 m de haut. (+g)
(465) L'animal, être doué de vie, de mouvement, d'instinct, *a*, plus que la plante, profondément *impressionné* l'homme. (AnnaBTS 96, 93). (+g)

---

[35] Natürlich kann ein Verb im Präsens auch Vorgänge bezeichnen, die in der Zeit kurz vor oder nach der Äußerung liegen, vgl. die Sätze aus Baylon/Fabre (1978: 99/100): *Je sors à l'instant de chez le dentiste* bzw. *Je pars en voyage demain*. Mit dem *présent historique* kann zudem auch weit in der Vergangenheit liegendes, mit Sätzen wie *Dans sept ans, je prends ma retraite* auch weit in der Zukunft liegendes bezeichnet werden. Diese Verwendungsweisen produzieren jedoch Sinneffekte, die sich von der Grundbedeutung des Präsens (Innensicht, Vorgangszeit überschneidet sich mit der Äußerungszeit) ableiten lassen.
[36] Vgl. auch Danon-Boileau (1989: 42), der zu dem generischen Satz im Präsenz *Le colibri aime les pommes* anmerkt: "le verbe a un aspect non-ponctuel, indéfini (on ne saurait dire "quand" le colibri aime les pommes)."

(466) Tant que les hommes *se contentèrent* de leurs cabanes rustiques, tant qu'ils *se bornèrent* à coudre leurs habits de peaux avec des épines ou des arêtes, [...] ils *vécurent* libres, sains, bons et heureux autant qu'ils *pouvaient* l'être par leur nature et *continuèrent* à jouir entre eux des douceurs d'un commerce indépendant [...]. (Auteurs XVIIIè). (+g)
(467) L'homme *a marché* sur la lune. (+g)
(468) Les castors *ont été introduits* en Alsace en 1925. (+g)

Sätze mit generischem Subjekt lassen also unter bestimmten Bedingungen durchaus Vergangenheitstempora zu: Das *imparfait* (IMP) findet sich in (464) und (466), das *passé simple* (PS) in (466), das *passé composé* (PC) in (465), (467) und (468) wieder. Das Präsens ist somit keine *conditio sine qua non* für den Ausdruck des Generischen: Auch vergangene Sachverhalte können generisch sein oder generische Referenz hervorrufen.

3.7.2 Sprechhaltungen und Generizität

Bevor auf die Auswirkungen der einzelnen Vergangenheitstempora eingegangen werden kann, stellt sich zunächst die Frage, ob das Vorliegen einer bestimmten Sprechhaltung wie *discours* oder *récit*, d.h. der grammatikalische Rahmen für die Verwendung bestimmter Tempora, in einem Textabschnitt einen Hinweis auf die generische Interpretierbarkeit von Subjektsyntagmen geben kann.[37] Die folgende kurze Untersuchung möchte selbstverständlich nicht den Anspruch auf ein vollständiges Bild erheben und soll daher nur grobe Tendenzen aufdecken und einen ersten Einblick in die Problematik gewähren. Wie sich zudem im weiteren Verlauf angesichts der Art und Vielzahl der zu verarbeitenden Parameter zeigen wird, ist die Einordnung eines Textabschnitts in eine bestimmte Sprechhaltung zumindest für die maschinelle Verarbeitung mit hohem Aufwand verbunden, so daß ihre direkte praktische Nutzbarkeit noch nicht gewährleistet werden kann. Die folgenden Ausführungen sind daher eher als Versuch zu sehen, eine erste Grundlage für eine solche spätere Nutzbarkeit zu schaffen und prinzipiell möglichst vielen eventuellen Einwirkungen auf die Lesart einer Subjekt-NP Rechnung zu tragen.

Die beiden seit Benveniste (1966) unterschiedenen Sprechhaltungen *discours* und *récit* stellen grammatikalische Kategorien dar, die den Gebrauch und die Kombination bestimmter Vergangenheitstempora erklären (vgl. z.B. Maingueneau 1986: 33ff.): Im *discours* wird etwas aus dem Blickwinkel der aktuellen Äuße-

---

[37] Benveniste spricht zunächst von *discours* und *histoire* (1966: 238f.), umschreibt dann aber *histoire* oft mit *énonciation historique* und *récit historique* (1966: 242). Weinrich (1982) verwendet die deutschen Begriffe *Besprechen* und *Erzählen*, die sich inhaltlich allerdings nicht vollständig mit *discours* und *histoire* bzw. *récit* decken.

rungssituation dargestellt und vom Hörer eine "Rezeptionshaltung gespannter Hinwendung" (Weinrich 1982: 161) erwartet, während die Ereignisse im *récit* völlig vom Zeitpunkt und Ort der Äußerung gelöst sind, sie 'erzählen' sich gewissermaßen 'von selbst' (vgl. Benveniste 1966: 241f.). Im *récit* wird dem Hörer signalisiert, daß das 'Erzählte' "mit entspannter Gelassenheit aufgenommen werden darf" (Weinrich 1982: 161); Sprecher, Äußerungsort oder -zeitpunkt spielen keine Rolle mehr. Der Bezugszeitpunkt, den der Hörer/Leser auf Anweisung des Sprechers einnehmen und von dem aus er die erzählten Ereignisse betrachten soll, ist relativ zum Äußerungszeitpunkt in die Vergangenheit versetzt, im Diskurs dagegen stimmen beide Zeitpunkte überein (vgl. Eggs 1993a: 3ff.; 1998b: 113f.). Es ist nun durchaus legitim, hinter dieser grammatikalischen Unterscheidung Auswirkungen auf die generische Interpretierbarkeit von Subjekt-NPs zu vermuten: Bietet die eine oder andere Sprechhaltung besonders günstige Bedingungen für das Generische bzw. sind generische Syntagmen für eine bestimmte Sprechhaltung besonders ungewöhnlich?

Nach unseren bisherigen Untersuchungen scheint die Sprechhaltung *discours* intuitiv den geeigneteren Rahmen für generische Aussagen zu bieten. In fast allen generischen Äußerungen wird verallgemeinert, typisiert, überzeugt, bewertet und argumentiert. In fast allen generischen Äußerungen, von *Un enfant ne met pas les coudes sur la table* über *Les chinois ont inventé la porcelaine* bis zu *Les raisins se cueillent au mois de septembre* wird vom Hörer 'gespannte Hinwendung' erwartet; es wird generalisiert, klassifiziert oder neues Wissen vermittelt. Dieser Eindruck – daß der *discours* den eigentlichen grammatikalischen Rahmen für das Generische bietet – festigt sich bei der Lektüre verschiedener Beispiele, die in der Literatur für die eine oder andere Sprechhaltung angeführt werden. So enthält das erste – und daher wohl sorgfältig wegen seiner Signifikanz ausgewählte – von Weinrich (1986: 162) zur Illustration der Sprechhaltung *discours* bzw. *Besprechen* angeführte Beispiel in einem recht kurzen Text eine Vielzahl von Nominalsyntagmen bzw. Pronomen mit generischer Referenz. Es handelt sich dabei um die Rede Albert Camus' bei der Nobelpreisverleihung; die generischen Ausdrücke sind hervorgehoben:

(469) Je ne puis vivre personnellement de mon art. Mais je n'ai jamais placé cet art au-dessus de tout. S'il m'est nécessaire au contraire, c'est qu'il ne se sépare de personne et me permet de vivre, tel que je suis, au niveau de tous. **L'art** n'est pas à mes yeux une réjouissance solitaire. **Il** est un moyen d'émouvoir le plus grand nombre d'hommes en leur offrant une image privilégiée des souffrances et des joies communes. **Il** oblige donc **l'artiste** à ne pas s'isoler; **il le** soumet à la vérité la plus humble et la plus universelle. Et celui qui, souvent, a choisi son destin d'artiste parce qu'il se sentait différent, apprend bien vite qu'il ne nourrira son art, et sa différence, qu'en avouant sa ressemblance avec tous. **L'artiste** se forge dans

cet aller-retour perpétuel de lui aux autres, à mi-chemin de la beauté dont
il ne peut se passer et de la communauté à laquelle il ne peut s'arracher.
C'est pourquoi **les vrais artistes** ne méprisent rien; **ils** s'obligent à com-
prendre au lieu de juger. Et, s'**ils** ont un parti à prendre en ce monde, ce ne
peut être que celui d'une société où, selon le grand mot de Nietzsche, ne
régnera plus **le juge**, mais **le créateur**, qu'**il** soit travailleur ou intellectuel.

Auch in Maingueneaus (1986: 36) zur Illustration der Sprechhaltung *discours*
gewähltem Textauszug aus *Le mariage de Figaro* ist die Generizität gegenwärtig.
Zwar findet sich hier kein generisches Syntagma in Subjektposition, der Sprecher
wendet sich zu Beginn jedoch eindeutig an eine generische Größe:

(470) Ô **femme**! **femme**! **femme**! créature faible et décevante!... nul animal
créé ne peut manquer à son instinct; le tien est-il donc de tromper?...

Bei Weinrich wie bei Maingueneau, deren Ausführungen hier stellvertretend verwendet wurden, finden sich dagegen in den Beispielen für die Sprechhaltung Erzählen bzw. *récit* keinerlei Anzeichen für Generizität.
   Allein die Tatsache, daß das Präsens als das für den *discours* typische Tempus angesehen wird[38] und gleichzeitig den 'natürlichsten' Tempusrahmen für das
Generische bildet, im *récit* aber nicht erscheinen kann, läßt das Vorkommen generischer Ausdrücke eher im *discours* als im *récit* erwarten. Bei seiner auf die
Einführung der Sprechhaltungen Erzählen vs. Besprechen folgenden Untersuchung der einzelnen Tempora führt Weinrich (1986: 183) denn auch wiederum als
Beispieltext für das Präsens einen von ihm als besprechend vorgestellten Text an,
dessen zentrales Thema die generische Größe FEMME ALLEMANDE ist:

(471) **Les femmes allemandes** ont un charme qui leur est tout à fait particulier,
un son de voix touchant, des cheveux blonds, un teint éblouissant; **elles**
sont modestes, mais moins timides que **les Anglaises**; on voit qu'**elles** ont
rencontré moins souvent des hommes qui leur fussent supérieurs, et
qu'**elles** ont d'ailleurs moins à craindre des jugements sévères du public.
Elles cherchent à plaire par la sensibilité, ...

Nun können sicherlich einige wenige Beispiele für die Sprechhaltung *discours*, in denen generische Syntagmen vorkommen, nicht allein als Beleg dafür

---

[38] In fast allen Beispielen zum *discours* bzw. zum Besprechen finden sich Präsensformen; das
Präsens wird implizit meist als Basistempus des Besprechens, das im *récit* nicht vorkommen
kann, behandelt. Weinrich (1986: 163) schreibt: "In vielen Fällen (aber keineswegs immer!)
ist das, was zur Besprechung ansteht, auch zeitlich gegenwärtig. Das ist auch ursprünglich
mit der Tempus-Bezeichnung Präsens ("Gegenwart") gemeint."

dienen, daß das Generische eher im *discours* als im *récit* zu Hause ist. Andererseits stellt die Verwendung des Präsens, die für den Ausdruck des Generischen typisch, im *récit* aber unmöglich ist, schon ein recht überzeugendes Argument dar. Zudem scheinen generische Ausdrücke im Rahmen einer erzählenden Sprechhaltung allein definitionsgemäß eher ungewöhnlich zu sein, da ja in einer Erzählung in den meisten Fällen singuläre Handlungen oder Zustände und spezifische Ereignisse mit ebenfalls spezifischen Protagonisten wiedergegeben werden. Wenn also generische Syntagmen normalerweise eher im *discours* als im *récit* zu vermuten sind, dann könnte in einer Entscheidungsfindung für oder wider generische Lesart eines bestimmten Syntagmas neben anderen Argumenten auch die Sprechhaltung in die Waagschale geworfen werden: Steht das betreffende Syntagma in einer *discours*-Umgebung, spricht nichts gegen eine generische Interpretation, in einer *récit*-Umgebung dagegen erscheint eine spezifische Interpretation wahrscheinlicher.

Es wäre jedoch übereilt, ohne genauere Untersuchung die generische Referenz im *récit* völlig auszuschließen. Einen zunächst überzeugend erscheinenden Beweis für das Vorkommen generischer Ausdrücke im *récit* liefert Satz (466) *Tant que les hommes se contentèrent de leurs cabanes rustiques ...*, der aufgrund des PS nicht in besprechender Sprechhaltung geäußert werden kann, gleichzeitig aber das generische Syntagma *les hommes* enthält. Benveniste (1966: 240) selbst hält weitere Beispiele für Generizität im *récit* bereit: Der Satz

(472)   Quant aux Phéniciens qui avaient fait profiter les Grecs de leur expérience et leur avaient appris l'utilité commerciale de l'écriture, ils furent évincés des côtes de l'Ionie et chassés des pêcheries de pourpre égéennes [...].

ist seinem Beispieltext für den *récit* entnommen und enthält dennoch die generischen Syntagmen *les Phéniciens* und *les Grecs*.

Wie ist nun dieses Vorkommen generischer Syntagmen im *récit* zu erklären? Gibt es bestimmte generische Referenten die soweit als feste Größen vordefiniert sind, daß sie auch in Erzählungen vorkommen können und nicht erst in einer Besprechung als Art oder Gattung etabliert werden müssen? Sind eventuell bestimmte Prädikatstypen für die generische Interpretierbarkeit verantwortlich? Oder könnte eine dritte Sprechhaltung, die deutlich von *discours* und *récit* zu trennen wäre und in der generische Syntagmen außerhalb des *discours* und des *récit* vorkommen, aus diesem Dilemma heraushelfen? Eine solche Sprechhaltung schlägt Eggs (1993a: 18) mit dem *exposé* vor, in dem es "[...] nur noch um das Vorstellen von Globalisierungen und Fakten, von Gesetzmäßigkeiten und von rational nachvollziehbaren Hypothesen oder Argumentationen geht [...]". Die Generizität jedenfalls hätte in dieser Sprechhaltung ihren festen Platz, denn mit Präsens, Futur und PS/PC, den typischen Zeiten des *exposé*, "[...] werden Ereignisse und Geschehnisse zu Fakten globalisiert, *generelle und gesetzmäßige Zu-*

sammenhänge festgestellt bzw. Argumentationen vollzogen" (Eggs 1993a: 19; Hervorhebung SvF). Ein weiteres besonderes Merkmal des *exposé* ist die fehlende Temporalität dieser Sprechhaltung, d.h. die fehlende Relevanz eines Äußerungs- und Bezugszeitpunktes − ein Merkmal, welches der Generizität sicher entgegenkommt. Mit der Annahme der Sprechhaltung *exposé* wäre es also weiterhin möglich, das Generische mit dem *récit* für unvereinbar zu erklären und die Fälle generischer Referenz, die auch mit dem *discours* unvereinbar sind, dem *exposé* zuzuordnen. Ein Satz wie

(473) Lorsque les *Arya* pénétrèrent dans le N. du sous-continent indien, ils apportèrent évidemment avec eux leur culture, dont les pratiques religieuses constituaient un des aspects. (GB, 71)

der aufgrund des PS nicht in der Sprechhaltung *discours* geäußert werden kann, muß nun nicht mehr trotz des generischen Subjekts *les Arya* zwangsläufig dem *récit* zugeordnet werden, sondern ist besser als *exposé* zu bezeichnen.

Damit erscheinen die oben als problematisch dargestellten Beispielsätze (466) und (472) mit ihrer scheinbaren Unvereinbarkeit von Sprechhaltung und generischer Referenz der Subjektsyntagmen in neuem Licht: Es werden Fakten vorgestellt, Globalisierungen vorgenommen und es fehlt die Temporalität, d.h. der Zusammenhang des Geäußerten mit einem Bezugszeitpunkt, so daß hier die mit dem Generischen ohne weiteres zu vereinbarende Sprechhaltung *exposé* angenommen werden kann. Aber nicht nur die im bisherigen theoretischen Rahmen mangels anderer Möglichkeiten als *récit* eingeordneten Sätze oder Textauszüge, auch der oben zunächst als *discours* präsentierte Text (471) über deutsche Frauen ist von der Annahme einer dritten Sprechhaltung betroffen. Deutlich fällt in (471) das Fehlen jeglicher Temporalität auf, es werden gerade mit Hilfe des Präsens Fakten in einem völlig zeitlosen Rahmen vorgestellt; der Textausschnitt bespricht nicht, erzählt nicht, sondern trägt in der Sprechhaltung *exposé* vor.

Auch die in (469), der Rede Abert Camus' beobachteten Phänomene sind nun adäquater einzuordnen: Zwar wird (469) bis zum zweiten, evtl. bis zum dritten Satz tatsächlich in der Sprechhaltung *discours* mit zeitlicher Verankerung zum Äußerungszeitpunkt, mit Bezug auf das Ich-Hier-Jetzt geäußert, verliert aber dann völlig diese für den *discours* typische Verankerung und Temporalität. Hier ist also innerhalb des gleichen Texttyps "öffentliche Rede" ein Wechsel der Sprechhaltung vom *discours* zum *exposé* zu beobachten.[39] Interessanterweise geht gerade dieser Wechsel und damit das Verlassen der Temporalität in (469) einher mit dem Erscheinen generischer Syntagmen. Um explizit generische Zu-

---

[39] Das Vorliegen des Texttyps "öffentliche Rede" (frz. *discours public*) ist natürlich keine Garantie dafür, daß der gesamte Text auch in der Sprechhaltung *discours* vorgetragen wird, ebensowenig wie der Texttyp *récit* nur die Sprechhaltung *récit* zuläßt.

sammenhänge darzustellen, um mit Hilfe generischer Referenz Gesetzmäßigkeiten zu beschreiben und normative Aussagen zu treffen, wechselt Camus in seiner Rede also vom *discours* zum *exposé*. Albert Camus' Rede wirft damit die Frage auf, ob nicht auch der *discours* mit seiner Verankerung im Ich-Hier-Jetzt, mit seiner Temporalität für generische Referenz weniger geeignet ist als der *exposé*. Satz

(474) Quand j'étais jeune, les cerises étaient bonnes; maintenant elles n'ont plus de goût. (++g)

zeigt jedoch eindeutig, daß Referenz auf Gattungen durchaus auch im *discours* anzutreffen ist. Es scheint eher so zu sein, daß die Sprechhaltung *discours* nicht für die explizite Darstellung generischer Zusammenhänge, für die Aufstellung allgemeingültiger Gesetzmäßigkeiten, die dem *exposé* vorbehalten ist, verwendet wird, daß sie aber generische Referenz im besprechenden Zusammenhang ohne weiteres zuläßt.

Wie diese Problemstellungen zu Tempusgebrauch, Sprechhaltung und Generizität im einzelnen behandelt und die evtl. gefundenen Lösungen wiederum in einem Entscheidungsprozeß für oder wider generische Lesart gewichtet werden müssen, kann an dieser Stelle nicht endgültig geklärt werden. Als vorläufiges Ergebnis dieser kurzen Diskussion der Sprechhaltungen ist jedoch festzuhalten, daß neben *discours* und *récit* die Annahme der Sprechhaltung *exposé* in jedem Fall sinnvoll ist und zu befriedigenderen Erklärungen führen wird. So kann die Verwendung generischer Ausdrücke widerspruchsfreier beschrieben werden – sie findet sich typischerweise im *exposé*, ist aber auch im *discours* üblich, während sich der *récit* dem Generischen verschließt. Im folgenden sollen nun einzelne Vergangenheitstempora vor dem Hintergrund der Unterscheidung *récit-discours-exposé* auf ihre Vereinbarkeit mit generischen Ausdrücken untersucht werden.

3.7.3 *Imparfait* in generischen Sätzen

Wie das Präsens stellt das IMP einen bezeichneten Prozeß oder Zustand aus der Innensicht dar, Anfang und Ende des Prozesses spielen entweder keine Rolle oder werden von innen betrachtet und nicht als Grenzen eines abgeschlossenen Ganzen dargestellt: "L'imparfait renvoie [...] typiquement à un moment du passé pendant lequel le procès se déroule, sans préciser la situation temporelle du début et de la fin du procès" (Gosselin 1996: 199; vgl. auch Arrivé et al. 1986: 478f., Grevisse 1986: 1290f.).

Mit dem IMP werden demnach vergangene Geschehnisse und Zustände ganz ähnlich wie mit dem Präsens präsentiert; das IMP ist daher teilweise als 'Präsens der Vergangenheit' vorgestellt worden, eine Bezeichnung, die zwar oberflächlich einen Widerspruch in sich zu bergen scheint, letztendlich aber die Grundfunktion des IMP recht gut beschreibt: "[...] l'imparfait évoque, comme fait le présent, des choses qui, à un moment quelconque du passé, ont constitué l'actualité du locuteur ou du personnage mis en scène. Il peut se définir comme un véritable **présent du passé**" (Wagner/Pinchon 1962: 361; vgl. auch Arrivé et al. 1986: 481ff., Baylon/Fabre 1978: 104ff.). Bei der Betrachtung eines in der Sprechhaltung *discours* geäußerten generischen Satzes wie

(464)   Le mammouth *possédait* d'énormes défenses recourbées et *mesurait* 3,50 m de haut. (+g)

wird diese Grundbedeutung besonders deutlich, da hier eine Aussage über eine vergangene Epoche, in der Tiere der Gattung MAMMOUTH existiert haben, getroffen wird. Satz (464) präsentiert mit dem IMP die Charakteristika[40] von etwas Vergangenem auf die gleiche Weise, wie ein Satz im Präsens die Charakteristika von etwas Gegenwärtigem:

(475)   L'éléphant possède de grandes défenses légèrement recourbées et mesure 2 m de haut. (+g)

Könnte (475) zur Zeit der Mammuts geäußert werden, so würde er wohl eindeutig im Präsens stehen. Die Temporalität des IMP in (475) signalisiert bei generischer Lesart nur, daß die Vertreter der Gattung MAMMOUTH zum Äußerungszeitpunkt nicht mehr existieren. Es läßt im übrigen bei gleichem Prädikat und gleicher Lesart auch ohne weiteres die Subjekt-Formen *Les N* und *Un N* zu:

(476)   Les mammouths *possédaient* d'énormes défenses recourbées et *mesuraient* 3,50 m de haut. (+g)
(477)   Un mammouth *possédait* d'énormes défenses recourbées et *mesurait* 3,50 m de haut. (++g)

Ein weiterer Hinweis auf die aspektuelle Vergleichbarkeit von Präsens und IMP ergibt sich daraus, daß selbst zum heutigen Zeitpunkt Satz (464) unter bestimmten Bedingungen, z. B. in einer Unterrichtssituation, im Präsens verwendet werden kann. Denn wenn auch die *Exemplare* der Gattung MAMMOUTH nicht mehr existieren, so ist die *Gattung* MAMMOUTH weiterhin eine gedankliche

---

[40] Etwas als charakteristisch oder typisch für einen bestimmten Zeitraum oder für eine bestimmte Epoche zu kennzeichnen ist nach Eggs (1993a: 6f. u. 13ff.) sogar die Grundbedeutung des *Imparfait*. Diese Grundbedeutung findet sich sowohl in der Sprechhaltung *discours* als auch im *récit* (s. Kap. 3.7.2) wieder und kann jeweils von verschiedenen Sinneffekten modifiziert werden.

Größe, auf die ebenso referiert werden kann wie auf Gattungen mit noch lebenden bzw. noch existierenden Vertretern:[41]

(464') Le mammouth possède d'énormes défenses recourbées et mesure 3,50 m de haut. (+g)

Wenn also das IMP als ein 'Präsens der Vergangenheit' bezeichnet werden kann, so ist es nicht verwunderlich, daß es im *discours* wie das Präsens ohne weiteres generische Referenz zuläßt, besonders dann, wenn wie in (479) und (480) mit einem Satzoperator eine raumzeitliche Verankerung vorgenommen wird (vgl. Kap. 3.6):

(478) Les Romains étaient de bons guerriers. (+g)
(479) En 1939, les Allemands étaient pour la guerre. (+g)
(480) Quand j'étais jeune, les enfants ne mettaient pas les coudes sur la table. (+g)

Das IMP bleibt aber dennoch eine Zeit der Vergangenheit und steht damit in Opposition zum Präsens. Damit ein generischer Sachverhalt im IMP ausgedrückt werden kann, muß dieser Sachverhalt i. A. für einen vergangenen Zeitraum, nicht aber für die Gegenwart gültig sein. So erklärt sich die spezifische Referenz des Subjekts in

(460) b) Les chaises *avaient* un dossier et pas de bras. (-g)

dadurch, daß *avoir un dossier et pas de bras* ein gegenwärtig gültiges Merkmal für die Beschreibung der Art CHAISE ist, eine generische Aussage also im Präsens stehen müßte. Eine generische Interpretation von (460) b) mit dem IMP würde bedeuten, daß entweder die Art CHAISE nicht mehr existiert oder aber heutzutage nicht mehr adäquat mit den Merkmalen *avoir un dossier et pas de bras* beschrieben werden kann. Diese generische Interpretation jedoch steht in Konflikt mit dem Welt- oder Alltagswissen eines jeden Hörers/Lesers, der ja weiß, daß Stühle auch gegenwärtig typischerweise eine Rückenlehne und keine Armlehnen besitzen. Ein Satz wie wie (460) b) wird daher automatisch als *récit* mit einem Prädikat im IMP verstanden, das für eine bestimmte Situation etwas

---

[41] Wahrscheinlich kann in Sätzen, in denen wie in (464') über ausgestorbene Gattungen im Präsens gesprochen wird, nicht die Form *Les N* verwendet werden (*??Les mammouths possèdent d'énormes défenses recourbées et mesurent 3,50 m de haut*). Die Verwendung von *Les N* impliziert eine generische Referenz, die über die Vertreter der Gattung hergestellt wird; im Falle des Mammuts aber existiert als Referenzobjekt nur noch die Gattung selbst, nicht aber mehr ihre Exemplare. Eine direkte Gattungsbezeichnung mit der Form *Le N* scheint daher in diesem Fall die einzige Möglichkeit für generische Referenz zu sein.

Zuständliches beschreibt. Man sucht nach spezifischen Referenten wie *les chaises dans cette salle* oder *les chaises dont je t'avais parlé;* eine generische Interpretation kommt nicht mehr in Frage. Erst wenn das Welt- bzw. Alltagswissen eine generische Lesart nicht mehr verbietet, weil wie in (480) oder in

(481) Il y a 150 ans, les maisons avaient des toits de chaume. (+g)

der Bezugszeitpunkt mit dem Äußerungszeitpunkt übereinstimmt, d.h. also wenn ein *discours* vorliegt und die im Prädikat genannten Merkmale einer gegenwärtig noch existierenden Gattung für eine vergangene Epoche charakteristisch waren, so ist auch das IMP wieder in einem generischen Satz zulässig. Das Präsens würde in (481) sogar zu einem eindeutig untypischen Prädikat und damit zu spezifischer Lesart des Subjektes führen:

(481') Les maisons ont des toits de chaume. (-g).

Da Hausdächer heutzutage in der Regel nicht mehr mit Schilf oder Stroh gedeckt werden, kann mit *les maisons* in (481') nur eine spezifische Gruppe von Häusern gemeint sein. Damit läßt sich nun folgende Gesetzmäßigkeit formulieren:

In Sätzen mit generischem Subjekt wird das Präsens verwendet, wenn über das Subjekt eine für die Gegenwart gültige Aussage getroffen werden soll. Das *imparfait* kann verwendet werden, wenn unter den gleichen aspektuellen Bedingungen wie im Präsens in der Sprechhaltung *discours* über das Subjekt eine für eine vergangene Epoche gültige Aussage getroffen werden soll.

Über die Gültigkeit der Aussage für die Gegenwart bzw. für die vergangene Epoche entscheidet der Leser/Hörer mit Hilfe seines Welt- bzw. Alltagswissens. Wird das *imparfait* aber erzählend in der Sprechhaltung *récit* verwendet, so führt die Darstellung singulärer, spezifischer Ereignisse oder Zustände in der Erzählung unweigerlich zu spezifischer Interpretation des Subjekts.

3.7.4 *Passé simple* in generischen Sätzen

Anders als das IMP präsentiert das PS einen Prozeß oder Zustand nicht aus der Innensicht, sondern stellt ihn von außen als etwas abgeschlossenes Ganzes dar. Sein in Grammatiken am häufigsten zitierter und dargestellter Gebrauch ist der eines 'Vordergrundtempus' im *récit*, das für 'wichtige Ereignisse' auf dem Hintergrund einer im IMP beschriebenen Handlung verwendet wird: *Le train avançait depuis quelques heures dans nuit, lorsqu'un accident se* ***produisit***.[42] Neben dieser Verwendung als Vordergrundtempus im *récit* kann sich ein Verb im PS aber in der Sprechhaltung *exposé* auch auf eine Epoche bzw. einen Zeitabschnitt beziehen, innerhalb dessen bestimmte generische, ebenfalls im PS beschriebene Sachverhalte gültig sind. Das PS wird dann gewissermaßen eigenständig und globalisierend und nicht für einzelne Ereignisse, die sich auf dem Hintergrund einer im IMP beschriebenen Handlung abspielen, verwendet. Ein solcher Gebrauch liegt in (466) vor, den wir hier noch einmal für unsere Zwecke umformuliert als (482) wiedergeben:

(482) Les hommes vécurent libres, sains, bons et heureux autant qu'ils pouvaient l'être par leur nature, et continuèrent à jouir entre eux des douceurs d'un commerce indépendant tant qu'ils se contentèrent de leurs cabanes rustiques, tant qu'ils se bornèrent à coudre leurs habits de peaux avec des épines ou des arêtes. (+g)

Mit der generischen Eingangssequenz *les hommes vécurent libres* wird hier global eine Epoche umfaßt, die anschließend in bestimmte Teilgeschehnisse und -handlungen, die ebenfalls im PS beschrieben werden, zerlegt wird. Diese innerhalb der globalisierten Epoche stattfindenden Teilgeschehnisse sind die ebenfalls im PS formulierten Sätze mit generischem Subjekt *ils se contentèrent de leurs cabanes rustiques* und *ils se bornèrent à coudre leurs habits de peaux avec des épines ou des arêtes*. Im Rahmen von Globalisierungen können in einem *exposé* daher ohne weiteres generische Zusammenhänge mit Sätzen im PS dargestellt werden.[43] Dies bedeutet jedoch keineswegs, daß Globalisierungen im PS immer generische Referenz ermöglichen müssen, sondern nur, daß sie einen möglichen Rahmen für Generizität bieten. Globalisiert werden können in einem *exposé* nämlich auch Ereignisse, die sich aus Teilereignissen zusammensetzen und generische Referenz eindeutig verhindern. Satz (483) ist ein Beispiel für eine Globalisierung im *exposé* mit spezifischen Subjektsyntagmen:

(483) Ce jour-là, un grave accident se produisit. Le chauffeur d'une Renault perdit le contrôle de sa voiture dans un virage. Il heurta un arbre et fut éjecté de son véhicule...

---

[42] Vgl. z.B. Weinrich (1982: 184ff.) und zu einer kritischen Untersuchung des Hintergrund–Vordergrundschemas (Eggs 1993a: 7ff.).

[43] Hölker (1998) schlägt für Sätze wie (482) eine andere, von uns hier nicht weiter verfolgte Analyse vor: Er geht von einem Widerspruch zwischen dem Verbstamm von z.B. *vivre*, dessen Bedeutung eine gewisse Dauer evoziert, und der *passé simple*-Endung, die einen punktuellen Vorgang beinhaltet, aus. Dieser Wiederspruch wird dann in seinem Modell nach bestimmten Mechanismen des Uminterpretierens aufgelöst.

Die spezifische Referenz in (483) wird neben dem deutlichen Hinweis auf ein einmaliges Ereignis (*ce jour-là*) auch von der Aktionsart der verwendeten Verben unterstützt: Während in (482) die imperfektive Aktionsart der Verben *vivre, être, continuer, se contenter de* etc. eine Beschreibung von Zuständen und damit auch die generische Lesart der Subjektsyntagmen erlaubt, werden mit den perfektiven Verben *se produire, perdre le contrôle, heurter* etc. eng begrenzte Prozesse dargestellt.[44] In beiden Beispielen geht es anders als in Sätzen mit generischem Sachverhalt wie (130) *Les chats sont des animaux* um zwar globalisierte, aber *singuläre* Fakten, die jedoch in (482) als Zustände präsentiert werden und so die generische Referenz ermöglichen, sie als einmalige, begrenzte Prozesse in (483) aber verhindern.

Wird das PS nun in seiner für die Sprechhaltung *récit* typischen Verwendungsweise, d.h. für bestimmte Vordergrundereignisse, die sich vor dem Hintergrund einer Handlung im IMP abspielen, gebraucht, so ist eine generische Interpretation eindeutig ausgeschlossen. In einer solchen Handlungskonstellation werden ja immer begrenzte, einmalige Ereignisse erzählt, die sich in einer bestimmten, einmaligen, durch einen Satz oder Satzteil im IMP beschriebenen Situation abspielen:

(484)   Pierre roulait lentement devant une colonne de voitures. Soudain, les voitures klaxonnèrent. (-g)

Die Tatsache, daß das PS generische Lesart sowohl ermöglichen wie auch eindeutig verhindern kann, ist somit einerseits mit dem Wechsel der Sprechhaltung (vgl. (482) und (484)) als auch innerhalb einer Sprechhaltung mit der Verwendung von Verben unterschiedlicher Aktionsart erklärbar (vgl. (482) und (483)).

Zum Einfluß des PS auf die Art der Referenz sei nun noch abschließend angemerkt, daß es eine Verwendung der Form *Un N* in generischer Lesart vollständig auszuschließen scheint. Zwar ist (482) mit einem Subjekt der Form *Le N* noch in generischer Lesart vorstellbar *(L'homme vécut libre, sain, bon et heureux autant qu'il pouvait l'être par sa nature, ...)*, die Form *Un N* dagegen ist nur bei spezifischer Lesart sinnvoll einsetzbar. Auch alle anderen Versuche, durch entsprechende Prädikate eine Generizität zu erzwingen, müssen fehlschlagen, weil die normative Grundbedeutung dieser Form inkompatibel ist mit der Grundbedeutung des PS, das immer zum Ausdruck singulärer Fakten verwendet wird:

(485)   ??Il y a 150 ans, une maison eut un toit de chaume.

---

[44] Zu einer Kritik der Begriffe *perfektiv* und *imperfektiv* vgl. Hölker (1998: 34ff.), der ihnen basierend auf Vendler (1967) die Zeitschemata *Aktivitäten, Ausführungen, Umschwünge* und *Zustände* gegenüberstellt.

(486)   ??Un mammouth fut le plus grand mammifère terrestre.

3.7.5 *Passé composé* in generischen Sätzen

Aufgrund seiner aspektuellen Eigenschaften kann das *passé composé* (PC) im *discours* wie das PS im *récit* zur Wiedergabe singulärer, einmaliger Ereignisse in einem Handlungsstrang verwendet werden und ist dann ebenfalls für den Ausdruck des Generischen denkbar ungeeignet:

(487)   Les voitures ont klaxonné. Pierre savait qu'il leur avait pris la priorité.(-g)
(488)   Les chiens ont mangé de la viande. Après ils sont allés s'amuser dans le jardin. (-g)
(489)   Les chiens ont mangé de la viande. Maintenant ils dorment dans le jardin. (-g)

Der Verweis auf einen einmaligen, abgeschlossenen, in der Vergangenheit liegenden Prozeß oder Zustand ist nun jedoch nicht die einzige Funktion des PC. Es dient nämlich wie das PS auch zur Globalisierung von Ereignissen oder Geschehnissen zu Epochen und kann dann – meist in der Sprechhaltung *exposé* – ohne weiteres in Sätzen mit generischem Subjekt verwendet werden:

(465)   L'animal, être doué de vie, de mouvement, d'instinct, a, plus que la plante, profondément impressionné l'homme. (++g)
(467)   L'homme a marché sur la lune. (++g)
(468)   Les castors ont été introduits en Alsace en 1925. (++g)
(490)   Le mammouth a disparu. (++g)

Zwar handelt es sich in (465), (467), (468) und (490) nicht wie bspw. in (160) *Les chats mangent de la viande* um die Präsentation andauernder Zustände aus der Innensicht, die generische Lesart der Subjekte aber wird ermöglicht, weil das PC mit den Prädikaten der hier aufgeführten Sätze seine Globalisierungfunktion erfüllen kann. Sich aus verschiedenen, teilweise komplexen oder über einen lang anhaltenden Zeitraum andauernden Ereignissen zusammensetzende Epochen werden in den oben stehenden Sätzen mit Hilfe der im PC verwendeten Verben sozusagen von außen umfaßt und globalisiert; als Protagonisten sind in diesen globalisierten Epochen auch Gattungen und Arten zulässig. Allein das generische *Un N* ist wiederum nicht mit im PC verwendeten Verben kombinierbar, weil die Generizität von *Un N* immer nur im Zusammenhang mit einem aus der Innensicht präsentierten Sachverhalt zustande kommen kann, der jedoch im PC nicht darstellbar ist.

Vergleicht man nun die Sätze (465), (467), (468) und (490) mit generischen Subjekten mit den Sätzen

(491) Les chats ont mangé de la viande. (-g)
(492) Les enfants n'ont pas mis les coudes sur la table. (-g)
(493) Les serpents ont été dégoûtants. (-g)

so stellt sich heraus, daß die typischen ((491)), normativen ((492)) und bewertenden ((493)) Prädikate, in denen die Typizität eine Rolle spielt und die daher im Präsens ohne weiteres die generische Lesart zulassen oder gar fördern, im PC den Bezug auf Arten und Gattungen blockieren.[45] Dieser Zusammenhang zwischen potentieller Typizität und Behinderung der generischen Lesart wird verständlich, wenn man sich vergegenwärtigt, daß eine zu generischer Lesart führende typische Eigenschaft nur aus der Innensicht, nicht aber von 'außen' unter perfektivem Aspekt präsentiert werden kann. Das Typische selbst kann nur ohne Begrenzung gültig sein und daher nur unter imperfektivem Aspekt präsentiert werden. Der perfektive Aspekt, den das PC einem Verb verleiht, reduziert etwas für eine Art oder Gattung möglicherweise Typisches auf ein einmaliges, in der Vergangenheit liegendes Ereignis, welches dann nur eine spezifische Gruppe von Objekten betreffen kann.

Für die Verwendung des PC in generischen Sätzen ergibt sich demnach folgende Regel:

Regel XV
In Sätzen mit potentiell typischem Prädikat führt das PC unweigerlich zu spezifischer Lesart. Sätze mit anderen Prädikaten und einem globalisierenden PC lassen auch die generische Lesart des Subjekts zu. Die Form *Un N* in generischer Interpretation ist mit dem PC unvereinbar.

Zum zweiten Satz dieser Regel ist noch anzumerken, daß Sätze mit generischem Subjekt und projektiven oder existentiellen Prädikaten sogar typischerweise ein im PC verwendetes Verb enthalten. Die generische Referenz der Subjekte dieser Sätze ergibt sich gerade aus der globalisierenden Funktion des verwendeten PC.

---

[45] Streng genommen liegt in diesen Prädikaten aufgrund der Verwendung des PC gerade keine Typizität mehr vor; sie wäre nur dann gegeben, wenn die jeweiligen Verben im Präsens verwendet würden.

4 Verfahren zur Bestimmung der Lesart

Im Rahmen der Untersuchung der verschiedenen Formen und Funktionen potentiell generischer Subjektsyntagmen im Französischen und im Deutschen haben sich in Kap. 2 diverse Kriterien zur Auswahl deutscher Übersetzungsäquivalente für französische Subjekt-NPs ergeben. Dabei hat sich gezeigt, daß die grundlegende Entscheidung über generische oder spezifische Lesart der zu übersetzenden Syntagmen den gesamten weiteren Auswahlprozeß für geeignete Übersetzungsäquivalente bestimmt. Während in Kap. 3 versucht wurde, geeignete Grundlagen für eine solche Entscheidung zu schaffen, sollen nunmehr die dort erarbeiteten Kriterien geordnet, in einen Gesamtzusammenhang gebracht, ausgewertet und dabei auf ihre praktische Nutzbarkeit überprüft werden. Ferner soll die Frage behandelt werden, welche Reihenfolge bei der Suche nach Hinweisen auf die eine oder andere Lesart für die automatische Verarbeitung die meisten Vorteile bringt, welche Hinweise besonders zuverlässig sind und wie das Vorkommen verschiedener Kriterien in einem Satz zu behandeln ist.

Um komplexe und unsichere Entscheidungsverfahren möglichst häufig zu umgehen, ist es sicherlich sinnvoll, an erster Stelle besonders eindeutige Fälle zu behandeln (s. Kap. 4.1). Solch eindeutige Fälle liegen vor, wenn bestimmte Kriterien von vornherein, d.h. unabhängig von anderen eventuell im Satz erscheinenden Kriterien, die generische Lesart ausschließen oder erzwingen. Unsere bisherigen Kennzeichnungen (++g) für notwendig generische und (-g) für notwendig spezifische Lesart beziehen sich nun nicht mehr wie in Kap. 3 ausschließlich auf die Auswirkungen eines einzelnen, isoliert untersuchten Kriteriums, sondern vor allem auf die Gesamtwirkung von evtl. mehreren Kriterien auf die Interpretationsmöglichkeiten des Subjekts:

(1)   Les verres sur cette étagère sont fragiles. (-g)
(2)   Un verre est fragile. (++g)
(3)   * Un verre sur cette étagère est fragile.

In Satz (1) könnte das für das Subjekt *les verres* typische Prädikat *être fragile* zwar auf eine generische Lesart hinweisen, diese wird jedoch durch das in der PP enthaltene Demonstrativpronomen *cette* eindeutig ausgeschlossen (vgl. Kap. 3.2.2.1). Es wäre hier die falsche Vorgehensweise, zuerst eine aufwendige Klassifizierung des Prädikats vorzunehmen und es auf eine eventuelle Unterstützung der generischen Lesart zu untersuchen um letztendlich aufgrund des einfachen und eindeutigen Kriteriums 'Demonstrativpronomen in der vom Subjekt regierten PP' die spezifische Lesart festzustellen. Im Falle von (2) ist dagegen eine Untersuchung des Prädikats unumgänglich, da seine Typizität in Verbindung mit dem unbestimmten Artikel Singular zwangsläufig zu generischer Lesart des

Subjekts führt (vgl. Kap. 3.3.3). Die obligatorische Generizität in (2) läßt sich auch anhand des Satzes (3) erkennen, dessen ungrammatischer Status von dem Versuch herrührt, mit Hilfe eines Demonstrativpronomens die spezifische Lesart zu erzwingen. Sowohl in (1) als auch in (2) liegen somit eindeutige Kriterien zur spezifischen bzw. generischen Interpretation vor, deren Erkennung aber jeweils unterschiedlichen Aufwand verlangt. In einem Analysealgorithms sollte nun unter den Kriterien, die eindeutig die generische oder ebenso eindeutig die spezifische Lesart des Subjekts erzwingen, zuerst nach den am einfachsten erkennbaren gesucht werden (s. Kap. 4.1.1 und Kap 4.1.2).

Ganz allgemein weisen die Untersuchungsergebnisse aus Kap. 3 darauf hin, daß eine eindeutig spezifische Interpretation des Subjekts oft einfacher festzustellen ist als eine notwendig generische Lesart. Die Sätze (1) und (2) sind symptomatisch für diese Tendenz: Während die Erkennung einer notwendig generischen Lesart fast immer relativ komplexe sprachliche Analysen verlangt, kann die spezifische Lesart teilweise nach einer einfachen strukturellen Analyse oder anhand des bloßen Vorhandenseins eines bestimmten Elements, wie z. B. eines Demonstrativ- oder Possessivpronomens (*les verres sur cette étagère, le chien de mon voisin*) festgestellt werden. Einige Ausnahmen von dieser Tendenz lassen sich allerdings finden: In Konstruktionen mit pronominaler Wiederaufnahme (vgl. Kap. 3.4) beispielsweise führt unabhängig von allen anderen Kriterien die sprachliche Form *Un N* unvermeidlich zu generischer Lesart:

(4) Un chat, ça joue sur le toit. (++g)
(5) Une voiture, ça coûte cher. (++g)

Die Suche nach besonders leicht erkennbaren, eindeutigen Entscheidungskriterien, die wir im folgenden *direkt erkennbare Kriterien* nennen, wird jedoch trotz der eben genannten Ausnahme zum größeren Teil in der Feststellung der spezifischen Lesart münden. Bei dieser Suche soll im übrigen darauf geachtet werden, daß nicht nur den schwerer erkennbaren, sondern auch den weniger häufig auftretenden Kriterien als letztes nachgegangen wird: Konstruktionen wie in (4) und (5), so wurde in Kap. 3.4 festgestellt, gehören eher der gesprochenen Sprache an und werden in geschriebenen Texten nur selten vorkommen; [1] eine Überprüfung eines Satzes nach einer solchen Konstruktion sollte daher nicht an vorderster Stelle stehen.

---

[1] Dies gilt nicht für die direkte Rede in geschriebenen Texten, die selbstverständlich Konstruktionen mit pronominaler Wiederaufnahmen enthalten kann.

4.1 Eindeutige Kriterien zur Bestimmung der Lesart

4.1.1 Direkt erkennbare Kriterien

Zu den direkt erkennbaren Kriterien, die über eine generische oder spezifische Lesart des Subjekts entscheiden können, gehören zunächst das weiter oben genannte 'Vorkommen eines Demonstrativ- oder Possessivpronomens in einer vom Subjekt regierten PP' (spezifische Lesart) und die Konstruktion [[Un N] [ça/ce+VP]] (generische Lesart). Im folgenden werden zur besseren Übersichtlichkeit die einzelnen Kriterien mit geeigneten Abkürzungen bezeichnet, bspw. *Pron in PP* (Satz (1)) oder *Un N+ça* (Sätze (4) und (5)) für die oben genannten Kriterien. Aus den zuvor genannten Gründen ist nach der Wahrscheinlichkeit des Auftretens die Suche nach dem Kriterium *Pron in PP* in jedem Fall vor der nach *Un N+ça* einzuorden.

Innerhalb der Untersuchung der modifizierenden PPs mit der Präposition *de* (vgl. Kap. 3.2.2.3) ergeben sich nun weitere direkt erkennbare Kriterien. Besteht z.B. die NP in einer PP mit *de* aus einem Eigennamen, genauer einem Personennamen, so ist das Subjekt unbedingt spezifisch zu lesen:

(6) ? Les chiens de Jacques sont carnivores. (-g)

Trotz des eindeutig für *les chiens* typischen Prädikats *être carnivore* muß (6) spezifisch gelesen werden; der krasse Widerspruch zwischen dem deutlichen Hinweis auf generische Lesart durch das Prädikat und der durch den Eigennamen erzwungenen spezifischen Lesart führt gar zu einem fragwürdigen grammatischen Status des Satzes. Wir versehen dieses nach einer einfachen Analyse der Subjekt-NP erkennbare Kriterium mit der Bezeichnung *De+NPers*.

Der größte Teil der in 3.2.2.3 geführten Untersuchung zur Präposition *de* wurde aufgrund der unterschiedlichen Auswirkungen der Artikelkombinationen nach Individuativa und Kontinuativa sowie innerhalb der Individuativa nach verschiedenen Teile-Ganzes-Relationen in der Subjekt-NP getrennt. Entsprechend der Regel I ist nun aber erkennbar, daß sich durch die gesamten Teiluntersuchungen ein weiteres direkt erkennbares Kriterium für die spezifische Lesart zieht. Die Konstruktionen Art_1 N_1 *de* Art_2 N_2 mit Subjektfunktion werden unabhängig von allen anderen Einflüssen immer dann unbedingt spezifisch gelesen, wenn der Artikel Art_2 ein bestimmter Artikel Singular ist und N_2 keine natürliche Art bezeichnet:

(7) La couverture du livre porte le titre et le nom de l'auteur. (-g)
(8) La roue de la voiture est fixée par au moins trois boulons. (-g)

(9) Les roues de la voiture sont fixées par au moins trois boulons. (-g)
(10) La peinture de la voiture est fragile. (-g)

Bezieht sich das Nomen N_2 der untergeordneten PP allerdings auf eine natürliche Art, bleibt die Möglichkeit zur generischen Interpretation erhalten:

(11) La queue du chien lui sert de moyen de communication. (+g)
(12) La griffe du lion est tranchante comme un couteau. (+g)
(13) Les griffes du lion sont tranchantes comme des couteaux. (+g)
(14) La salive de l'être humain contient des enzymes. (+g)

Dieses in 3.2.2.3 ausführlich beschriebene Phänomen kann als direkt erkennbares Kriterium für die spezifische Lesart gelten, wenn die einzelnen Nomina, sei es entsprechend dem Wissen eines menschlichen Übersetzers, sei es über eine explizite Markierung in einem Computerlexikon, als [+nat. Art] bzw. [-nat. Art] gekennzeichnet sind. Nach einer einfachen strukturellen Analyse und Nachschlagen im Lexikon könnte dann mit diesem Kriterium gegebenenfalls frühzeitig eine generische Lesart ausgeschlossen werden.

Die Unterscheidung [+/-nat. Art] ist jedoch nur dann von Bedeutung, wenn in einem Subjektsyntagma der Form Art_1 N_1 de Art_2 N_2 wie oben in (7)-(14) der Artikel Art_1 ein bestimmter Artikel Plural oder Singular ist. So wurde ebenfalls in 3.2.2.3 festgestellt, daß Subjekte der Form Un N_1 de le N_2 mit unbestimmtem Artikel in der regierenden NP und bestimmtem Artikel Singular in der untergeordneten PP ganz unabhängig von der Art des Nomens N_2 nur in spezifischen Sätzen vorkommen können:

(15) Une griffe du lion est tranchante comme un couteau. (-g)

Es ergeben sich damit zwei zwar eng miteinander verbundene, aber doch eindeutig zu trennende Kriterien für die spezifische Lesart, und zwar die Formen *Les/le N+de+le $N_{[-nat.\,Art]}$* und *Un N+de+le N*. Das Kriterium *Un N+de+le N* ist dabei noch 'direkter' und damit einfacher erkennbar, da es anders als *Les/le+de+le $N_{[-nat.\,Art]}$* allein anhand seiner syntaktischen Form identifiziert werden kann und keine Bestimmung der Art des Nomens der regierten NP verlangt.

Zu den direkt erkennbaren Kriterien kann auch das Vorliegen eines existentiellen Prädikates (*Exist.Präd.*) gezählt werden, das für die Subjektformen *Les N* und *Le N* generische Lesart erzwingt.[2] Obgleich die Bestimmung des Prädikatstyps im allgemeinen recht komplexe Erkennungsverfahren erfordert (s. Kap.

---

[2] *Un N* als Subjekt-NP ist in grammatischen Sätzen nicht mit existentiellen Prädikaten kombinierbar und kann daher außer acht gelassen werden (s. 3.3.4).

4.1.2.2), bieten die existentiellen Prädikate der automatischen Erkennung eine vergleichsweise große Angriffsfläche und stellen damit eine Ausnahme dar: Ein existentielles Prädikat ist fast immer an den Gebrauch eines Verbs oder einer Verbkonstruktion aus einer bestimmten Gruppe gebunden, so daß das Kriterium *Exist.Präd.* von wenigen Ausnahmen abgesehen[3] meist mit Hilfe eines einfachen Nachschlagevorgangs erkennbar ist. Es genügt, eine möglichst vollständige Liste 'existentieller Verben' aufzustellen, deren Verwendung in Verbindung mit einem Subjekt der Form *Les N* oder *Le N* zu generischer Lesart führt (vgl. die Beispielsätze in Kap. 3.3.4). Zu den am häufigsten verwendeten Verben bzw. Verbkonstruktionen dieser Liste gehören z.B. *exister, abonder, être rare, être nombreux, être introduit, foisonner, être répandu, être en voie de disparition* etc.

Im Laufe der Diskussion des Einflusses der Vergangenheitstempora (Kap. 3.7) hatte sich des weiteren herausgestellt, daß die Form *Un N* mit im *passé simple* (PS) oder *passé composé* (PC) verwendeten Verben nicht in generischer Lesart vorkommen kann. Wir nehmen dieses anhand der äußeren sprachlichen Form recht einfach erkennbare Kriterium unter der Bezeichnung *Un N+PS/PC* in die folgende Übersicht über die Art und Reihenfolge der direkt erkennbaren Kriterien auf.

• *Pron in PP*	⇒ spezifisch	(Les verres *sur cette* étagère sont fragiles)
• *De+NPers*	⇒ spezifisch	*(Les chiens de Jacques sont carnivores)*
• *Un N+de+le N*	⇒ spezifisch	*(Une griffe du lion est tranchante)*
• *Les/le+de+le N[-nat. Art]*	⇒ spezifisch	*(La couverture du livre porte le titre)*
• *Exist.Präd.*	⇒ generisch	*(Les dinosaures n'existent plus)*
• *Un N+pouvoir*	⇒ generisch	*(Une chaise peut être chère/supporter 200 kg)*
• *Un N+ça*	⇒ generisch	*(Un chat, ça joue sur le toit)*

---

[3] Beispielsweise läßt die polyseme Konstruktion *avoir disparu*, die sowohl "ausgestorben sein" als auch "verschwunden sein" bedeuten kann, auch Sätze mit spezifischem Subjekt zu; vgl. *Les dinosaures ont disparu* (++g) und *Les chats ont disparu* (-g). In diesen Fällen entscheidet das Weltwissen über die Lesart des Subjekts (es gibt heute noch Katzen, daher kann mit *les chats* nicht die Gattung gemeint sein). Wegen der guten Verwertbarkeit der anderen Verben und Verbkonstruktionen, die immer eindeutig auf generische Lesart hinweisen, könnten in einem automatischen Verarbeitungssystem diese Ausnahmen vernachlässigt werden – allerdings wird damit von vornherein eine Fehlerquelle in Kauf genommen (vgl. dazu auch Kap. 4.3).

Diese Übersicht enthält zudem noch ein Kriterium mit der Bezeichnung *Un N+pouvoir*, das sich erst aus der Auswertung der Möglichkeitsprädikate in 4.1.2.2 ergibt und daher an dieser Stelle nicht weiter erläutert wird.

4.1.2 Indirekt erkennbare Kriterien

Zu den im vorangegangen Abschnitt vorgestellten eindeutigen Kriterien kommen noch weitere hinzu, die jedoch nicht mehr nur allein nach einer Überprüfung auf das Vorhandensein bestimmter Elemente oder dem Nachschlagen in einem Lexikon erkannt werden können. Vielmehr müssen nunmehr vergleichsweise komplexe Erkennungsverfahren angewendet werden, in denen sprachliches und oft genug auch außersprachliches Wissen entscheidende Rollen spielen. Innerhalb dieser nun nur noch indirekt erkennbaren Kriterien kann wiederum zwischen Kriterien unterschieden werden, die zumindest zum Teil strukturell bzw. syntaktisch bedingt sind, d.h. teilweise an äußerlichen Merkmalen zu erkennen sind, und solchen, deren Erkennung von der Satzstruktur weitgehend unabhängig ist. Da eine Erkennung um so schwieriger sein wird, desto weniger äußerliche Hinweise zur Verfügung stehen, spielt auch hier die Verarbeitungsreihenfolge eine nicht unerhebliche Rolle. Diese Reihenfolge spiegelt sich in der im folgenden vorgenommen Unterteilung in *strukturell bedingte* und *strukturell unabhängige*, d.h. von formalen Merkmalen unabhängige Kriterien wider.

4.1.2.1 Strukturell bedingte Kriterien

Zwei strukturell bedingte Kriterien, die sich aus der in Kap. 3.5 geführten Untersuchung der passivischen Pronominalkonstruktionen ergeben haben, illustrieren recht deutlich den Übergang von einfach und direkt erkennbaren Hinweisen auf eine bestimmte Lesart zu Kriterien, die erst nach aufwendiger Analyse zu identifizieren sind.

In der genannten Untersuchung hatte sich zunächst gezeigt, daß passivische Pronominalkonstruktionen Subjekte der Form *Le N* (N = Individuativum) nur in spezifischer Interpretation zulassen; alle Versuche, eine generische Lesart zu erzwingen, führten zu ungrammatischen Sätzen:

(16)   La réunion se tient à Matignon. (-g)
(17)   * L'oeuf se garde au frigo.

Einzige Ausnahme von dieser Regel bilden Subjekte, die eine gesellschaftlich homogene Gruppe bezeichnen und dadurch weiterhin eine generische Interpretation ermöglichen (vgl. 3.5 und 3.3.8). Zumindest für die automatische Verarbeitung jedoch sollte eine gewisse Fehlerquelle zugelassen und der Einfachheit halber davon ausgegangen werden, daß diese Ausnahme in vernachlässigbar geringer Häufigkeit auftritt. Eine andere Möglichkeit bestünde darin, die betreffenden Nomina im Lexikon explizit mit dem sehr spezifischen Merkmal [+ gesellschaftlich homogene Gruppe] zu markieren – eine Vorgehensweise, die wahrscheinlich mit dem Ökonomiebestreben eines jeden automatischen Verarbeitungssystems in Konflikt geraten wird. Das Kriterium "*Le N* als Subjekt einer passivischen Pronominalkonstruktion" *(Le N+pass.Pron.)* soll also vorläufig so behandelt werden, als erzwinge es in jedem Falle die spezifische Lesart des Subjekts.

Aus der Diskussion der passivischen Pronominalkonstruktion ergibt sich noch ein zweites Kriterium, das sich jedoch genau gegenläufig zu *Le N+pass.Pron.* auswirkt: Subjekte der Form *Un N* wie in

(18) Un ordinateur s'achète dans un magasin spécialisé. (++g)
(19) Un steak se mange chaud. (++g)

erzwingen unweigerlich und ausnahmslos die generische Lesart; eine spezifische Interpretation ist mit dem unbestimmten Artikel Singular in einer passivischen Pronominalkonstruktion nicht vorstellbar (vgl. Kap. 3.5). Das Kriterium *Un N+pass.Pron.* bietet somit einen zuverlässigen, eindeutigen Hinweise auf generische Lesart.

Sind nun aber die eindeutigen Kriterien *Le N+pass.Pron.* und *Un N+pass.Pron.* nicht doch so leicht zugänglich, daß sie als direkt erkennbar behandelt werden können oder verlangt ihre Erkennung tatsächlich eine umfangreichere Analyse? Damit sie für den Übersetzer bzw. den Übersetzungsalgorithmus verwertbar werden, muß dieser entscheiden können, ob auf *Le N* oder *Un N* in Subjektposition eine passivische Pronominalkonstruktion folgt. Der einfache Test, ob auf das Subjekt das Pronomen *se* folgt, ist zwar als Erkennungsverfahren aufgrund seiner Einfachheit verlockend, erweist sich aber als völlig unzureichend, da auch eine ganze Reihe anderer Konstruktionen von diesem Pronomen eingeleitet werden (vgl. auch Lyons 1982: 162ff.):

(20) Un prisonnier s'enfuit du camp. (essentiell pronominales Verb)
(21) Le veuf se recueille sur la tombe de sa femme. (eigenständig pronominales Verb)
(22) Un enfant se gave de sucreries. (reflexive Pronominalkonstruktion)[4]

---

[4] Reflexive Pronominalkonstruktionen können weiter in reflexive (Satz (22)) und reziproke (*Les enfants se battent*) Lesarten unterteilt werden (vgl. Riegel et al. 1994: 256ff.; Grévisse 1986: 1174ff.).

Bei (20)-(22) handelt es sich um aktivische Konstruktionen, da in allen drei Fällen das Subjekt auch Ausgangspunkt bzw. Agens des Prozesses oder der Handlung ist und nicht wie in (18) und (19) die semantische Rolle des Objektivs oder Patiens' besetzt. Die Sätze (20)-(22) können daher trotz der Form ihrer Subjektsyntagmen die generische Lesart weder erzwingen noch ausschließen.

Als erster Ansatz zur Unterscheidung zwischen aktivischen und passivischen Pronominalkonstruktionen bietet sich angesichts der hier und in Abschnitt 3.5 vorgestellten Beispielsätze eine Subkategorisierung der Subjektnomina an: Während in passivischen Sätzen wie in (18) und (19) das Subjekt typischerweise das semantische Merkmal [-belebt] trägt, scheinen die Subjekte in aktivischen Sätzen meist belebt zu sein. Riegel et al. (1994: 259) weisen jedoch schon darauf hin, daß weder das Merkmal [-belebt] eine Garantie für eine passivische noch das Merkmal [+belebt] eine Garantie für eine aktivische Konstruktion ist: "Enfin, si le référent du sujet [des constructions pronominales passives] est très souvent inanimé, rien ne s'oppose à ce que ce soit un être humain: *Un colis postal/un employé ne se renvoie pas sans motif sérieux – Une telle somme/Un tel ami se trouve difficilement.*" So wie in passivischen Sätzen auch Menschen als Subjekt zulässig sind, so sind auch aktivische Sätze mit unbelebtem Subjekt vorstellbar:

(23) L'eau se répand sur la table.
(24) Le tableau se décroche du mur.

Obgleich (23) trotz des bestimmten Artikels Singular aufgrund des kontinuativen Subjekts passivisch und generisch gelesen werden könnte, verhindert außersprachliches Wissen die generische Interpretation des Satzes, der sonst den Status einer sinnlosen Regel oder Anweisung der Art "Wasser kann/soll auf dem Tisch verteilt werden" hätte. Dieses außersprachliche Wissen läßt nur die sinnvollere, aktivische und gleichzeitig spezifische Lesart "Das Wasser verteilt sich gerade/in diesem Moment über den Tisch" zu. Im Falle von (24) kann allein der Kontext oder die Kenntnis der Äußerungssituation über passivische oder aktivische Lesart entscheiden; der Satz kann sowohl im Sinne von "Das Bild kann von der Wand abgenommen werden" (passivisch) als auch von "Das Bild fällt gerade von der Wand/löst sich gerade von der Wand" (aktivisch) verstanden werden. Eine kontextunabhängige, einzig auf sprachlichem Wissen basierende Entscheidung über das Vorliegen oder Nicht-Vorliegen einer passivischen Pronominalkonstruktion ist somit nicht immer möglich: "Les ambiguïtés qui peuvent résulter de cette homonymie syntaxique [des verbes pronominaux et constructions pronominales, SvF] ne se lèvent souvent qu'à la lumière de nos connaissances extralinguistiques: *Un secret/bébé/ enfant/homme politique/vieillard ne se confie pas à n'importe qui*" (Riegel et al. 1994: 256). Die Formen *Le N+pass.Pron.* und *Un N+pass.Pron.* sind daher zwar durchaus eindeutige Kriterien für spezifische bzw.

generische Lesart, sie sind aber anders als die in Kap. 4.1.1 aufgeführten Kriterien nicht direkt an 'äußeren' Merkmalen erkennbar.

Ein weiteres strukturell bedingtes, eindeutiges Kriterium ergibt sich aus der Untersuchung der pronominalen Wiederaufnahme durch *ça* oder *c'(est)*. Obgleich eine oberflächliche Betrachtung dieser Konstruktionen zunächst ein direkt erkennbares Kriterium für die generische Lesart der Formen *Les N*, *Le N* und *Un N* vermuten ließ, stellte sich heraus, daß nur die Form *Un N* in pronominalen Wiederaufnahmen zwingend generisch gelesen wird, für *Les N* und *Le N* aber auch die Möglichkeit der spezifischen Interpretation besteht (vgl. Kap. 3.4):

(25) Les histoires de Paul, c'est absurde. (-g)
(26) L'affaire des bijoux, c'est passionnant. (-g)
(27) Les chiens, c'est des caniches.(-g)
(28) La voiture, c'est un break. (-g)

(29) Les romans de science-fiction, c'est absurde. (++g)
(30) La cerise, c'est sucré. (++g)

Erste Bedingung für eine eindeutig generische Lesart der Formen *Les N* und *Le N* in Subjektposition ist die strikte Koreferenz zwischen dem Pronomen und der Subjekt-NP – eine Bedingung, die in (25) und (26) nicht erfüllt ist (vgl. Kap. 3.4). Die zweite Bedingung ist eine ausreichende Typizität bzw. Typisierbarkeit des Prädikats wie in (29) und (30), nicht aber in (27) und (28), in denen eine Zugehörigkeit ausgedrückt wird. Obwohl sich die Frage nach der Typizität des Prädikates bei der Entscheidung über spezifische und generische Lesart nicht nur in Sätzen mit pronominaler Wiederaufnahme stellt und daher unabhängig von der Satzstruktur zu sein scheint, ergaben sich gerade für diese spezielle Konstruktion besondere Effekte: Zum einen führt in Sätzen mit pronominaler Wiederaufnahme schon die geringste Möglichkeit zur typischen Lesart auch bei den Subjektformen *Les N* und *Le N* zwangsläufig zu generischer Interpretation, zum anderen können Zweifel an der Typizität nur bei einem Prädikat der Form *c'est Det N* vorliegen, da alle anderen Formen (*c'est+Adjektiv*, *ça+Verb* etc.) von vornherein nur in typisierenden Prädikaten vorkommen. Die pronominale Wiederaufnahme liefert damit zusätzlich zu dem direkt erkennbaren Kriterium *Un N+ça* ein indirektes, strukturell bedingtes Kriterium *Les/Le N+ce/ça* für die generische Lesart, das immer dann wirksam wird, wenn (i) das Pronomen mit dem Subjekt koreferent ist und (ii) das Prädikat nicht die Form *c'est Det N* hat. In Sätzen mit einem Prädikat dieser letztgenannten Form hat die besondere Struktur der pronominalen Wiederaufnahme keinerlei Auswirkungen auf die Art der Referenz des Subjekts; seine Lesart muß wie bei anderen Sätzen anhand der Typizität der Prädikate und ohne Rückgriff auf strukturelle Erwägungen bestimmt werden.

Das Kriterium *Les/Le N+ce/ça* ist nur indirekt erkennbar, weil zwar die pronominale Wiederaufnahme sowie die Form des Prädikates leicht an äußeren Merkmalen identifizierbar sind, die geforderte Koreferenz zwischen Pronomen und Subjekt aber nur schwer festzustellen ist. Gerade die aus einem typischen oder typisierbaren Prädikat resultierende generische Lesart kann es nämlich sein, die die Koreferenz zwischen Pronomen und Subjekt festlegt. Damit wäre die Koreferenz keine Bedingung für Generizität, sondern die Generizität die Bedingung für die Koreferenz – ein *cercle vicieux*, der mit einfachen Mitteln wohl nur schwer zu durchbrechen ist. Sicherlich aber wird die Erkennung der Koreferenz z.B. zwischen *les romans de science-fiction* und *c'(est)* in (29) kaum ohne Berücksichtigung der Beziehung zwischen dem Subjekt und der im Prädikat getroffenen Aussage zu bewerkstelligen sein.

Ebenfalls als eindeutige, strukturell bedingte Kriterien lassen sich die in 3.6 untersuchten Satzoperatoren der Art

(31) En France, les femmes travaillent. (++g)

nutzen: Sie erzwingen unabhängig vom Prädikatstyp für Subjektsyntagmen der Form *Les N* nahezu ausnahmslos die generische Lesart. Sogar eindeutig untypische Prädikate wie

(32) Dans le Midi, les cerisiers sont déjà en fleurs. (++g)

können die generische Interpretation des Subjekts *les cerisiers* nicht verhindern. Strukturell identifizierbar ist dieses Kriterium, weil die zeit- oder ortsbezogene Ergänzung nicht vom jeweiligen Subjekt regiert wird, wie es in *les femmes en France* und *les cerisiers dans le Midi* der Fall wäre, sondern meist durch ein Komma getrennt am Satzanfang erscheint und daher den gesamten Satz modifiziert.[5] Es ist jedoch nicht direkt erkennbar, da nicht jedes dem Satz vorangestellte Syntagma zu den in 3.6 vorgestellten Satzoperatoren gehört und die generische Lesart der Form *Les N* erzwingt. Manche Sätze zeigen, daß ein dem Satz vorangestelltes Syntagma ohne Zuhilfenahme des Kontextes in Hinblick auf seine Funktion ambig bleiben kann:

(33) A l'école, les enfants travaillent. (++g)/(-g)

---

[5] Der Satzoperator kann zwar ebensogut auch am Satzende stehen (*Les chats sont noirs en France*), ist dann aber nicht mehr in allen Fällen eindeutig aufgrund seiner Stellung im Satz als Satzoperator erkennbar: In **Les femmes travaillent en France** kann bei entsprechender Betonung *les femmes* auch spezifisch verstanden werden ("Les femmes dont nous avons parlé hier travaillent en France, non pas en Espagne").

A l'école kann hier einerseits als Satzoperator verstanden werden, der die generische Interpretation des Subjekts *les enfants* erzwingt ("KINDER arbeiten, wenn sie in der Schule sind"). Es ist aber andererseits in einem entsprechenden Dialog zwischen Eltern, deren Kinder im allgemeinen faul sind, auch ohne weiteres als freie Angabe des Verbs mit *les enfants* in spezifischer Lesart vorstellbar ("Obwohl die (unsere) Kinder sonst faul sind, arbeiten sie, wenn sie in der Schule sind"). Nur der satzübergreifende Kontext kann hier Aufschluß über die Funktion von *à l'école* geben.

Versuche, in den vorangestellten Syntagmen selbst Hinweise auf ihre Funktion (generalisierender Satzoperator oder freie Angabe des Verbs) zu finden, haben kaum Aussicht auf Erfolg. So wird die zunächst naheliegende Vermutung, bei Syntagmen mit der Funktion 'Satzoperator' handele es sich meist um die Bezeichnung einer größeren geographischen oder zeitlichen Einheit (*à Nancy, en France, dans les années soixante-dix, quand j'étais jeune*) während die freien Angaben eher punktuelle Bezeichnungen seien (*à l'école*), durch den schon in 3.6 angeführten Satz

(34) Dans le fossé, les fleurs n'étaient plus si gaies. (++g)

widerlegt: Trotz der Fokussierung auf einen sehr engen räumlichen Ausschnitt ist *dans le fossé* ein Satzoperator. Es muß daher davon ausgegangen werden, daß eine kontextunabhängige Entscheidung über die Funktion des vorangestellten Syntagmas und damit über die Lesart des Subjekts im allgemeinen nicht möglich ist. Das Kriterium *Satzoperator* ist demnach zwar eindeutig und strukturell bedingt, nicht aber direkt erkennbar.

An vorletzter Stelle in diesem Abschnitt soll nun noch ein Kriterium aufgeführt werden, dessen Einordnung in eine der von uns vorgeschlagenen Kategorien 'strukturell bedingt' oder 'strukturell unabhängig' mit einigen Schwierigkeiten verbunden ist. Es handelt sich dabei um Subjektsyntagmen der Form *Le N*, die von einem determinativen Relativsatz mit internem Prädikat modifiziert werden und daher nur in spezifischer Lesart vorkommen (vgl. Kap. 3.2.3.2):

(35) La voiture qui a une direction assistée est agréable à conduire. (-g)

Obwohl dieser eindeutige Hinweis auf spezifische Lesart nur dann greift, wenn eine bestimmte Satzstruktur vorliegt, ist seine Erkennung problematischer als die der bisher in diesem Abschnitt untersuchten strukturell bedingten Kriterien. Zwar ist das Vorliegen eines Relativsatzes leicht erkennbar, die Entscheidung über seinen determinativen oder explikativen Charakter aber ist nicht immer anhand äußerer Merkmale zu treffen, da auch explikative Relativsätze ohne Kennzeichnung durch Kommata in einen Satz eingefügt werden können (vgl.

Kap. 3.2.3.1). Selbst wenn man aber eine gewisse Fehlerquote einräumt und immer dann von einem determinativen Relativsatz ausgeht, wenn keine Kommata vorliegen, so müßte immer noch entschieden werden, ob das in ihm enthaltene Prädikat in bezug auf das Subjekt intern oder extern ist, da nur bei internem Prädikat zweifelsfrei auf spezifische Lesart des Subjekts geschlossen werden kann. Bei der Opposition internes vs. externes Prädikat handelt es sich nun um ein eigenständiges, für sich allein von strukturellen Erwägungen unabhängiges Kriterium, welches in ein strukturell bedingtes – das Vorliegen eines determinativen Relativsatzes – eingelagert ist. Die Zuordnung des gesamten Kriteriums *Le N+detRel$_{intern}$* zur Kategorie der strukturell bedingten Kriterien geschieht hier deshalb, weil die erste Voraussetzung zu seiner Anwendung strukturell bedingt ist. Anders jedoch als bei den anderen hier behandelten Kriterien erleichtert die strukturelle Abhängigkeit von *Le N+detRel$_{intern}$* nicht seine Erkennung, sondern führt nur zu der problematischen Unterscheidung zwischen internem und externem Prädikat.

Wie *Le N+detRel$_{intern}$* erzwingen auch die ebenfalls in Kap. 3.2.3.2 beschriebenen determinativen Relativsätze mit Personennamen, die im übrigen immer zu den Relativsätzen mit externem Prädikat zu zählen sind, die spezifische Interpretation des Subjekts. Wir versehen dieses Kriterium mit der Bezeichnung *DetRel+NPers*:

(36) Les tomates qui poussent chez Pierre sont juteuses. (-g)

Da für die Anwendung von *DetRel+NPers* keine Bestimmung des Prädikats vorgenommen werden muß – die Zugehörigkeit des im Relativsatz enthaltenen Prädikats zu den externen Aussagen ergibt sich zwangsläufig aus dem Vorhandensein eines Personennamens – kann dieses Kriterium noch vor *Le N+detRel$_{intern}$* eingeordnet werden:

• *Le N+pass.Pron.*	⇒	spezifisch *(La réunion se tient à Matignon)*
• *Un N+pass.Pron.*	⇒	generisch *(Un steak se mange chaud)*
• *Les/Le N+ce/ça*	⇒	generisch *(La cerise, c'est sucré)*
• *Satzoperator*	⇒	generisch *(En France, les femmes travaillent)*
• *DetRel+NPers*	⇒	spezifisch *(Les tomates qui poussent chez Pierre sont juteuses)*
• *Le N+detRel$_{intern}$*	⇒	spezifisch *(La voiture qui a une direction assistée est chère)*

Die eindeutigen, strukturell bedingten Kriterien sind in der obenstehenden Übersicht in einer provisorischen Reihenfolge aufgeführt, die die mit ihrer Erkennung verbundenen Schwierigkeiten widerspiegeln soll.

4.1.2.2 Strukturell unabhängige Kriterien

Als fruchtbarste Quelle für Kriterien zur Bestimmung der Lesart von Subjektsyntagmen erweist sich die Untersuchung der verschiedenen Prädikatstypen (Kap. 3.3), die auch den zentralen Teil dieser Arbeit ausmacht. Die Verwertbarkeit dieser Kriterien für einen Übersetzungsalgorithmus wird jedoch von widersprüchlichen Aspekten beeinflußt: Einerseits liefert ein Großteil dieser Kriterien einen eindeutigen und nicht nur tendenziellen Hinweis auf entweder spezifische oder generische Lesart des Subjekts, andererseits aber wird – von wenigen Ausnahmen abgesehen – eine zuverlässige und zudem evtl. sogar automatische Bestimmung des Prädikatstyps oft sehr schwierig sein. Syntaktische Phänomene oder das Vorkommen bestimmter sprachlicher Elemente liefern nur selten verläßliche Hinweise, so daß die Beziehungen zwischen Subjekt und Prädikat eines Satzes in den meisten Fällen als strukturell unabhängige Kriterien behandelt werden müssen.

Unter diesen unabhängigen, sich aus den Prädikaten ergebenden Kriterien ist das Vorliegen eines definitorischen Prädikates wohl noch recht einfach erkennbar, weil es anhand nicht allzu komplexer Merkmale zu identifizieren ist. So ist aus grammatischer Sicht das Subjekt eines definitorischen Satzes (das Definiendum) eingebettet in eine attributive Konstruktion, in der auf das Subjekt das Verb *être* und ein Nominalsyntagma im Numerus des Subjekts mit unbestimmtem Artikel folgt. Weiterhin muß das Basisnomen dieses Nominalsyntagmas ein Hyperonym des Basisnomens der Subjekt-NP sein:

(37) *Le poisson est un animal* qui vit dans l'eau. (++g)

Die Zuordnung eines Nomens zu seinem Hyperonym bzw. einer Art zu ihrer Gattung in einem automatischen Verarbeitungssytem könnte zumindest im Ansatz über semantische Netzwerke geschehen, in dem hyponymische Relationen über sog. IST-EIN-Kanten bestimmt und semantische Merkmale über sog. HAT-EIN-Kanten mit den Lexemen verbunden werden (vgl. Handke 1989: 293ff.). In einem solchen Netzwerk wäre *poisson* über eine IST-EIN-Kante direkt oder indirekt mit *animal* verbunden und könnte somit als eines seiner Hyponyme identifiziert werden. Mit diesem Verfahren könnten dann Sätze mit definitorischen Prädikaten wie (38) von Sätzen gleicher Struktur mit jedoch 'nur' typischen Prädikaten wie (39) und (40) unterschieden werden:

(38) Les chiens sont des animaux qui vivent en compagnie de l'homme. (++g)

(39) Les chiens sont des chasseurs qui traquent leur proie jusqu'à l'épuisement. (+g)

(40) Les chiens sont des compagnons qui sont très attachés à leurs maîtres. (+g)

Das gleiche Erkennungsverfahren kann auch für analytische Prädikate angewendet werden, da sie sich von definitorischen Prädikaten nur dadurch unterscheiden, daß sie allein die Gattung, nicht aber die spezifischen Eigenschaften des Subjektes nennen. Der in (37) hervorgehobene Teil des definitorischen Satzes ist damit für sich allein ein Satz mit analytischem Prädikat:

(41) Le poisson est un animal. (++g)

Wie in Kap. 3.3.1 und 3.3.2 gezeigt wurde, führen definitorische und analytische Prädikate für Individuativa und Kontinuativa und alle drei potentiell generischen Artikelformen[6] ausnahmslos zu generischer Interpretation. Ein Analysealgorithmus zur Bestimmung der Lesart des Subjekts braucht daher nicht zwischen definitorischem und analytischem Prädikat zu unterscheiden, sondern kann für beide das gleiche Erkennungsverfahren anwenden und aus beiden den gleichen Schluß ziehen: Wenn das Kriterium *Def./analyt.Präd.* Anwendung findet, ist das Subjekt des Satzes generisch zu lesen.

Deutlich problematischer als die Erkennung des Kriteriums *Def.analyt.Präd.* erweist sich die Identifizierung prototypischer Prädikate, die zwar streng genommen nicht zwangsläufig, aber doch mit allergrößter Wahrscheinlichkeit für alle drei potentiell generischen Formen *Les N*, *Le N* und *Un N* zu generischer Interpretation des Subjekts führen und daher unter der Bezeichnung *Prototyp.Präd.* ebenfalls zu den eindeutigen Kriterien gerechnet werden sollen (vgl. Kap. 3.3.3). Die Schwierigkeiten ergeben sich daraus, daß sich prototypische Eigenschaften einer Art letztendlich nur graduell von den typischen Eigenschaften unterscheiden, typische Prädikate aber anders als prototypische Prädikate bei weitem nicht immer zu generischer Lesart führen. Ein möglicher, wenn auch unbefriedigender Lösungsansatz für eine automatische Verarbeitung bestünde in der Aufnahme prototypischer semantischer Merkmale in die Bedeutungsdefinition eines Lexikoneintrags, so daß ein Prädikat wie in

(42) Les chiens ont quatre pattes. (++g)

---

[6] Die Form *Un N* erscheint in Zusammenhang mit analytischen Prädikaten nur in Sätzen mit pronominaler Wiederaufnahme durch *ça* oder *c'(est)* (vgl. Kap. 3.3.2).

aufgrund einer besonderen Kennzeichnung des Merkmals [avoir quatre pattes] als prototypisch erkannt werden kann. Letztendlich würde damit aber die Entscheidung über prototypische oder typische Aussagen nur in den Bereich der semantischen Merkmale verlagert und die Schwierigkeiten bei der Unterscheidung zwischen Prototypizität und 'einfacher' Typizität blieben die gleichen. Zudem müßten alle evtl. als prototypisch auffaßbaren Eigenschaften bzw. Bedeutungsmerkmale einer Art bei der Entwicklung des Lexikons berücksichtigt und als solche gekennzeichnet werden. Wie aber kann im Vorfeld mit Sicherheit darüber entschieden werden, ob bspw. *avoir les oreilles pointues* zu den semantischen Merkmalen des Prototyps von *chat* zählt und somit ein Satz wie

(43) Les chats ont les oreilles pointues.

zwangsläufig generisch gelesen wird? Gehört dann *avoir les griffes pointues* auch noch zu den prototypischen Bedeutungsmerkmalen? Das besonders Kennzeichnende an der Prototypentheorie ist ja gerade der fließende Übergang zwischen den 'besten' Repräsentanten einer Art und ihren weniger typischen Vertretern und damit zwischen prototypischen und weniger typischen Eigenschaften. Den Ansprüchen der automatischen Sprachverarbeitung zu folgen und hier eine klare Grenze zu ziehen wird sich daher als äußerst schwierig erweisen.

Neben den prototypischen Prädikaten liefern auch die typischen Prädikate ein eindeutiges Kriterium, das allerdings nur auf Subjektsyntagmen der Form *Un N* anwendbar ist. In Sätzen mit typischem Prädikat werden sie ausnahmslos generisch interpretiert; dabei spielt der Grad der Typizität keine Rolle (vgl. 3.3.3):

(44) Un chat est très attaché à son maître. (++g)

Nur eindeutig nicht-typische bzw. nicht typisierbare Prädikate führen zu spezifischer Lesart, weil sie der Default-Interpretation der Form *Un N* als Syntagma mit generischer Lesart zuwiderlaufen:

(45) Une voiture roule sur deux roues. (-g)

Für das Kriterium *Un N+Typ.Präd.* stellt sich somit das Problem der Abgrenzung zwischen typischen oder evtl. noch als typisch interpretierbaren und den eindeutig nicht-typischen Prädikaten, ein Problem, welches für den menschlichen Bearbeiter recht einfach zu lösen, für eine automatische Verarbeitung aber ein großes Hindernis darstellt. Zunächst ist es kaum möglich, alle typischen Eigenschaften, Verhaltensweisen, Zustände oder Gebrauchsmuster einer Art oder Gattung in einem Computerlexikon aufzulisten und entsprechend zu kennzeichnen. Selbst wenn eine solche Liste aufgestellt werden könnte, wäre immer noch damit zu rechnen, daß ein Nomen ja durch ein Adjektiv, eine Präpositionalphrase oder einen Relativsatz modifiziert werden kann und dann ganz andere typische Eigenschaften aufweist. So ist zwar der Satz

(46) Un cheval boite. (-g)

eindeutig spezifisch zu lesen, weil *hinken* sicherlich keine typische Eigenschaft der Gattung PFERD ist, der Satz

(47) Un cheval avec une patte cassée boite. (++g)

aber ist generisch, weil Pferde mit gebrochenem Bein typischerweise hinken. Die Erkennung der Typizität in (47) verlangt ein vollständiges Sprachverständnis, welches den Zusatz *avec une patte cassée* mit dem Verb *boiter* in einen systematischen Zusammenhang bringt. Wie Sätze wie (44) gezeigt haben, können zudem Prädikate, die zwar in bezug auf das Subjekt nicht typisch sind, aber eine typische Lesart auch nicht eindeutig ausschließen, allein durch die sprachliche Form *Un N* des Subjekts den Status eines typischen Prädikates erlangen: *Un N* unterstützt die Default-Interpretation als Syntagma mit generischer Referenz so lange, bis eine eindeutig gegenteilige Information vorliegt (s. Kap. 3.3.3). Die Tendenz zum Generischen und damit die typisierende Kraft eines Subjekts der Form *Un N* geht teilweise soweit, daß sogar zwei völlig entgegengesetzte Aussagen in entsprechenden Situationen oder Kontexten beide die Funktion typischer Prädikate übernehmen und generische Lesart des Subjekts erfordern:

(48) Un chat ne court pas vite. (++g)
(49) Un chat court vite. (++g)

Weder (48) noch (49) sind in spezifischer Lesart vorstellbar, weil beide Prädikate trotz ihrer gegensätzlichen Aussage keine die Default-Interpretation verhindernde Information darstellen. Beide Prädikate können daher als typische Prädikate bezeichnet werden; die Typizität wird hier erst durch die sprachliche Form des Subjektsyntagmas erreicht. Da die Typizität somit nicht nur systeminherent ist, sondern auch erst in der Rede hergestellt werden kann, wird eine Auflistung typischer Eigenschaften der Arten bzw. Gattungen kaum zu einem befriedigenden Ergebnis führen.

Wie die typischen Prädikate liefern auch normative Prädikate mit einem Subjekt der Form *Un N* einen verläßlichen Hinweis auf generische Interpretation; wir nennen dieses Kriterium *Un N+Norm.Präd.*:

(50) Un homme politique ne doit pas abuser de son pouvoir. (++g)
(51) Un enfant ne met pas le coudes sur la table. (++g)

Ähnlich wie bei den typischen Prädikaten ergibt sich auch hier das Problem der zweifelsfreien Erkennung eines normativen Prädikats und damit des Kriteriums *Un N+Norm.Präd.* In Kap 3.3.8 wurde schon darauf hingewiesen, daß zwar die 'prototypische' Form des normativen Prädikats das Verb *devoir* enthält, daß aber normative Prädikate weder durch das Vorhandensein einer Form von *devoir* garantiert werden noch auf Verbalsyntagmen mit *devoir* beschränkt sind. Die Erkennung normativer Prädikate ist, wie die Verschiedenartigkeit der Beispielsätze in Kap. 3.3.8 gezeigt hat, mit innersprachlichen Mitteln nicht zu bewerkstelligen und im Grunde ausschließlich auf außersprachliches Wissen angewiesen. Letztendlich zeichnet sich ein normatives Prädikat nicht dadurch aus, daß es mit Hilfe bestimmer sprachlicher Mittel eine neue Regel aufstellt bzw. eine neue Norm schafft, sondern dadurch, daß es eine schon existierende, allgemein anerkannte Regel oder Norm in Erinnerung ruft, vor Augen hält oder evtl. schon anerkannte Prinzipien und Regeln in einer neuen Aussage zusammenfaßt oder aus ihnen einen regelhaften Schluß zieht. Normative Prädikate können vom menschlichen Bearbeiter also durch den Rückgriff auf Kenntnisse über gesellschaftliche Zusammenhänge als solche erkannt werden – für die automatische Erkennung ist ein solcher Rückgriff kaum möglich.

Eindeutige Anhaltspunkte für die generische und spezifische Lesart liefern auch die projektiven Prädikate, die jedoch ebenfalls schwer zu identifizieren sind. Die Auswirkungen projektiver Prädikate können zudem nicht in einem Kriterium zusammengefaßt werden, da je nach Form und Basisnomen der Subjekt-NP unterschiedliche Effekte zu beobachten sind.

Zunächst verhindert eine Subjekt-NP der Form *Un N* die Projektion auf eine Art oder Gattung und damit auch die generische Lesart, die sich bei anderen Formen ohne weiteres einstellen würde; wir nennen dieses Kriterium *Un N+proj.Präd.*:

(52) a) Un Français a découvert le virus du SIDA. (-g)
  b) Les Français ont découvert le virus du SIDA. (++g)

Bezüglich der Formen *Les N* und *Le N* muß nach dem Basisnomen der NP unterschieden werden: Während zwar in der Regel *Les N* zu generischer, *Le N* aber zu spezifischer Interpretation führt, kehrt sich bei dem Basisnomen *homme* dieses Verhältnis genau um, so daß nun *Le N* generisch, *Les N* aber spezifisch gelesen wird (s. Kap. 3.3.5). Es ergeben sich damit aus dem Vorliegen eines projektiven Prädikates vier weitere Kriterien, von denen zwei zu spezifischer, zwei zu generischer Lesart führen: *Les $N_{[=homme]}+proj.Präd.$* (spezifisch), *Le $N_{[=homme]}+proj.Präd.$* (generisch), *Les $N_{[\neq homme]}+proj.Präd.$* (generisch), *Le $N_{[\neq homme]}+proj.Präd.$* (spezifisch).

Hilfreich bei der Erkennung eines projektiven Prädikates könnte sich die Tatsache erweisen, daß für sie die Verwendung bestimmter Verben wie z.B. *découvrir* oder *inventer* typisch ist und daß sie im *passé composé* vorliegen müssen. Anders als bei den existentiellen Prädikaten jedoch, die direkt an die Verwendung bestimmter Verben gebunden sind, können projektive Prädikate auch mit Hilfe einer Vielzahl anderer, nicht vorhersehbarer und nicht nur für projektive Aussagen reservierter Verben oder Verbkonstruktionen zum Ausdruck gebracht werden. So weisen in

(53) L'homme a marché sur la lune. (++g)
(54) Les Français ont coupé la tête au roi. (++g)

die Verben *marcher* und *couper* selbst in keinster Weise auf projektive Prädikate hin und können auch in spezifischen Sätzen ohne projektives Prädikat verwendet werden:

(55) L'homme a marché sur la pelouse. (-g)
(56) Les Français ont coupé les branches du chêne ce matin. (-g)

Allein der Rückgriff auf außersprachliches Wissen, z.B. über besondere Ereignisse und die Konvention, bestimmte Taten und Erfolge einiger weniger auf eine ganze Nation oder Gattung auszudehnen, könnte hier eine zuverlässige Erkennung projektiver Prädikate gewährleisten.

Anders als die projektiven Prädikate führen direkte und indirekte Gattungsprädikate ausschließlich zu generischer Lesart des Subjekts. Direkte Gattungsprädikate können nur mit Subjekten der Form *Les N* kombiniert werden, dabei muß *N* zudem einer Ebene oberhalb der Basisebene angehören (Kap. 3.3.6). Indirekte Gattungsprädikate kommen mit *Les N* und mit *Le N* vor und unterliegen dann keiner weiteren Einschränkung. Andere Kombinationen führen nicht etwa zu spezifischer Interpretation, sondern zu ungrammatischen Sätzen und werden daher in zu verarbeitenden Texten nicht anzutreffen sein. Trotz der für die Auswahl eines geeigneten Übersetzungsäquivalents relevanten Unterscheidung zwischen direktem und indirektem Gattungsprädikat kann hier das einheitliche Kriterium *Gatt.Präd.* gesetzt werden, das in jedem Fall die generische Lesart erzwingt.

Gattungsprädikate folgen einem relativ festen Muster, so daß sich die Erkennung des Kriteriums *Gatt.Präd.* oft an festen Anhaltspunkten orientieren kann. Bei direkten Gattungsprädikaten liegen zumeist Verben wie *se répartir, se diviser, représenter* etc. vor (*Les mammifères se divisent en différentes sous-classes*), bei indirekten sind es Verben wie *faire partie, appartenir, être une sorte de* etc. (*Les chauves-souris font partie de la classe des mammifères*). Gattungsprädikate enthalten mit Wörtern wie *espèce, classe, sous-classe, sous-espèce, fa-*

mille fast immer einen direkten Hinweis auf das Generische, der bei indirekten Gattungsprädikaten allerdings nicht immer explizit genannt werden muß (vgl. 3.3.6). Die Subjekte direkter Gattungsprädikate gehören zudem aus prototypensemantischer Sicht einer übergeordneten Ebene an und bieten so einen weiteren Anhaltspunkt. Obgleich diese verschiedenen Anhaltspunkte in einem maschinellen Verarbeitungssystem nicht problemlos verwendet werden können, verspricht allein ihre Anzahl recht gute Aussichten auf eine Erkennung der Gattungsprädikate.

Auch die Bewertungsprädikate liefern ein eindeutiges, teilweise aber wiederum schwer erkennbares Kriterium: Die Darstellung in Kap. 3.3.7 hat zwar gezeigt, daß Bewertungen mit Subjekten der Form *Le N* und *Un N* die spezifische Lesart erzwingen (Kriterium *Le/Un N+Bew.Präd.*), gleichzeitig aber auch die schwierige Abgrenzung attributiver, bewertender Konstruktionen von den typischen Prädikaten, die generische Interpretation für *Le N* teilweise zulassen und für *Un N* sogar erzwingen, deutlich gemacht. Gleiche Verbalsyntagmen können je nach Subjekt-NP entweder als Bewertungen ((57)) oder typische Prädikate ((58)) auftreten:

(57) a) Les cochons d'Inde sont dégoûtants. (+g)
     b) Le cochon d'Inde est dégoûtant. (-g)
     c) ? Un cochon d'Inde est dégoûtant. (-g)

(58) a) Les araignées sont dégoûtantes. (+g)
     b) L'araignée est dégoûtante. (+g)
     c) Une araignée est dégoûtante. (++g)

Letztendlich ergibt sich hier wieder die schon weiter oben angesprochene Problematik der Abgrenzung zwischen typischen und nicht-typischen Prädikaten, die zumindest in einem automatischen Verarbeitungssystem kaum befriedigend zu lösen sein wird.

Einfacher präsentiert sich die Erkennung des Kriteriums *Le/Un N+Bew.Präd.* bei pronominalen Verbkonstruktionen. In Zusammenhang mit Verben wie *plaire, dégoûter, passionner* etc., die im Lexikon entsprechend markiert werden könnten, weist das jeweilige Pronomen mit großer Sicherheit auf das Vorliegen eines Bewertungsprädikates hin und schließt ein typisches Prädikat aus; *Le N* und *Un N* müssen dann spezifisch gelesen werden:

(59) La voiture me plaît. (-g)
(60) Une voiture lui plaît. (-g)

Zwei weitere eindeutige, strukturell unabhängige Kriterien ergeben sich aus der Untersuchung der Möglichkeitsprädikate (Kap. 3.3.9). Mit einem Subjekt der Form *Le N* erzwingt ein Möglichkeitsprädikat die spezifische, mit *Un N* als Subjekt die generische Lesart:

(61) L'ordinateur peut avoir deux microprocesseurs. (-g)
(62) Un ordinateur peut avoir deux microprocesseurs. (++g)

Da diese Kriterien *Le N+Mögl.Präd.* und *Un N+Mögl.Präd.* in den meisten Fällen – wenn man von Konstruktionen wie *Il est possible qu'un chat ait le poil blanc* absieht – an das Verb *pouvoir* gebunden sind, erscheint ihre Erkennung zunächst als recht unproblematisch. Wie jedoch die Darstellung in Kap. 3.3.9 gezeigt hat, wird nicht nur die Generizität des Möglichen, sondern auch die Generizität des Potentiellen, dessen Ausdrucksformen wir zu den typischen Prädikaten rechnen, mit Hilfe des Verbs *pouvoir* hergestellt. Während nun *Un N* auch mit typischen Prädikaten immer zu generischer Lesart führt, ist *Le N* anders als mit Möglichkeitsprädikaten mit typischen Prädikaten unter Umständen nicht nur spezifisch, sondern auch generisch interpretierbar:

(63) L'ordinateur *peut/est capable d'*effectuer des milliers de calculs en une fraction de seconde. (+g)
(64) Un ordinateur *peut/est capable d'*effectuer des milliers de calculs en une fraction de seconde. (++g)

Für die Subjektform *Un N* ist also die Unterscheidung Möglichkeitsprädikat/typisches Prädikat nicht von Bedeutung, da das Vorhandensein einer Form von *pouvoir* im Prädikat in jedem Fall zu generischer Lesart führt. Das Kriterium *Un N+Mögl.Präd.* kann daher besser durch das einfachere *Un N+pouvoir* ersetzt werden, das letztendlich über eine einfache Überprüfung der im Satz enthaltenen Elemente erkennbar ist und daher in Kap. 4.1.1 zu den direkten Kriterien gerechnet wurde. Liegt bei einem Subjekt der Form *Le N* aber eine Verbform von *pouvoir* vor, so muß in jedem Fall entschieden werden, ob das Prädikat eine Möglichkeit benennt ((61)) oder etwas Potentielles, im Sinne einer Fähigkeit, ausdrückt und damit zu den typischen Prädikaten gehört ((63)). Einen Anhaltspunkt für diese Unterscheidung im Rahmen einer automatischen Verarbeitung bietet der Test, der beim 'menschlichen' Entscheidungsprozeß eingesetzt werden kann: In Sätzen, die etwas Potentielles ausdrücken, kann die Verbform von *pouvoir* durch eine Form von *être capable* ersetzt werden. Da nun Fähigkeiten immer gesteuerte Handlungen, niemals aber Zustände oder Eigenschaften betreffen (vgl. *Le garçon est capable de bouder pendant trois heures* vs. **Le garçon est capable d'être triste/d'avoir des bleus*), muß auf *être capable* ein Verb im Infinitiv folgen, das einen Agens verlangt, der durch das Subjekt des Satzes besetzt werden kann. Anders formuliert verlangt ein typisches Prädikat mit potentieller Aussage, das aufgrund seiner Form *peut+Infinitiv* mit einem Möglichkeitsprädikat verwechselt werden könnte, immer ein Verb mit der semantischen Rolle bzw. dem Tiefenkasus "Agens" in seinem Kasusrahmen.[7] Dieser Tiefenkasus müßte dann allerdings soweit gefaßt werden, daß z.B. auch *l'ours* in

(65)   L'ours peut dormir cinq mois par an. (+g)

als 'Agens' bezeichnet werden kann.[8] Möglichkeitsprädikate liegen demnach immer dann vor, wenn das auf *pouvoir* folgende Verb keinen Agens in seinem Kasusrahmen vorsieht; Voraussetzung für eine automatische Erkennung dieses Prädikatstyps wäre also eine Spezifizierung der semantischen Rollen der Ergänzungen eines jeden Verbs im Wörterbuch.

Aus der Verbindung der Prädikatstypen 'typisch', 'normativ' und 'bewertend' mit dem *passé composé* ergibt sich nun noch ein letztes eindeutiges Kriterium für die spezifische Lesart (s. Kap. 3.7.5), das hier unter der verkürzten Bezeichnung *PC+Typ.Präd.* aufgenommen werden soll. Die Erkennung dieses Kriteriums orientiert sich an den weiter oben dargestellten Identifizierungsmöglichkeiten der typischen, normativen und bewertenden Prädikate; die zusätzliche Erkennung der Verbformen des PC stellt eine kaum nennenswerte Komplikation dar. Das Kriterium *PC+Typ.Präd.* ist der einzige relativ direkt verwertbare Anhaltspunkt, den wir in diesem Stadium aus der Untersuchung der Wechselwirkungen zwischen Tempus und Generizität festhalten wollen. Zwar sind auch die Verwendung des Imperfekts mit einem typischen Prädikat und des *passé simple* im *récit* unter bestimmten Umständen deutliche Hinweise auf spezifische Lesart, sie beruhen aber auf so komplexen Bedingungen, daß sie kaum noch als konkrete Kriterien zu formulieren sind.

In der folgenden Übersicht sind die strukturell unabhängigen Kriterien noch einmal aufgeführt. Obenan stehen wieder die Kriterien, deren automatische Erkennung aller Voraussicht nach am wenigsten Schwierigkeiten bereiten wird:

---

[7]   Zum syntaktisch-semantischen Modell der Tiefenkasus und Kasusrahmen vgl. Fillmore 1968 und 1977.
[8]   Aufgrund der im Vergleich zu bspw. *courir* geringen Aktivität des Subjekts in einem Aktivsatz mit *dormir* wird der Tiefenkasus des Subjekts in (65) auch als *experiencer* bezeichnet.

• Le N+Mögl.Präd.	⇒ spezifisch	(Le chien peut tomber malade)
• Def./Analyt.Präd.	⇒ generisch	(Le chat est un animal qui chasse la nuit)
• Gatt.Präd.	⇒ generisch	(Le rat appartient à la famille des rongeurs)
• Prototyp.Präd.	⇒ generisch	(Le chien a quatre pattes)
• Le/Un N+Bew.Präd.	⇒ spezifisch	(La voiture me plaît)
• Un N+Typ.Präd.	⇒ generisch	(Un chien mange de la viande)
• Un N+ Norm.Präd.	⇒ generisch	(Un étudiant ne sèche pas les cours)
• PC+Typ.Präd.	⇒ spezifisch	(Le chien a mangé de la viande)
• Un N+Proj.Präd.	⇒ spezifisch	(Un Français a découvert le virus du SIDA)
• Les N[=homme]+Proj.Präd.	⇒ spezifisch	(Les hommes ont marché sur la lune)
• Le N[=homme]+Proj.Präd.	⇒ generisch	(L'homme a marché sur la lune)
• Les N[≠homme]+Proj.Präd.	⇒ generisch	(Les Chinois ont inventé la porcelaine)
• Le N[≠homme]+Proj.Präd.	⇒ spezifisch	(Le Chinois a inventé la porcelaine)

4.2 Tendenzielle Kriterien zur Bestimmung der Lesart

Neben den eindeutigen Kriterien, die die Referenz einer Subjekt-NP definitiv in den Bereich des Spezifischen oder des Generischen verlegen, gibt es noch verschiedene tendenzielle Kriterien, die die Lesart nur in die eine oder andere Richtung lenken, allein jedoch keinen endgültigen Hinweis auf generische oder spezifische Referenz liefern. Auch diese Kriterien sind jedoch in ihrer Aussage oft eindeutig, nur können sie von anderen Kriterien überlagert oder neutralisiert werden. "Tendenziell" bedeutet in diesem Sinne, daß ein Hinweis auf eine bestimmte Lesart vorliegt, wenn kein deutlicher gegenteiliger Hinweis zu erkennen ist. Tendenzielle Kriterien können sich gegenseitig verstärken oder neutralisieren; sind aber immer den eindeutigen Kriterien unterzuordnen, deren Einfluß in der

Regel den Ausschlag gibt. Welche Auswirkungen im einzelnen die Kombination tendenzieller Kriterien untereinander und mit eindeutigen Kriterien hat, wird weiter unten in 4.3 untersucht.

Zwei der typisch tendenziellen Kriterien, die zwar auf eine Lesart hinweisen, sie aber nicht festlegen, sind die Kombinationen der Artikelformen *le* und *les* mit Nomina der übergeordneten und der Basisebene (vgl. Kap. 3.1). Wird ein Individuativum der übergeordneten Ebene vom Artikel *le* determiniert, verringert sich die Wahrscheinlichkeit einer generischen Interpretation; der Artikel *les* dagegen erhöht diese Wahrscheinlichkeit deutlich. Wir nennen diese gegenläufigen Kriterien respektive *Le N > Basis* und *Les N > Basis*. Wie schon in Kap. 3.1 kurz erwähnt, ist ihre praktische Nutzbarkeit in einer automatischen Analyse voraussichtlich recht eingeschränkt. Problematisch stellt sich vor allem die Einteilung des Wortschatzes in übergeordnete, untergeordnete und Basisebene dar, da sich die Zugehörigkeit eines Lexems zu einer Ebene je nach Diskurswelt und eingesetzter rhetorischer Mittel ändern kann. So werden in dem Satz

(66) *L'animal*, être doué de vie, de mouvement, d'instinct, a, plus que *la plante*, profondément impressionné l'homme. (++g)

l'animal und *la plante* trotz ihrer Zugehörigkeit zur übergeordneten Ebene und trotz des Artikels *le* generisch verwendet, weil mit dem bestimmten Artikel Singular eine Individualisierung und Personifizierung erreicht werden soll, die *l'animal* und *la plante* dem Syntagma *l'homme* angleicht, dessen Nomen nicht der übergeordneten Ebene, sondern der Basisebene angehört. Letztendlich werden in (66) *l'animal*, *la plante* und *l'homme* in gewisser Weise auf einer gemeinsamen, neu geschaffenen Basisebene angeordnet und könnten mit einem gemeinsamen hyperonymischen Ausdruck wie *les choses vivantes* umfaßt werden. Wenn also in einem Analysesystem die Zugehörigkeit der Einträge zu den in der Prototypentheorie vorgeschlagenen Ebenen von vornherein festgelegt wird, dann können die Kriterien *Le N > Basis* und *Les N > Basis* nur tendenzielle, aber keine eindeutigen Hinweise auf spezifische bzw. generische Lesart liefern.

Wie die Untersuchung des Einflusses von Adjektiven auf die Lesart einer Subjekt-NP in Kap. 3.2.1 gezeigt hat, sträuben sich Syntagmen mit bestimmtem Artikel Singular, einem qualitativen Adjektiv und einem Nomen, das keine natürliche Art bezeichnet, gegen eine generische Interpretation. Während in

(67) Les voitures coûtent cher. (+g)
(68) La voiture coûte cher. (+g)
(69) Les grosses voitures coûtent cher. (+g)
(70) Une grosse voiture coûte cher. (++g)

die generische Lesart der Subjekt-NP noch ohne weiteres möglich ist, erscheint sie in

(71) La grosse voiture coûte cher. (+/-g)

eher unwahrscheinlich. Allerdings schließt dieses Kriterium *Le (Adj) N (Adj)* die generische Lesart nicht aus und ist daher auch nicht als eindeutiges Kriterium zu behandeln:

(72) Aux Etats-Unis, la grosse voiture est un symbole de richesse. (++g).

Im Rahmen eines Übersetzungsalgorithmus ist das Kriterium *Le (Adj) N (Adj)* gut verwertbar, weil seine Erkennung auch in einem automatischen Analysesystem kaum Schwierigkeiten bereitet. Neben der einfachen Überprüfung auf das Vorhandensein des Artikels *le* und eines qualitativen Adjektivs muß für das Basisnomen anhand des Wörterbuchs nur erkennbar sein, ob es eine natürliche Art bezeichnet.

Zu spezifischer Lesart tendieren auch Syntagmen, deren Nomina von Präpositionalphrasen mit der Präposition *de* und Ortsnamen modifiziert werden (*Les ours des Pyrénées*, vgl. 3.2.2.3). Diese Tendenz verstärkt sich umso mehr, desto enger die von den Ortsnamen bezeichneten geographischen Einheiten sind, d.h. desto enger die Extension des Syntagmas gefaßt ist. Zwar ist nun die Struktur eines Syntagmas der Form *Art N de N_{Ort}* recht einfach zu erkennen, problematisch aber wird die Bewertung des Verhältnisses von der Größe der geographischen Einheit zur Wahrscheinlichkeit der generischen Interpretation. Um im Rahmen einer automatischen Verarbeitung überhaupt eine Grundlage für die Nutzung des Kriteriums $De+N_{Ort}$ zu schaffen, müßten alle im Wörterbuch vorhandenen Ortsbezeichnungen hinsichtlich der Größe ihrer Referenten markiert werden. Ab einer bestimmten Grenze, die bspw. wie in 3.2.2.3 vorgeschlagen oberhalb der Kategorie der Bezeichnungen für Landstriche und Gebirge verlaufen könnte, würde das Kriterium $De+N_{Ort}$ dann die spezifische Lesart unterstützen.

Eine Einschränkung der Extension des Subjektsyntagmas findet ebenso bei einer Modifizierung durch einen determinativen Relativsatz mit externem Prädikat statt (s. 3.2.3.2). Ähnlich wie bei $De+N_{Ort}$ führt das Kriterium $DetRel_{extern}$ immer dann zu spezifischer Lesart, wenn die Extension einen bestimmten Grenzwert unterschreitet. Wo dieser Grenzwert jedoch anzusiedeln ist und auf welche Weise er ermittelt und als Anhaltspunkt verwendet werden kann, ist kaum verläßlich zu entscheiden, da die Einschränkung der Extension nicht nur über Ortsangaben, sondern über eine Vielzahl von determinativen Wendungen vollzogen wird (*Les voitures qu'on voit dans notre ville* (+/-g)/*qui roulent au diesel* (+g)/*qui ont été fabriquées dans les années 20* (+g)/*l'année dernière* (+/-g) etc.). Da die Grenze zwischen noch möglicher generischer Interpretation und eindeutig spezifischer Lesart so schwer festzulegen ist und wahrscheinlich einen großen Bereich von Zweifelsfällen umfaßt, ist eine eindeutige Festlegung auf spezifische Lesart nur selten möglich, selbst wenn sie bei deutlicher Unterschreitung des Grenzwertes sehr wahrscheinlich erscheint:

(73) Les chiens qui vivent chez la voisine aboient beaucoup. (-g)

Die Tendenz zur spezifischen Lesart ist im übrigen in jedem Fall auch oberhalb des Grenzwertes vorhanden, da ein determinativer Relativsatz mit externem Prädikat immer die Extension der modifizierten NP einschränkt und sie daher nicht mehr ganz so offen für das Generische sein kann wie eine unmodifizierte NP.

Anhand des Satzes (73) sei noch einmal explizit dargestellt, welch komplexe Indizien den menschlichen Hörer/Leser zu spezifischer Interpretation des Subjekts führen und mit welchen Schwierigkeiten ein automatisches Analyseverfahren zu rechnen haben wird. Ausgehend vom rein innersprachlichen Standpunkt gibt es keinen triftigen Grund, warum mit *les chiens qui vivent chez la voisine* nicht auf eine Gattung wie CHIENS QUI VIVENT CHEZ LES VOISINES oder CHIENS DES VOISINES referiert werden könnte. Nur stört sich der menschliche Hörer/Leser sofort an der weiblichen Form *voisine*, da er in einem generischen Satz eher die unmarkierte männliche Form erwarten würde. Auch der Singular im Relativsatz ist für das Generische weniger geeignet als die offenere Pluralform *les voisins*. Schließlich ist schon allein das Vorliegen eines Relativsatzes ein Indiz gegen generische Lesart, da in einer generischen Umgebung eher eine Präpositionalphrase als Modifikator eingesetzt würde. Möchte ein Sprecher also ausdrücken, daß Hunde von Nachbarn gewöhnlich viel bellen, so könnte er bestenfalls die Form

(74) Les chiens des voisins aboient beaucoup. (+/-g)

verwenden, obwohl auch hier noch eine starke Tendenz zur spezifischen Lesart zu beobachten ist.

Ein tendenzielles Kriterium für die generische Lesart liefern die typischen Prädikate, deren Auswirkungen in Kap. 3.3.3 eingehend untersucht wurden. Syntagmen der Form *Les N* und *Le N* tendieren umso deutlicher zum Generischen, desto typischer die Aussage des Prädikates empfunden wird. Zu beachten ist dabei, daß diese Tendenz bei der Form *Le N* erst später als bei *Les N* einsetzt, daß also *Les N* schon früher, d.h. in Verbindung mit nur bedingt typischen Prädikaten zur generischen Lesart tendiert, während *Le N* erst mit deutlich typischen Prädikaten Generizität fördert. Das Kriterium *Les/le N+Typ.Präd.* nimmt in der

Entscheidung für oder wider generische Lesart einen zentralen Platz ein, weil es oft den alleinigen ausschlaggebenden Hinweis auf generische Lesart bildet. So wichtig seine Rolle aber ist, so problematisch ist auch seine praktische Nutzbarkeit in einem automatischen Analysesystem. Wie die in Kap. 3.3.3 geführte und oben in 4.1.2.2. im Zusammenhang mit dem Kriterium *Un N+Typ.Präd.* noch einmal aufgenommene Untersuchung gezeigt hat, läßt sich die Typizität eines Prädikates in bezug auf eine bestimmte Subjekt-NP automatisch kaum zuverlässig bestimmen. Während sich zudem für *Un N+Typ.Präd.* 'nur' das Problem der Abgrenzung zwischen typischen und eindeutig nicht-typischen Prädikaten stellte, müssen für eine effektive Anwendung des Kriteriums *Les/le N+Typ.Präd.* innerhalb der typischen Prädikate auch noch verschiedene Grade der Typizität unterschieden werden. Woran könnte bspw. die unterschiedliche Typizität der Prädikate *avoir le poil ras* und *courir vite* in den Sätzen

(75) Les boxers ont le poil ras. (+g)
(76) Les boxers courent vite. (+g)

festgemacht werden, die eine generische Lesart für (75) glaubhafter erscheinen läßt als für (76)? Zwar reicht die typisierende Kraft der Subjekt-Form *Les N* in (76) noch für eine mögliche generische Lesart aus, in (78) aber weist in Verbindung mit der Subjekt-Form *Le N* die nun geringere Typizität des gleichen Prädikates eher auf spezifische Lesart hin:

(77) Le boxer a le poil ras. (+g)
(78) Le boxer court vite. (+/-g)

Die Möglichkeiten eines Analysealgorithmus', zwischen typischen, weniger typischen und eindeutig untypischen Prädikaten zu unterscheiden, werden mit großer Wahrscheinlichkeit sehr beschränkt bleiben, so daß der praktische Nutzen des Kriteriums *Les/le N+Typ.Präd.* mit seiner zentralen Bedeutung für die Entscheidung über generische oder spezifische Interpretation von Subjektsyntagmen eher im Bereich der menschlichen Übersetzung wirksam sein wird.

Aus der in Kap. 3.7.6 geführten Untersuchung zum Einfluß der Sprechhaltungen auf die Generizität des Subjekts ergeben sich zumindest prinzipiell weitere Kriterien, die je nach eingenommenem Standpunkt verschiedener Natur sind. Geht man von der am weitesten verbreiteten Unterscheidung der Sprechhaltungen in *discours* und *récit* aus, so läßt sich beobachten, daß der *discours* sowohl für das Generische als auch für das Spezifische empfänglich ist, während sich der *récit* dem Generischen eher verschließt. Könnte also eine Textsequenz der Sprechhaltung *récit* zugeordnet werden, so läge ein tendenzielles Kriterium für

die spezifische Lesart vor, der 'offenere' *discours* hingegen wäre in dieser Hinsicht neutral.
Diese Sichtweise führt nun aber teilweise zu unbefriedigenden Ergebnissen, da wie in Kap. 3.7.6 gezeigt auch im *récit* scheinbar generische Sätze zu finden sind. Zudem ist im *récit* keine Tendenz zur spezifischen Lesart im eigentlichen Sinne, so wie sie beispielsweise bei bedingt typischen Prädikaten vorliegt, zu beobachten. Es läßt sich nur feststellen, daß die überwiegend spezifische Referenz im *récit* zeitweise von unzweifelhaft generischen Sätzen abgelöst wird. Typisches Beispiel hierfür sind generische Sätze, die aufgrund des *passé simple* nicht der Sprechhaltung *discours* zuzuordnen sind, sondern als Teil eines *récit* betrachtet werden müssen. Einen Ausweg aus diesen widersprüchlichen Verhältnissen bot die Annahme einer dritten Sprechhaltung *exposé*, die für das Generische sehr empfänglich ist und das *passé simple* gar zu ihren typischen Zeiten zählt. Dieser neue Standpunkt bot nun ein gänzlich verändertes Bild, in dem zunächst gar kein tendenzielles Kriterium für die eine oder andere Lesart mehr auszumachen ist: *Exposé* und *discours* lassen sowohl spezifische als auch generische Lesart zu, während der *récit* die generische Interpretation verhindert und damit sogar ein eindeutiges Kriterium für die spezifische Lesart liefert. In Bezug auf den *exposé* könnte dann zusätzlich noch untersucht werden, ob allein das Vorkommen eines Satzes mit unsicherer Lesart seines Subjektsyntagmas in dieser Sprechhaltung den Ausschlag hin zur generischen Interpretation geben sollte. Es ergäben sich dann das eindeutige Kriterium *Récit* für spezifische Lesart und das tendenzielle Kriterium *Exposé* für generische Lesart.

Obgleich wir in der letztgenannten Sichtweise einen durchaus sinnvollen Ansatz zur Beschreibung der Verhältnisse von Sprechhaltung und Generizität sehen, erscheint es uns beim derzeitigen Stand der Forschung kaum sinnvoll, ihn für die Übersetzung generischer Syntagmen, sei es als Übersetzungshilfe im menschlichen Übersetzungsprozeß, sei es als Kriterium in einer automatischen Verarbeitung, nutzen zu wollen. Bisher besteht noch keine endgültige Einigkeit über die Abgrenzung zwischen *discours*, *récit* und *exposé* sowie über die Merkmale, die die jeweilige Sprechhaltung ausmachen – die dritte Sprechhaltung *exposé* gar ist bisher weder allgemein anerkannt noch gründlich untersucht worden. Die Bestimmung der Sprechhaltung, in der ein Satz mit unklarer Lesart des Subjekts vorkommt, wird daher trotz aufwendiger Analysen meist unsichere Ergebnisse liefern und daher kaum von praktischem Wert für die uns interessierende Entscheidungsfindung sein. Es ist eher anzunehmen, daß umgekehrt das Wissen über die generische oder spezifische Lesart eines Satzes in vielen Fällen für die Bestimmung der Sprechhaltung verwendet werden kann: Kommt beispielsweise in einem Textabschnitt ein Satz mit generischem Subjekt vor, so kann dieser Abschnitt nicht in der Sprechhaltung *récit* geäußert worden sein und muß dem *exposé* oder dem *discours* zugeordnet werden. Wenn also die Lesart eines Satzes schon jetzt teilweise für die Bestimmung der Sprechhaltung verwendet werden kann, so ist für unsere entgegengesetzte Zielrichtung das Verhältnis von Sprechhaltung und Generizität noch nicht verwertbar. Damit ergibt sich nunmehr die folgende, nach zu erwartenden Schwierigkeiten bei der automatischen Erkennung geordnete Liste tendenzieller Kriterien:

• *Le (Adj) N (Adj)*	⇒ spezifisch	*(La grosse voiture coûte cher)*
• *De+NOrt*	⇒ spezifisch	*(Les loups des Vosges chassent les brebis)*
• *Le N > Basis*	⇒ spezifisch	*(L'insecte est répugnant)*
• *Les N > Basis*	⇒ generisch	*(Les insectes sont répugnants)*
• *DetRelextern*	⇒ spezifisch	*(Les voitures qu'on voit dans notre ville ...)*
• *Les/le N+Typ.Präd.*	⇒ generisch	*(Le chien mange de la viande)*

4.3 Gemeinsames Vorkommen verschiedener Kriterien in einem Satz

Bei der Suche nach Kriterien für eine Entscheidung über die Lesart von Subjektsyntagmen in Kap. 3 wurden absichtlich ideale Bedingungen vorausgesetzt: Es wurde von der Annahme ausgegangen, daß in einem Satz nur ein einzelnes Kriterium erscheint und dieses Kriterium isoliert betrachtet werden kann, d.h. daß der übrige Satz keine weiteren Hinweise auf generische oder spezifische Lesart liefert. Nur durch diese Vorgehensweise war es überhaupt möglich, einzelne Kriterien wie bestimmte Prädikate, Passivkonstruktionen, Typen von Präpositionalphrasen und Relativsätzen etc. zu isolieren und ihre Wirkung auf die Lesart des Subjekts zu beurteilen. Nun ist aber anzunehmen, daß in einem Satz oftmals mehr als ein Hinweis auf generische oder spezifische Lesart zu finden sein wird und diese ideale Betrachtungsweise nicht aufrechtzuerhalten ist. In dem Satz

(79) Le mammifère a des poumons.

beispielsweise wirken zwei gegensätzliche Kräfte: Einerseits gehört das Nomen *mammifère* aus prototypensemantischer Sicht zur übergordneten Ebene und müßte mit dem Artikel *le* daher spezifisch interpretiert werden (Kriterium *Le N > Basis*), andererseits aber ist *avoir des poumons* eine für *mammifère* besonders typische Eigenschaft und fördert dadurch die generische Lesart des Subjekts (Kriterium *Les/le N+Typ.Präd.*). Die Schwierigkeit der bevorstehenden Aufgabe liegt nun darin, eventuell nebeneinander erscheinende Kriterien gegeneinander zu gewichten und ihre Interaktion systematisch darzustellen. Welches der Kriterien ist das dominierende, wenn widersprüchliche Tendenzen in einem Satz erscheinen? Wie ist vorzugehen, wenn gar mehr als zwei Kriterien in einem Satz enthalten sind?

4.3.1 Gemeinsames Vorkommen mehrerer eindeutiger Kriterien

Die Komplexität der obengenannten Fragestellungen wird jedoch dadurch spürbar reduziert, daß die Mehrzahl der in Kap. 3 herausgearbeiteten Hinweise zu den eindeutigen Kriterien zählen, deren alleiniges Vorkommen in einem Satz die generische oder spezifische Lesart erzwingen. Von den in Kap. 4.1 formulierten Kriterien können also in einem grammatischen Satz nur dann zwei oder mehr enthalten sein, wenn sie auf die gleiche Lesart hinweisen. Eine Kombination zweier eindeutiger, aber gegenläufiger Kriterien muß unweigerlich zu semantisch abweichenden bzw. ungrammatischen Sätzen führen, anderenfalls kann eines der Kriterien nicht weiter den Charakter der Eindeutigkeit für sich beanspruchen. Die folgenden Beispiele, in denen versuchsweise eindeutige, gegenläufige Kriterien kombiniert werden, führen denn auch zu den erwarteten Ergebnissen:

(80)   * *En France* (Satzoperator, ++g), les verres *sur cette étagère* (Pron. in PP, -g) sont fragiles.

(81)   ?? *La voiture qui a une direction assistée* (Le N+detRel$_{intern}$, -g) *est un véhicule* (Def./Analyt.Präd., ++g).

(82)   * *Le chien, ça* (Les/le N+ce/ça, ++g) *a mangé de la viande* (PC/PQP+Typ.Präd., -g).

(83)   ?? *Une page du livre* (Un N+de+le N, -g) *est en papier* (Un N+Typ.Präd., ++g).

(84)   * *Une griffe du lion* (Un N+de+le N, -g) *n'existe plus* (Exist.Präd., ++g).

Es zeigt sich weiterhin, daß bei einer grammatischen Kombination zweier scheinbar eindeutiger Kriterien die Eindeutigkeit eines der Kriterien wieder in Frage gestellt werden muß. Verbindet man nämlich das Subjekt aus (84) mit dem zunächst ebenfalls existentiell erscheinenden Prädikat *avoir disparu*, so ergibt sich der durchaus grammatische, spezifisch zu lesende Satz

(85)   *Une griffe du lion* (Un N + de + le N, -g) a disparu. (-g)

Weiter oben (Kap. 4.1.1) wurde schon darauf hingewiesen, daß *avoir disparu* nicht *a priori* zu den existentiellen Prädikaten gezählt werden kann, sondern in entsprechenden Kontexten wie in (84) oder auch in *Le chat a disparu* ein einfaches Ereignis beschreibt und dort keinesfalls als direkt erkennbares Kriterium *Exist.Präd.* auftritt. In (85) ist daher als eindeutiges, zu spezifischer Lesart des Subjekts führendes Kriterium nur *Un N+de+le N* vorhanden; das Verbalsyntagma *a disparu* stellt hier kein Kriterium für die eine oder andere Lesart dar.

Da nun zwei eindeutige, aber widersprüchliche Kriterien in einem Satz zu ungrammatischen Ergebnissen führen, kann auf die Berücksichtigung solcherlei Fälle in einem Analysealgorithmus verzichtet werden: Es sollte davon auszugehen sein, daß in zu verarbeitenden Texten nur grammatische Sätze ohne unlösbare semantische bzw. referentielle Probleme zu erwarten sind.

4.3.2 Gemeinsames Vorkommen eindeutiger und tendenzieller Kriterien

Auch das Zusammentreffen eindeutiger und tendenzieller Kriterien in einem Satz bedeutet keine weitere Komplikation, da in jedem Fall das eindeutige Kriterium[9] unabhängig von der Ausrichtung oder Anzahl der tendenziellen Kriterien den Ausschlag gibt:

(86)   Les insectes dans cette poubelle ont six pattes. (-g)

Satz (86) weist mit *Les insectes ... ont six pattes* die beiden tendenziellen Kriterien *Les N>Basis* und *Les/le N+Typ.Präd.* für generische Lesart des Subjekts auf, deren Einfluß jedoch aufgrund der eindeutig die spezifische Lesart des Subjekts erzwingenden Präpositionalphrase *dans cette poubelle* (Kriterium *Pron. in PP*) nicht zum Tragen kommt. Ebenso enhält

(87)   Un chien qui habite chez les voisins, ça aboie beaucoup. (++g)

zwar das tendenzielle Kriterium *DetRel$_{extern}$* für spezifische Lesart, wird aber aufgrund des eindeutigen Kriteriums *Un N+ça* generisch gelesen. Selbst wenn *DetRel$_{extern}$* ein weiteres, ebenfalls auf die spezifische Lesart hinweisendes tendenzielles Kriterium hinzugefügt wird, so bleibt – wenn auch auf Kosten der vollständigen Akzeptabilität – die generische Lesart des Subjekts erhalten:

(88)   ? Un chien de notre quartier qui habite chez les voisins, ça aboie beaucoup. (++g)

---

[9] Das Vorkommen mehrerer eindeutiger Kriterien ist natürlich möglich, wenn sie alle auf die gleiche Lesart des Subjekts hinweisen.

Nur wenn das Subjekt trotz des hinzugekommenen Kriteriums $De+N_{Ort}$ für spezifische Lesart weiterhin generisch gelesen wird, wenn also etwas Allgemeingültiges über eine wohl als CHIEN-DE-NOTRE-QUARTIER-QUI-HABITE-CHEZ-LES-VOISINS zu bezeichnende Art oder Unterart ausgesagt wird, kann (88) überhaupt noch eine einigermaßen grammatische Lesart zuerkannt werden.

4.3.3 Gemeinsames Vorkommen mehrerer tendenzieller Kriterien

Ernsthafte Probleme bei der Bestimmung der Lesart des Subjektes sind erst dann zu erwarten, wenn zwei gegenläufige tendenzielle Kriterien in einem Satz vorkommen. Es stellt sich dann die Frage, welches der beiden Kriterien die Oberhand gewinnt oder ob evtl. zwei gleichgerichtete Kriterien ein entgegengesetzt tendierendes neutralisieren können. Da die Anzahl der tendenziellen Kriterien überschaubar ist (den zwei generischen Kriterien *Les N>Basis* und *Les/le N+Typ.Präd.* stehen die vier spezifischen Kriterien *Le (Adj) N (Adj)*, $De+N_{Ort}$, *Le N>Basis* und *DetRel$_{extern}$* gegenüber), soll ihr Miteinandervorkommen im folgenden detailliert vorgestellt werden.

Die Kombinationsmöglichkeiten der in 4.2 besprochenen tendenziellen Kriterien sind nun jedoch von vornherein recht eingeschränkt, da das generische Kriterium *Les N>Basis* aufgrund der Inkompatibilität der bestimmten Artikel nicht mit den spezifischen Kriterien *Le (Adj) N (Adj)* und *Le N>Basis* kombinierbar ist. Auch kann das generische *Les/le N+Typ.Präd.* nur mit gewisser Härte mit den spezifischen Kriterien $De+N_{Ort}$ und *DetRel$_{extern}$* gemeinsam verwendet werden, während die generischen und spezifischen Kriterien unter sich beliebig kumulierbar zu sein scheinen.

Verbindet man nun in einem Satz das generische Kriterium *Les N>Basis* mit einem spezifischen Kriterium, so überwiegt weiterhin die Tendenz zur spezifischen Interpretation des Subjekts:

(89) Les insectes de notre région sont inoffensifs. (+/-g)
    (*Les N>Basis & $De+N_{Ort}$*)

(90) Les insectes qui vivent dans nos champs sont nuisibles. (+/-g)
    (*Les N>Basis & DetRel$_{extern}$*)

Deutlich wird das Fortbestehen der Tendenz zur spezifischen Lesart bei einer Übersetzung ins Deutsche, für die in einem 'neutralen' Kontext eher der bestimmte, auf Spezifizität hinweisende Artikel als der *bare plural* verwendet werden müßte:

(89')   Die Insekten unserer Gegend sind ungefährlich. / ?? Insekten unserer Gegend ...
(90')   Die Insekten, die in unseren Feldern leben, sind schädlich. / ?? Insekten, die ...

Auch bei der Gegenüberstellung des generischen Kriteriums *Les/le N+Typ.Präd.* mit spezifischen Kriterien bleibt die Tendenz zum Spezifischen erhalten:

(91)   L'ampoule puissante diffuse une lumière intense. (+/-g)
       (Les/le N+Typ.Präd. & Le (Adj) N (Adj))

(92)   Le mammifère a des poumons. (+/-g)
       (Les/le N+Typ.Präd. & Le N > Basis)

(93)   ? Les loups de notre région ont le poil gris. (+/-g)
       (Les/le N+Typ.Präd. & De+N_{Ort})

(94)   ? Les chiens qui vivent dans notre village sont carnivores. (+/-g)
       (Les/le N+Typ.Präd. & $DetRel_{extern}$)

Die Kombinationen *Les/le N+Typ.Präd. & De+N_{Ort}* und *Les/le N+Typ.Präd. & $DetRel_{extern}$* (Sätze (93) und (94)) sind hier der Vollständigkeit halber zunächst mit aufgenommen worden, da sie nicht zu vollkommen ungrammatischen Sätzen führen. Ihr zweifelhafter semantischer Status rührt daher, daß typische Aussagen in der Regel über Arten oder Gattungen getroffen werden, nicht aber über Untergruppen oder Unterarten, die ohnehin die typischen Merkmale oder Eigenschaften ihrer Gattung aufweisen. In Bezug auf Untergruppen oder -arten werden eher für die übergeordnete Art oder Gattung untypische Aussagen erwartet, die die Abgrenzung der Unterart oder -gruppe überhaupt erst rechtfertigt, wie z. B. *Les loups de notre région ont le poil noir* oder *Les chiens qui vivent dans notre village aiment beaucoup les légumes.*

Das sich bisher ergebende Gesamtbild des Zusammenwirkens generischer und spezifischer Kriterien zeigt also eine eindeutige Dominanz des Spezifischen über das Generische: Ein Indiz für eine spezifische Lesart des Subjekts wird auch vom Vorhandensein einer sprachlichen Form, die für sich genommen eine generische Lesart des Subjekts begünstigen würde, nicht beeinflußt. Die Kriterien für generische Lesart verlieren durch die Präsenz eines Hinweises auf spezifische Lesart vollständig ihren Einfluß. Aus dieser Gegenüberstellung generischer und spezifischer Kriterien ließe sich mit einiger Vorsicht schließen, daß die Referenz auf spezifische Größen den 'Normalfall' des Sprachgebrauchs darstellt und keiner besonderen Rechtfertigung bedarf, während der Bezug auf generische Größen einen besonderen Referenzakt darstellt, der allerdings sehr häufig auftritt. Dieser Schluß entspräche wohl auch der sprachlichen Intuition, mit der unvoreingenommene Sprecher/Hörer die generische und spezifische Referenz beurteilen würden. Andererseits scheint sich die generische Lesart der Formen *Les N, Le N* und *Un N* immer 'wie von selbst' einzustellen und muß im Falle einer spezifischen Lesart von einem spezifischen Kriterium 'verhindert' werden – ein Phänomen, welches eher auf generische Default-Interpretation und damit auf die Dominanz der generischen Lesart hinweist.

Prinzipiell bliebe nun noch zu klären, welche Auswirkungen ein grammatisch mögliches gemeinsames Vorkommen eines generischen mit mehreren spezifischen Kriterien bzw. zweier generischer mit einem oder mehreren spezifischen Kriterien haben könnte. Da nun schon ein einziges spezifisches Kriterium die Tendenz zu generischer Lesart überlagern kann, müssen die Auswirkungen einer Kombination mehrerer spezifischer Kriterien mit einem generischen Kriterium nicht mehr gesondert untersucht werden: In derlei Fällen wird zweifellos ebenfalls die spezifische Lesart gefördert. Weiterhin ist die Kombination der beiden hier besprochenen tendenziell generischen Kriterien mit einem spezifischen Kriterium entweder ausgeschlossen (aufgrund der Inkompatibilität des Kriteriums *Les N>Basis* mit *Le (Adj) N (Adj)* und *Le N>Basis*) oder aber sehr unwahrscheinlich, vgl. die semantisch abweichenden Ergebnisse bei der Kombination des Kriteriums *Les/le N+Typ.Präd.* mit $De+N_{Ort}$ und $DetRel_{extern}$ in den Sätzen (93) und (94). Der Versuch, beide generische Kriterien *Les N>Basis* und *Les/le N+Typ.Präd.* mit einem spezifischen Kriterium zu kombinieren führt damit immer zu einer Inkompatibilität, so daß diesbezüglich keine sinnvollen Untersuchungen möglich sind.

4.3.4 Fazit

Die Möglichkeiten des gemeinsamen Vorkommens verschiedener eindeutiger oder tendenzieller Kriterien in einem Satz sind somit sehr eng umrissen und führen zu einem Gesamtbild, das sich weit weniger komplex präsentiert, als es die Vielzahl der erarbeiteten Kriterien hätte erwarten lassen können. Es ist unten noch einmal zusammenfassend dargestellt:
- Eindeutige Kriterien können nur dann gemeinsam in einem Satz vorkommen, wenn sie die gleiche Lesart unterstützen
- Bei gemeinsamem Vorkommen eindeutiger und tendenzieller Kriterien gibt das eindeutige Kriterium (geben die eindeutigen Kriterien) den Ausschlag
- Im Falle des gemeinsamen Vorkommens tendenziell spezifischer und tendenziell generischer Kriterien überwiegt immer die Tendenz zur spezifischen Lesart des Subjekts.

5 Ergebnisanalyse und Ausblick

5.1 Allgemeine Ergebnisanalyse

Mit der Gegenüberstellung der sprachlichen Formen des Französischen und des Deutschen, die eine generische Referenz ermöglichen, mit der Beschreibung der Entscheidungskriterien zur Festlegung der spezifischen oder generischen Lesart und der anwendungsorientierten Klassifizierung dieser Kriterien sollte in dieser Arbeit der Grundstein für einen Algorithmus gelegt werden, der die Verfahrensweise bei der Übersetzung von Subjektsyntagmen mit potentiell generischer Referenz in französischen Sätzen beschreibt. Zwar ist der Weg zu einer vollständigen, auch für die automatische Sprachverarbeitung gut nutzbaren Beschreibung der für eine geglückte, adäquate Übersetzung notwendigen Parameter noch weit, ein erster grundlegender Schritt aber, nämlich die wichtige Entscheidung über generische oder spezifische Lesart des Subjekts, ist nunmehr getan. Die für diese Entscheidung notwendigen Kriterien sind umfassend beschrieben worden, so daß jetzt konkret verwertbare Entscheidungshilfen für die Übersetzung potentiell generischer Subjekte in französischen Sätzen zur Verfügung stehen – zumindest der 'menschliche' Übersetzer kann ohne weitere Arbeitsschritte direkten Nutzen aus ihnen ziehen. Dies sei abschließend noch einmal kurz beispielhaft anhand der beiden einfach zu behandelnden Sätze

(1) Les cigognes se sont répandues dans toute l'Europe.
(2) Les chiens remuent la queue quand ils sont contents.

illustriert: Beide Subjektsyntagmen werden nach unseren Ergebnissen generisch gelesen, weil in (1) das eindeutige Kriterium *Exist.Präd.* (existentielles Prädikat), in (2) das tendenzielle Kriterium *Les/le N+Typ.Präd.* (typisches Prädikat) zum Tragen kommt. *Les cigognes* aus (1) muß zudem wegen des direkt existentiellen Prädikats mit *die Störche* übersetzt werden (vgl. Kap. 2.3.1.1), während der Artikel in *les chiens*, da keine gegenteilige, auf eine besondere rhetorische Funktion des Syntagmas hinweisende Information vorliegt, durch den *bare plural* zu wiederzugeben ist:

(1') Die Störche haben sich in ganz Europa verbreitet.
(2') Hunde wedeln mit dem Schwanz wenn sie sich freuen.

Wie weit jedoch noch der Weg bis zu einem Algorithmus ist, der für eine vollautomatische Übersetzung potentiell generischer Subjekte genutzt werden kann, hat sich schon in Kap. 2 aus der Darstellung der Artikelparadigmen im

Deutschen und Französischen und ihrer Gegenüberstellung bei Wahrung der jeweiligen rhetorischen Funktion sehr deutlich ergeben – nur wenn diese Funktion nach der Übersetzung in die Zielsprache gewahrt ist, kann von einer adäquaten Übersetzung[1] gesprochen werden. Wenn also in Kap. 2 auch der einzuschlagende Weg vorgezeichnet wurde, so konnte in Kap. 3 und 4 nur ein erster Schritt zurückgelegt werden – allerdings ist gerade dieser Schritt, d.h. die Entscheidung über generische oder spezifische Lesart, ein besonders wichtiger, von dessen Ergebnis die gesamte weitere Vorgehensweise abhängt.

5.2 Ausblick

Nach der Identifizierung und Beschreibung der sprachlichen Kriterien für und wider generische Interpretation in Kap. 3 und ihrer Bewertung und systematischen Einordnung in einen größeren Zusammenhang in Kap. 4 bleibt nun zunächst die Problematik der Implementierung in ein automatisches Analysesystem. Die konkrete Nutzbarkeit, so wurde schon mehrfach angedeutet, ist bei den verschiedenen Kriterien sehr unterschiedlich, zudem sind oft gerade die grundlegenden, weitreichenden Kriterien mit prinzipieller Aussagekraft nur sehr schwer automatisch erkennbar.

Als besonders kennzeichnendes Beispiel hierfür sei noch einmal an das Kriterium *Les/le N+Typ.Präd. (Les chiens aboient/Le chien aboie)* oder auch an *Un N+Typ.Präd. (Un chien aboie)* erinnert: Die Typizität eines Prädikats spielt eine besonders zentrale Rolle bei der Entscheidungsfindung für generische oder spezifische Lesart eines Syntagmas; ihr Einfluß zieht sich nahezu durch die gesamte in dieser Arbeit vorgenommene Untersuchung zur Generizität und war auch bei der Formulierung anderer, bspw. temporaler und normativer Kriterien, von Bedeutung. In der überwiegenden Mehrzahl der Fälle kann eine generische Lesart des Subjekts nur dann angenommen werden, wenn die Proposition des untersuchten Satzes einen typischen Zusammenhang wiedergibt. Wie schon mehrfach festgestellt, ist jedoch gerade die Typizität eines Prädikates nur sehr schwer an formalen Merkmalen festzumachen oder gar an im voraus definierte 'typische Merkmale' der Nomina zu binden. Für ein automatisches Analysesystem, welches die hier erarbeiteten Ergebnisse nutzen will, gilt es daher zunächst, eine Implementierung der Entscheidungskriterien zur Lesart mit zufriedenstellendem Ergebnis zu gewährleisten und damit den Grundstein für ein vollständiges Übersetzungsprogramm potentiell generischer Subjektsyntagmen zu legen.

---

[1] Unsere Vorstellung einer 'adäquaten Übersetzung' orientiert sich am Adäquatheitsbegriff von Reiß/Vermeer (1984).

Ist die Entscheidung über generische oder spezifische Lesart erst einmal getroffen – sei es nun im Rahmen einer automatischen oder einer 'menschlichen' Übersetzung – so steht als nächstes die Auswahl eines adäquaten Übersetzungsäquivalents an. Die für diese Auswahl notwendigen Erkenntnisse konnten hier nur skizziert werden (Kap. 2); eine vollständige Untersuchung und Ausarbeitung der dafür maßgebenden Kriterien hätte den Rahmen dieser Arbeit gesprengt. Auf dem Wege zu einem vollständigen Übersetzungsalgorithmus muß jedoch in jedem Fall noch eine weiterführende Beschreibung und Differenzierung der verschiedenen rhetorischen Funktionen generischer Syntagmen in der Ausgangssprache Französisch und der Zielsprache Deutsch vorgenommen werden; für die Ausgangssprache sind zudem zuverlässige Verfahren zur Erkennung dieser verschiedenen Funktionen zu entwickeln. Manche dieser Verfahren werden häufig die Satzgrenze überschreiten und auf der Textebene operieren müssen. So kann ein generisches Subjektsyntagma der Form *Le $N_{kont(inuativ)}$* je nach Kontext neutral oder individualisierend verwendet werden und findet im Deutschen entweder in der Form *Der N_{kont}* oder *bare singular N_{kont}* seine Entsprechung (vgl. Kap. 2.3.1.2.1):

(3) Le vin est une boisson enivrante. Il est fabriqué à partir de raisins rouges ou blancs.
Wein ist ein berauschendes Getränk. Er wird aus roten oder weißen Trauben gewonnen.

(4) Le vin est une boisson enivrante. Sa couleur rouge souvent très foncée lui a valu d'être parfois comparé au sang.
Der Wein ist ein berauschendes Getränk. Aufgrund seiner oft dunkelroten Farbe ist er manchmal mit Blut verglichen worden.

Auch hier gilt natürlich wieder, daß für eine automatische Übersetzung die Erkennungsverfahren in ein Computerprogramm implementiert und an konkreten, formalen Anhaltspunkten festgemacht werden müssen – eine Aufgabe, die an Schwierigkeit die 'bloße' Erkennung und Beschreibung der rhetorischen Funktionen wie sie für eine 'menschliche' Übersetzung ausreichend ist, voraussichtlich bei weitem übersteigen wird.

Sind die beiden ersten Schritte, d.h. die Bestimmung der Lesart des zu übersetzenden Syntagmas und im Falle einer generischen Interpretation die Erkennung seiner genauen rhetorischen Funktion erst einmal getan, so können die in Kap. 2.4 vorgestellten Übersetzungsalgorithmen für die verschiedenen Artikelkategorien angewendet werden. Für die verbleibenden notwendigen Arbeitsschritte zur Entwicklung einer umfassenden Übersetzungsstrategie für französische Subjektsyntagmen ins Deutsche ergibt sich damit folgendes Bild:

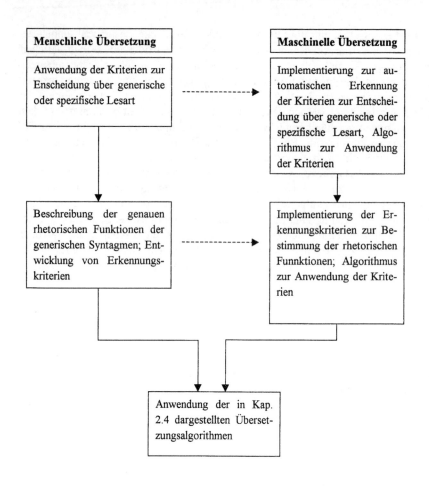

Abb. 5.1: Entwicklung einer Übersetzungsstrategie

Soweit es die in dieser Arbeit gewonnenen Ergebnisse zur Problematik der potentiell generischen Subjektsyntagmen und ihrer Übersetzung erkennen lassen, ist für die Erarbeitung konkreter Anhaltspunkte, mit deren Hilfe die genauen rhetorischen Funktionen der verschiedenen sprachlichen Formen bestimmt werden können, noch ein erhebliches Maß an Forschungsarbeit notwendig. Auch wird die Umsetzung der daraus resultierenden Ergebnisse – sowie die der schon hier erarbeiteten Kriterien – in formal erfaßbare, in einem Computerprogramm verwertbare Vorgaben sicher eine Vielzahl an Schwierigkeiten aufwerfen, die manches Mal an den Rand des derzeit in der Linguistischen Datenverarbeitung Machbaren heranführen könnten. Dennoch – es hat sich in dieser Untersuchung gezeigt, daß auch sprachlich komplexe Gebiete wie der Grenzbereich zwischen spezifischer und generischer Lesart prinzipiell mit Hilfe konkreter Parameter erschlossen werden können, so daß sie sich sicher auch der Automatischen Sprachverarbeitung und im besonderen der Maschinellen Übersetzung öffnen.

Belegquellen

Die Angaben sind nach den im Text verwendeten Abkürzungen angeordnet.

Zeitschriften

EDJ: L'événement du jeudi
- 618, 5.9.96
- 614, 8.8.96

FA: Femme Actuelle
- 613, 24.6.96

MC: Marie Claire
- 523, März 1996

MD: Le Monde diplomatique
- diverse Nummern

SA: SAMsolidam
- 42, Oktober 96

Andere

AnnaBAC: 92AnnaBAC 92, français, Paris: Hatier, 1991 (Text- und Aufgabensammlung zur Vorbereitung auf die Französischprüfung des französischen Abiturs)

AnnaBTS: 96AnnaBTS 96, français BTS, Paris: Hatier, 1995 (Text- und Aufgabensammlung zur Vorbereitung auf die Französischprüfung der Brevets de Technicien Supérieur)

Auteurs XVIIIe: Lagarde, André/Michard, Laurent, 1970, XVIIIe siècle, Les grands auteurs français du programme, Paris: Bordas

BUL: Bertelsmann Universal Lexikon, 1991, Gütersloh: Bertelsmann Lexikon Verlag

DA: Bohnet-von der Thüsen, Heidi (Hrsg.), 1991, Denkanstöße '92, München: Piper

Felidae: Pirinçci, Akif, 1989, Felidae, München: Goldmann

GB: Guides Bleus: Inde, Ladakh - Bhoutan, Paris: Hachette, 1987

Manuel: Van den Brouck, Jeanne, 1979, Manuel à l'usage des enfants qui ont des parents difficiles, Paris: Seuil

Literatur

Ali Bouacha, A., 1993, "L'énoncé généralisant: statut et enjeux", in: Plantin, C. (éd.), Lieux communs, topoi, stéréotypes, clichés, Paris: Kimé, 312-322
Anscombre, J.-C., 1996, "Partitif et localisation temporelle", in: Langue française 109, 80-103
Arrivé, M./Gadet, F./Galmiche, M., 1986, La grammaire d'aujourd'hui. Guide alphabétique de linguistique française, Paris: Flammarion
Baylon, C./Fabre, P., 1978, Grammaire systématique de la langue française, Paris: Nathan
Beardon, C./Lumsden, D./Holmes, G., 1991, Natural Language and Computational Linguistics, New York-London-Toronto: Ellis Horwood
Benveniste, E., 1966, Problèmes de linguistique générale, Paris: Gallimard
Bidaud, F., 1985, L'actualisation par l'article en français, Pisa: Pacini Editore
Bisle-Müller, H., 1991, Artikelwörter im Deutschen. Semantische und pragmatische Aspekte ihrer Verwendung, Tübingen: Niemeyer
Bonnard, H., 1986, Code du français contemporain, Paris: Magnard
Blutner, R., 1985, "Prototyp-Theorien und strukturelle Prinzipien der mentalen Kategorisierung", in: Strigin, A./Blutner, R., Generische Sätze, Prototypen und Defaults, Berlin: Akademie der Wissenschaften der DDR, 86-135
Burleigh, W., Von der Reinheit der Kunst der Logik, Erster Traktat, Übers. u. mit. Einf. u. Anm. hrsg. von P. Kunze, 1988, Hamburg: Meiner
Burton-Roberts, N., 1976, "On the Generic Indefinite Article", in: Language 52/2, 427-448
Carlson, G.N., 1977, "A Unified Analysis of the English Bare Plural", in: Linguistics and Philosophy 1, 413-457
Carlson, G.N., 1980, Reference to kinds in English, New York - London: Garland
Carlson, G.N., 1982, "Generic terms and generic sentences", in: Journal of Philosophical Logic 11, 145-181
Carlson, G.N., 1991, "Natural Kinds and Common Nouns", in: Stechow, A. v./Wunderlich, D. (Hrsg.), Semantik. Ein internationales Handbuch der zeitgenössischen Forschung, Berlin - New York: Walter de Gruyter, 370-398
Charaudeau, P., 1992, Grammaire du sens et de l'expression, Paris: Hachette
Chur, J., 1993, Generische Nominalphrasen im Deutschen: Eine Untersuchung zu Referenz und Semantik, Tübingen: Niemeyer
Coseriu, E., 1967, "Lexikalische Solidaritäten", in: Poetica, Bd. 1, 293-303
Coseriu, E., 1978, Probleme der strukturellen Semantik, Tübingen: Narr
Dahl, Ö., 1985, "Remarques sur le Générique", in: Langages 79, 55-60
Danon-Boileau, L., 1989, "La détermination du sujet", in: Langages 94, 39-72

Dubois, D., 1991, "Catégorisation et cognition: "10 ans après", une evaluation des concepts de Rosch", in: Dubois, D. (éd.), Sémantique et cognition. Catégories, prototypes, typicalité, Paris: Editions du CNRS, 32-54

Eggs, E., 1989, "Von Katzen, Hunden, Genen und Chromosomen - einige Bemerkungen zur Definition", in: Ahlzweig, C./Eggs, E. (Hrsg.), Akten des deutsch-französischen Kolloquiums in Hannover vom 16.-18. Mai 1988, Hannover: Fachbereich Sprach- und Literaturwissenschaften

Eggs, E., 1993a, "Discours, récit, exposé – Vergangenheitstempora im Französischen", in: Zeitschrift für französische Sprache und Literatur 103, 1-22

Eggs, E., 1993b, "Vergangenheitstempora im Spanischen und Französischen", in: Schmitt, C., (éd.), Grammatikographie der romanischen Sprachen, Bonn: Romanistischer Verlag, 97-134

Eggs, E., 1994, Grammaire du discours argumentatif, Paris: Kimé

Eggs, E., 1996, "Grammatik", in: Ueding, G. (Hrsg.), Historisches Wörterbuch der Rhetorik, Bd. 3, Tübingen: Niemeyer, 1030-1112

Eggs, E., 1998a, "Konnotation/Denotation", in: Ueding, G. (Hrsg.), Historisches Wörterbuch der Rhetorik, Bd. 4, Tübingen: Niemeyer, 1242-1256

Eggs, E., 1998b, Maîtrise du français et économie, Paris: Liris

Engel, U., 1988, Deutsche Grammatik, Heidelberg: Groos

Eisenberg, P., 1989, Grundriß der deutschen Grammatik, Stuttgart: Metzler

Fillmore, C. J., 1968, "The Case for Case", in Bach, E./Harms, R. T. (eds), Universals in Linguistic Theory, London: Holt, Rinehart and Winston, 1-88

Fillmore, C. J., 1977, "The Case for Case Reopened", in Cole, P./Sadock, J. M. (eds), Syntax and Semantics, Vol. 8: Grammatical Relations, New York: Academic Press, 59-81

Fishelov, D., 1995, "The Structure of Generic Categories: Some Cognitive Aspects", in: Journal of Literary Semantics 24/2, 117-126

Fuchs, C. et al., 1993, Linguistique et Traitements Automatiques des Langues, Paris: Hachette

Gaatone, D., 1993, "Les locutions verbales et les deux passifs du français", in: Langages 109, 37-52

Galmiche, M., 1984, "Référence indéfinie, événements, propriétés et pertinence", in: David, J./Kleiber, G. (éds.), Déterminants: Syntaxe et sémantique, Paris: Klincksieck, 41-71

Galmiche, M., 1985, "Phrases, syntagmes et articles génériques", in: Langages 79, 2-39

Galmiche, M., 1986, "Note sur les noms de masse et le partitif", in: Langue française 72, 40-53

Gerstner-Link, C./Krifka, M., 1993, "Genericity", in: Jacobs, J. (Hrsg.), Handbuch der Syntax, Berlin-New York: 966-978

Gosselin, L., 1996, Sémantique de la temporalité en français. Un modèle calculatoire et cognitif du temps et de l'aspect, Louvain-la-Neuve: Duculot

Grammaire de Port-Royal: Arnauld, A./Lancelot, C., 1676, Grammaire générale et raisonnée, Tome I, Hrsg. Breckle, H.E., 1966, Stuttgart-Bad Cannstatt: Friedrich Frommann

Grevisse, M., 1986, Le bon usage, Paris - Louvain-la-Neuve: Duculot

Grice, H. P./Strawson, P. F., 1956, "In Defense of a Dogma", in: The Philosophical Review LXV, 141-158

Grimm, H.-J., 1986, Untersuchungen zum Artikelgebrauch im Deutschen, Leipzig: VEB Verlag Enzyklopädie

Handke, J., 1989, Natürliche Sprache: Theorie und Implementierung in LISP, Hamburg: McGraw-Hill

Harweg, R., 1969, "Unbestimmter und bestimmter Artikel in generalisierender Funktion", in: Orbis 18, 297-331

Harweg, R., 1987, "Stoffnamen und Gattungsnamen", in: Zeitschrift für Phonetik, Sprachwissenschaft und Kommunikationsforschung 40, 792-804

Heyer, G., 1987, Generische Kennzeichnungen: zur Logik und Ontologie generischer Bedeutung, München - Wien: Philosophia

Himmelmann, N. P., 1997, Deiktikon, Artikel, Nominalphrase. Zur Emergenz syntaktischer Struktur, Tübingen: Niemeyer

Hölker, K., 1998, Lexikalische Variation der Zeitschemata bei einwertigen Verben im Französischen, Konstanz: Fachgruppe Sprachwissenschaft der Universität Konstanz, Arbeitspapier Nr. 93

Jacobsson, B., 1998, "Notes on Genericity and Article Usage in English", in: Studia Neophilologica 69, 139-153

Joly, A., 1984, "La détermination nominale et la querelle des universels", in: David, J./Kleiber, G. (éds.), Déterminants: Syntaxe et sémantique, Paris: Klincksieck, 113-133

Karolak, S., 1989, L'article et la valeur du syntagme nominal, Paris: Presses universitaires de France

Kleiber, G., 1983, "Remarques sur la généricité et la spécificité", in: Le français moderne 51, 36-49

Kleiber, G., 1985, "Du côté de la généricité verbale: les approches quantificationnelles", in: Langages 79, 61-88

Kleiber, G., 1987, Relatives restrictives et relatives appositives: une opposition "introuvable"?, Tübingen: Niemeyer

Kleiber, G., 1988, "Phrases génériques et raisonnement par défaut", in: Le français moderne 56, 1-15

Kleiber, G., 1989a, " 'Le' générique: un massif?", in: Langages 94, 73-113

Kleiber, G., 1989b, L'article LE générique. La généricité sur le mode massif, Genève: Librairie Droz

Kleiber, G., 1990, La sémantique du prototype. Catégories et sens lexical, Paris: PUF

Kleiber, G, 1991, "Prototype et prototypes: encore une affaire de famille", in: Dubois, D. (éd.), Sémantique et cognition. Catégories, prototypes, typicalité, Paris: Editions du CNRS, 103-129

Kleiber, G., 1993, "Anaphore associative, pontage et stéréotypie, in: Lingvisticæ Investigationes XVII/1, 35-82

Kleiber, G., 1994a, Anaphore et pronoms, Louvain-la-Neuve: Duculot

Kleiber, G., 1994b, Nominales. Essais de sémantique référentielle, Paris: Armand Colin

Lamiroy, B., 1993, "Pourquoi il y a deux passifs", in: Langages 109, 53-72

Lausberg, H., 1982, Elemente der literarischen Rhetorik, München: Hueber

Le Goffic, P., 1993, Grammaire de la Phrase Française, Paris: Hachette

Lyons, C., 1982, "Pronominal Voice in French", in: Vincent, N./Harris, M. (eds), Studies in the Romance Verb, London - Canberra: Croom Helm, 161-184

Mainguenau, D., 1986, Eléments de linguistique pour le texte littéraire, Paris: Bordas

Marandin, J.M., 1986, "*Ce* est un autre. L'interprétation anaphorique du syntagme démonstratif", in: Langages 81, 75-89

Martin, R., 1984, "Les usages génériques de l'article et la pluralité", in: David, J./Kleiber, G.(éds.), Déterminants: Syntaxe et sémantique, Paris: Klincksieck, 187-202

Martin, R., 1985, "Aspects de la phrase analytique", in: Langages 79, 40-54

Martin, R., 1991, "Typicité et sens des mots", in: Dubois, D. (éd.), Sémantique et cognition. Catégories, prototypes, typicalité, Paris: Editions du CNRS, 151-159

Mayer, R., 1981, Ontologische Aspekte der Nominalsemantik, Tübingen: Niemeyer

Mohri, M., 1993, "Réduction de complétive à un nom et article défini générique", in: Lingvisticæ Investigationes XVII/1, 83-97

Mumm, P.-A., 1995, "Generische Bezeichnung. Onomasiologische Aufgaben und ihre Lösungen durch das neuhochdeutsche Artikelsystem", in: Sprachwissenschaft 20/4, 420-465

Ockham, W. v., Summe der Logik: aus Teil 1: Über die Termini, Ausgew., übers. u. mit Einf. u. Anm. hrsg. von P. Kunze, 1984, Hamburg: Meiner

Olsson-Jonasson, K., 1984, "L'article indéfini générique et l'interprétation des modaux", in: David, J./Kleiber, G.(éds.), Déterminants: Syntaxe et sémantique, Paris: Klincksieck, 217-226

Oomen, I., 1977, Determination bei generischen, definiten und indefiniten Beschreibungen im Deutschen, Tübingen: Niemeyer

Pattee, J., 1994, Le problème de l'article: sa solution en allemand, Tübingen: Niemeyer

Putnam, H., 1978, "Meaning, Reference and Stereotypes", in: Guenthner, F./Guenthner-Reutter, M. (eds), Meaning and Translation, London: The Trinity Press, 61-81

Quine, W.V., 1972a, "Bemerkungen über Existenz und Notwendigkeit", in: Sinnreich, J. (Hrsg.), Zur Philosophie der idealen Sprache, München: dtv, 34-52

Quine, W. V., 1972b, "Zwei Dogmen des Empirismus", in: Sinnreich, J. (Hrsg.), Zur Philosophie der idealen Sprache, München: dtv, 167-194

Reiß, K./Vermeer, H.-J., 1984, Grundlegung einer allgemeinen Translationstheorie, Tübingen: Niemeyer

Riegel, M./Pellat, J.-C./Rioul,R., 1994, Grammaire méthodique du français, Paris: Presses Universitaires de France

Rosch, E., 1978, "Principles of Categorization", in: Rosch, E./Lloyd, B. (eds), Cognition and Categorization, Hillsdale-New Jersey: Lawrence Erlbaum Associates, 27-48

Sacy, Antoine-Sylvestre de, 1803 (1975), Principes de Grammaire générale, mis à la portée des enfans, et propres à servir d'introduction à l'étude de toutes les langues, Hrsg. Breckle, H.E., 1975, Stuttgart-Bad Cannstatt: Friedrich Frommann

Saussure, F. de, 1985, Cours de linguistique générale, Paris: Payot

Schwanke, M., 1991, Maschinelle Übersetzung: Ein Überblick über Theorie und Praxis, Berlin: Springer

Sherwood, W. of, Einführung in die Logik, hrsg., übers., eingeleitet u. mit Anm. vers. von H. Brands u. Ch. Kann, 1995, Hamburg: Meiner

Strigin, A., 1985, "Eine Semantik für generische Sätze", in: Strigin, A./Blutner, R., Generische Sätze, Prototypen und Defaults, Berlin: Akademie der Wissenschaften der DDR, 1-85

Taylor, J. R., 1989, Linguistic Categorization. Prototypes in Linguistic Theory, Oxford: Clarendon Press

Thiébault, D., 1802 (1977), Grammaire philosophique ou la métaphysique, la logique, et la grammaire, réunies en un seul corps de doctrine, Tome 1, Hrsg. Breckle, H.E., 1977, Stuttgart-Bad Cannstatt: Friedrich Frommann

Tinnefeld, T., 1992, "Das Passiv als terminologisches Problem. Analysen und Vorschläge unter besonderer Berücksichtigung der französischen Grammatikographie", in: Barrera-Vidal, A./Raupach, M./Zöfgen, E. (Hrsg.), Grammatica vivat. Konzepte, Beschreibungen und Analysen zum Thema 'Fremdsprachengrammatik', Tübingen: Narr, 187-199

Tugendhat, E., 1976, Vorlesungen zur Einführung in die sprachanalytische Philosophie, Frankfurt a. M.: Suhrkamp

Vater, H., 1979, Das System der Artikelformen im gegenwärtigen Deutsch, Tübingen: Niemeyer

Vater, H., 1984, "Determinantien und Quantoren im Deutschen", in: Zeitschrift für Sprachwissenschaft, 3/1, 19-42

Vendler, Z., 1967, "Verbs and Times", in: Linguistics in Philosophy, Ithaca-New York: Cornell University Press, 97-121
Vernay, H., 1980, Syntaxe et Sémantique. Les deux plans des relations syntaxiques à l'exemple de la transitivité et de la transformation passive. Etude contrastive français-allemand, Tübingen: Niemeyer
Wagner, R. L./Pinchon, J., 1962, Grammaire du français classique et moderne, Paris: Hachette
Weinrich, H., 1982, Textgrammatik der französischen Sprache, Stuttgart: Klett
Wilmet, M., 1990, "Sur les articles le/les génériques ou l'énigme du cosmonaute", in: Verba 17, 363-375
Wilmet, M., 1992, "L'énigme du cosmonaute: suite et non fin", in: Travaux de Linguistique 24, 51-56
Wilmet, M., 1997, Grammaire critique du Français, Louvain-la-Neuve: Duculot
Wüest, J., 1993, "Textsortenabhängiger Tempusgebrauch", in: Zeitschrift für französische Literatur und Sprache 103, 231-243
Zribi-Hertz, A., 1982, "La construction "SE-Moyen" du français et son statut dans le triangle: moyen-passif-réfléchi", in: Lingvisticæ Investigationes VI/ 2, 345-401

Barbara Lewandowska-Tomaszczyk / John Osborne / Frits Schulte

Foreign Language Teaching and Information and Communication Technology

Frankfurt/M., Berlin, Bern, Bruxelles, New York, Oxford, Wien, 2001.
315 pp., 1 fig., 10 tab.
Lodz. Studies in Language.
Edited by Barbara Lewandowska-Tomaszczyk and Patrick James Melia. Vol. 3
ISBN 3-631-37611-1 · pb. DM 98.– / € 50.10*
US-ISBN 0-8204-5368-4

This volume intends to offer guidelines for the utilisation of information and communication technology (ICT) in language study and teaching. First chapters demonstrate how this general revolution has led to the emergence of a new educational paradigm in the context of digitally enriched learning environments including its design and implementation for literary or cultural studies. The applications of ICT in language learning and the use of computers in SLA research are discussed in next two chapters. The final chapter introduces and discusses the scope and concepts of computational linguistics and corpus linguistics and their applications in lexicography, translation and foreign language teaching. It is also devoted to looking at ways in which computers can contribute to our understanding of what language is and what implications this knowledge can bring to linguistic practice and use.

Contents: Information and communication technology (ICT) and major trends in western/european societies · ICT and the digitally enriched learning environment · CT and the training of literary competencies · Computers and the foreign language teacher and learner · Computers and second language learning research · Computers, language corpora and their applications

Frankfurt/M · Berlin · Bern · Bruxelles · New York · Oxford · Wien
Auslieferung: Verlag Peter Lang AG
Jupiterstr. 15, CH-3000 Bern 15
Telefax (004131) 9402131

*incl. value added tax, the current german tax rate is applied
Prices are subject to change without notice
Homepage http://www.peterlang.de